이용도의
신비주의와
'예수교회'
설립사

이용도의 신비주의와 '예수교회' 설립사

2019년 3월 20일 초판 인쇄
2019년 3월 25일 초판 발행

지은이 | 안수강(Ph. D.)
교정교열 | 정난진
펴낸이 | 이찬규
펴낸곳 | 북코리아
등록번호 | 제03-01240호
주소 | 13209 경기도 성남시 중원구 사기막골로 45번길 14
      우림2차 A동 1007호
전화 | 02-704-7840
팩스 | 02-704-7848
이메일 | sunhaksa@korea.com
홈페이지 | www.북코리아.kr
ISBN | 978-89-6324-649-9 (93230)

값 23,000원

Yong-Do Lee's Mysticism and the History of
the Establishment of 'Jesus Church'

이용도의

안수강(Ph. D.)
Su-Kang Ahn

신비주의와

'예수교회'

설립사

북코리아

추천사

    이 책은 안수강 박사의 심혈을 기울인 역작이다. 무엇보다 그가 성실함과 꼼꼼함으로 1차 자료를 통해 연구한 점을 높이 평가한다. 한국교회가 이용도 목사를 신비주의자로 이미 판단하고 정죄하기까지 했음에도 안 박사는 오랫동안 이용도를 손에서 놓지 않았다. 그럴 경우 오해의 소지도 있을 수 있고, 그를 연구하여 박사학위논문으로 제출하여 통과하지 못한 어려움을 당해야 했다. 그래서 그는 길선주 목사를 수년간 새롭게 연구하여 박사학위를 받아야 했다. 나는 옆에서 그의 학문의 길을 지켜봤다. 그는 학구적이었고, 정확했고, 논리적이었으며, 정직한 결론을 도출했다. 그런 맥락에서 그의 이 책은 새롭게 이용도 목사를 볼 수 있는 지혜의 시야를 열어준다. 물론 그를 통해 긍정과 부정의 양면적 차원에서 교훈을 받아야 할 것으로 결론을 맺고 있지만, 그는 이용도 목사를 역사적으로 그리고 심층적으로 이해하며 그를 향해 정죄를 내렸던 지난 역사의 속살을 들여다보기를 주저하지 않았다. 이런 맥락에서 오늘 한국교회가 이용도 목사를 다시 한 번 역사적으로 생각해보려 한다면, 안수강 박사의 이 책을 필히 읽어보아야 할 것이다. 첨언하면, 역사연구란 있는 그대로를 보며 팩트 체크를 통해 정직한 결론에 이르는 것임을 확인할 때, 안수강 박사의 이 책은 충분히 가치가 있다. 한국교회사에 관심이 있는 독자들에게 마음 다한 일독을 권한다.

주후 2019년 3월 1일

주도홍(백석대학교 역사신학 교수, 부총장)

추천사

안수강 박사님께서 『이용도의 신비주의와 '예수교회' 설립사』를 출간하게 된 것을 진심으로 축하합니다. 저는 안 박사님과 몇 편의 공동논문을 연구, 집필한 경험이 있습니다. 그 과정에서 저자의 한국역사와 교회사 전반에 대한 폭넓은 식견과 학문적 치밀함에 큰 감동을 받았습니다. 안 박사님은 역사신학 분야뿐 아니라 목회학, 상담심리학, 교육학, 윤리학 분야에도 해박한 지식을 갖추고 있고, 이번 이용도 목사와 예수교회에 대한 연구는 통전적이며 종합적인 연구의 성격을 갖습니다. 혹시라도 이용도 목사를 신비주의자로 터부시하여 그의 칭의사상, 삼위일체 신관, 복음에 대한 본질적 이해를 평가절하하는 단선적(單線的)인 태도에 대해 재고할 것을 촉구했고 그에 대한 새로운 해석과 이해를 제시하고 있습니다. 그러나 그의 신비주의 사상에 대해 질책할 것은 냉철하게 분석하여 낱낱이 문제를 제기하는 폭넓은 혜안을 보여주고 있습니다.

그의 연구 이력에서 드러나듯 탁월한 필력과 학문적 열정으로 출간된 이 책이 한국교계와 신학계에 크게 이바지할 것으로 확신합니다. 이용도 목사의 열정적 신앙심과 맘몬이즘을 혁파한 금욕정신, 혼신을 다한 낙타무릎의 기도, 헌신적으로 한국교회를 섬긴 위대한 사랑의 힘이 이 책을 대하는 독자들에게 전수되기를 간절히 기대해봅니다. 또한 동시에 이용도 목사의 신비주의 사상이 보여준 그릇된 행보와 과오에 대해서는 경계하여 반면교사로 삼아야 할 것입니다. 앞으로도 안 박사님께서 유익한 논문발표와 연구사역을 통해 신학계에 크게 기여하시길 기대하며, 이 책의 일독을 권합니다.

주후 2019년 3월 1일

이장형(백석대학교 기독교윤리학 교수, 청수백석대학교회 담임목사)

머리말

　이용도의 신비주의, 특히 장로교 체제에서 용납할 수 없는 교리와 관련된 사안에 대해서는 감리교와 장로교 양 교파 사이에 상호 불편한 모양새가 될 수도 있다는 점에서 그동안 개혁주의 입장에서 연구하기가 쉽지는 않았다. 학계에도 점차 이러한 분위기가 관례화되면서 그의 신비주의에 대한 교리적인 관점은 연구주제에서 소외된 영역이 되었으며 그 대신에 주로 부흥운동, 영성, 경건훈련, 금욕정신, 성화의 삶, 토착화, 민족애, 심리학, 문학 및 예술 분야 등 실천적 주제들에 초점이 맞추어졌다. 또한 평안도와 함경도 지역에 뿌리를 내렸던 예수교회가 남북분단과 한국전쟁으로 인해 기반을 잃는 바람에 전후(戰後) 남한에 재건된 이래 지금까지 군소 교단에 머물러 있고, 설립역사를 고찰하는 작업도 미미하기 이를 데 없다.

　이 책을 집필하게 된 동기는 제1장 제2절, '연구의 필요성'에서 밝혔지만, 이용도 목사의 신비주의와 예수교회 설립사를 이해함에 있어 특별히 다음과 같은 양면적 입장과 동향이 보여주는 난제를 해소하고자 하려는 데 있다.

　첫째, 이용도를 부정적으로 보려는 장로교 보수계열의 입장이다. 문제는 1933년 9월 장로회 제22회 총회에서 왜 이용도가 이단으로 정죄 받아야 했는지 그 사유를 이용도가 남긴 원 자료에 근거하여 신학적으로 세밀하게 분석하여 제시한 연구서가 부족하다는 점이다. 특히 그의 신비주의의 중심에 위치한 합일사상에 대해서는 획일적으로 직접계시를 주장했다는 극히 지엽적이며 단편적인 평가에 그쳤을 뿐 '유니티(unity. 合一)' 차원에서 합일사상이라는 단일 주제를 설정하여 체계적으로 분석해내지는 못했다.

둘째, 이용도를 긍정적으로 재평가하려는 진보계열의 입장이다. 1990년대에 들어서면서 이용도의 신앙 혹은 신학 관련 논문들은 그를 재조명한다는 취지로 '이단적 신비주의자'라는 비판적 시각을 전면적으로 일소(一掃)하고 동양적 영성, 경건성, 성령운동, 한국적 신학, 심리학, 문학적 혹은 예술적 소질 등의 관점에서 이해하려는 동향을 보여주고 있다. 그러나 이러한 연구들은 이용도의 신앙 저변에 자리 잡은 신비주의의 핵심이 지나치게 약화되거나 배제된 채 진행되고 있다는 점에서 통전적(統全的, holistic) 차원에서 그의 신앙 혹은 신학적 본질을 놓치고 있다.

필자는 대한예수교장로회 합동 교단에 소속한 목사로서 이용도 목사의 신비주의와 예수교회 설립 역사에 대해 개혁주의 관점에서 고찰하고 성찰하려는 의도로 이 책을 저술했다. 이 책의 내용을 장별로 소개하면 다음과 같다.

제1장에서는 논문의 보편적인 양식에 맞추어 문제 제기, 연구의 필요성, 연구의 방법과 한계점을 논했고 제2장에서는 이론적 배경으로서 이용도 관련 주요 자료들, 이용도 관련 선행연구들의 동향 및 예수교회 설립 관련 연구들을 정리했다. 또한 신비주의와 관련하여 용어상의 난해한 혼란을 피하기 위해 '신비주의(mysticism)'를 정의하고, '연합(union, 聯合)'

과 '합일(unity, 合一)'의 차이점에 대해 설명했다.

제3장에서는 이용도의 신비주의의 배경을 이해하기 위한 차원에서 일제의 식민정책, 사회주의의 침투, 형식화된 교회상, 한국인의 종교적 심성 등을 살펴 시대적 정황과 이용도의 신앙이 어떻게 접목될 수 있는지를 제시했다.

제4장에서는 이용도의 생애를 간략하게 기술했고, 그의 사적 체험들과 영향을 끼친 인물들을 중심으로 그의 신비주의가 형성된 배경을 살폈다.

제5장에서는 그의 신비주의의 특색으로 나타난 고난의 그리스도관, 직접계시관, 생명의 역환(易換), 성적 메타포, 기도관 등을 면밀하게 분석하여 이용도의 신비주의의 근저에 합일사상이 뿌리를 내렸다는 점에 주안점을 두었다.

제6장에서는 거시적인 틀에서 이용도의 교회관과 신비주의와의 접목, 역사관과 신비주의와의 접목, 구원관과 신비주의와의 접목, 기독관과 신비주의와의 접목 등을 숙고함으로써 이용도의 신앙이 신비주의와 유기적 형태로 접목되는 과정을 밝혔다.

제7장에서는 예수교회의 설립과정, 예수교회 설립과 이용도 신앙과의 접목, 예수교회 설립 취지와 이용도 신앙과의 접목 등을 고찰하여 초기 예수교회에서의 이용도의 위치와 입지를 조명했다. 또한 백남주를 중심으로 한 원산계 교리와 평양계의 이용도 신앙을 비교 분석함으로써 처음부터 원산과 평양이라는 두 뿌리로 출발한 예수교회의 신앙적 충돌과 갈등을 대조하여 소개했다.

이 책은 이용도 목사의 신비주의와 예수교회 설립사에 대해 고찰하고 개혁주의 관점에서 성찰하려는 의도로 저술했으며 필자의 비판적 소신을 밝혔다. 그러나 선행연구자들이 이용도 목사를 오해했다고 판단되는 정황이 발견되면 분명하게 변호하여 논증했다. 필자는 교파나 교단 차원을 넘어서서 신앙적 소신에 따라 원 자료를 읽고 느낀 그대로 진솔하게 내용을 전개하고자 노력했다. 이 책이 이용도 목사의 신비주의와 예수교회 설립사를 이해함에 있어 이를 비판적으로 보는 장로교 보수계열과 이용도를 긍정적으로 재평가하려는 진보계열 사이에 미력하나마 완충 역할에 일조하는 논조가 될 수 있기를 바란다. 이 염원이 깊은 만큼 이 책을 마무리하는 결론에서 각별히 제언을 통해 다시금 필자의 애틋한 심정을 밝혔다. 필자 개인적으로는 이용도 목사의 불굴의 소신과 수도사적 고고한 삶, 철저하게 자신을 희생하여 만유(萬有)를 사랑하는 순전한 심성, 그리스도를 앙모하는 심오한 영성, 한결같이 지성과 행위가 일치하는 선비정신을 흠모한다. 다만 너무나 아쉽고 고통스러운 것은 그의 신앙이 신비주의에 치우쳐 처절하고도 파란만장한 질곡(桎梏)과 단명(斷命)의 인생역정을 보여준다는 것이다.

이 책은 필자가 연세대학교 연합신학대학원에서 교회사를 전공하고 1994년 솔내 민경배 박사님의 지도를 받으며 작성했던 신학석사(Th. M.) 학위논문을 대폭 수정 보완한 것으로, 본문 내용을 적어도 70% 이상 새롭게 증보한 것이다. 2007년부터 2018년에 이르기까지 10년여 기간에 걸쳐 『역사신학논총』, 『한국기독교신학논총』, 『한국개혁신학』(특집호), 『신학과 복음』 등 여러 학회지에 분산 게재했던 소논문들을 단행본 형식에 맞추어 한 권으로 통합하여 엮었으며, 해당 학회지 출처는 각주를 통해 밝혔다. 원고를 마무리하면서 대은사부(大恩師父)님들이신 민경배 교수님, 주도홍 교수님, 김진하 교수님, 조병하 교수님, 임원택 교수님, 장동민 교수님, 이장형 교수님의 가르침과 은혜에 돈수백배(頓首百拜)하며 감사를 올린다. 또한 기도와 권면으로 지도해주신 예장천안총신 유정상 학장님과 사랑하는 후학들, 주와 복음을 위해 동고동락하며 일편단심 동역자의 길을 걷는 아내에게 고마운 마음을 전한다. 그리고 출판계의 어려운 정황에도 불구하고 기꺼이 졸고를 수락하여 출판해주신 도서출판 북코리아의 이찬규 사장님, 윤문작업을 해주신 김수진 선생님과 편집진의 두터운 호의에 진심으로 감사를 표한다.

모든 영광을 성삼위 하나님께 돌리며, 거룩하신 신전(神前)에 부복하여 하해와 같으신 성은(聖恩)을 찬송하며…….

주강생후 2019년 3월 1일
저자 안수강 배상(拜上)

CONTENTS

CONTENTS

CONTENTS

1장

서론

1
문제 제기

　이 책은 이용도(李龍道, 1901~1933) 목사의 신비주의와 '예수교회(Jesus Church)' 설립사를 개혁주의 신학적 관점에서 분석하여 성찰하는 데 목적을 둔다.

　일반적으로 해방 전에 사역한 걸출한 3대 부흥사를 거론할 때 1900년대 중·후반에는 평양대부흥운동을 주도한 장로교의 길선주 목사, 1920년 전후에는 신유(神癒)의 이적을 행한 장로교의 김익두 목사, 1930년대 초반에는 신비주의의 전형을 보여준 감리교의 이용도 목사를 꼽는다.[1] 이용도는 1928년 1월 협성신학교를 졸업하고 1930년 9월 28일 감리교 연합연회에서 목사안수를 받았다. 1931년 6월 연합연회에서 경성(서울) 지방으로 파송 받아 순회부흥사로 활동했으며, 전국 각지를 돌며 부흥집회를 인도했다. 그러나 그의 부흥집회는 1931년 8월 장로교 황해노회로부터 집회를 불허하는 금족령(禁足令)을 서막으로 장로교 서북진

---

1)　cf. 김인수, 『한국기독교회의 역사』(서울: 장로회신학대학교출판부, 1998), 420-431쪽.

영 노회들로부터 점차 강도 높은 제재조치를 받았고, 1932년 후반부터
는 동시다발적으로 발생한 굵직한 불상사들을 겪으면서 험난한 질곡(桎
梏)의 역정을 거쳐야 했다.[2] 1931년 8월 장로교 황해노회 금족령에 이어
1932년 4월 평양노회 기도제한법 통과, 10월 평양노회 금족령 및 평양
강신극 사건, 12월 『기독신보(基督申報)』의 이세벨 무리 기사 게재,[3] 12월
감리교 경성교역자회 사문위원회 소집, 1933년 2월 안주노회 단죄, 3월
감리교 중부연회의 이용도 목사 휴직령,[4] 6월 3일 '예수교회' 창립 선
언,[5] 그리고 9월 장로교 제22회 총회에서의 이용도 이단 정죄[6] 등 일련
의 긴박한 과정이 숨 가쁘게 전개되었다. 그 결과 이용도의 부흥운동은
이전의 길선주나 김익두의 부흥운동과는 달리 비기독교적인 신비주의
운동으로 비판을 받았다.

당시 가장 공격적인 자세로 이른바 '용도교회(龍道敎會, '예수교회')'의 내
막을 폭로했던 『신앙생활(信仰生活)』의 주필 김인서를 비롯하여 길선주, 배
은희, 가나이 다메이치로(金井爲一郞), 최태용, 박형룡 등 이용도와 원산계
신비주의자들을 질타하는 부정적인 견해가 『신앙생활』, 『성서조선(聖書朝
鮮)』, 『신학지남(神學指南)』, 『기독신보』 등에 게재되었다. 장로교의 원로 길
선주는 "그것은 降神述의 一種이요 魔귀의 役事다. 故 李龍道 君이 조흔
傳道者 되기를 企待하엿드니 그런 일에 失數(失手의 오자인 듯 – 필자 주)한 것

2) 변종호(편), 『이용도 목사전(傳)』(서울: 장안문화사, 1993), 33-34쪽, 66쪽, 101-102쪽. 이하
    각주에서는 『이용도전』으로 기술함.

3) 「이세벨」 무리를 삼가라」, 『기독신보』 1932년 12월 14일, 제1면.

4) 『기독교 조선감리회 중부연회 제3회 회록(1933年 3月)』 29쪽.

5) 이용도, 백남주, 이종현, 「예수교회창립선언」, 『예수』 창간호(1934년 1월), 27쪽.

6) 「죠선예수교장로회총회 뎨二十二회 회록」, 『대한예수교장로회 총회록』(서울: 대한예수교장
    로회 총회교육부, 1980), 71쪽.

은 매우 哀惜하오"라고 탄식했으며, 배은희는 이를 '악령(惡靈)의 일'로 단정했고, 당시 선다 싱(Sundar Singh)과 스웨덴보르그(Emanuel Swedenborg) 연구 분야의 권위자였던 일본의 가나이 다메이치로는 "예수의 神이나 天使의 神은 사람의 意識을 奪取하는 일이 업습니다"라는 입장을 취하여 이들 모두 비판적인 자세를 보였다. 또한『성서조선』에서는 "아모리 同情하는 마음으로 본다고 하여도『새 생명의 길』(백남주가 저술하여 발행한 이단 서적 - 필자 주) 내용은 기독교를 그릇치는 것"이라는 점을 강조했고,『영(靈)과 진리』의 주필을 맡았던 최태용은 "朝鮮敎界에서 새로히 일어나는 祈禱의 불길을 막으려는 惡靈의 作亂"이라고 단정할 정도였다.[7] 1932년 12월 14일자『기독신보』에서는 직접계시 사상을 용납할 수 없는 묵시관이라며 이용도, 황국주, 유명화, 한준명 등을 일괄 지목하여 '이세벨의 무리'로 통칭했다.[8] 박형룡은『신학지남』1933년 3월호에서「반신학적(反神學的) 경향」이라는 제하에 감정과 경험에 편중하는 신비주의를 비판하면서 이성보다 경험을 신뢰하여 신학과 교리를 경시하는 태도를 경계했다.[9]

이후에도 오랫동안 기독교계는 1930년대 이용도의 신비주의 운동에 대해 부정적인 인식을 취했다. 비록 이용도의 측근 인물이었지만 김광우가 과거 그의 부흥집회에 나타난 폐단들을 신중하게 성찰했던 태도는 이러한 흐름을 짚어주는 가장 전형적인 일례라 할 수 있다. 청년시절 사회주의 사상에 몰입되어 '사회개조'인가 '인간개조'인가[10]를 고민하던

---

7) 김인서, 「용도교회 내막조사 발표(3)」, 『신앙생활』(1934년 5월), 27쪽. "제가견(諸家見)"에 소개된 견해들을 정리한 것임. 김인서는 '예수교회'를 '용도교회(龍道敎會)'로 칭했다.

8) 「이세벨」 무리를 삼가라」, 『기독신보』 1932년 12월 14일, 제1면.

9) 박형룡, 「반신학적(反神學的) 경향」, 『신학지남(神學指南)』(1933년 3월), 13-20쪽.

10) 김광우, 『나의 목회 반세기』(서울: 바울서신사, 1984), 27쪽; 김광우, 「나의 참회, 나의 감격」, 『이용도전』, 219-224쪽.

김광우는 이용도를 만나 사회주의를 멀리하고 새롭게 사상적 전환기를 맞이할 수 있었음에도 후일 자신의 목회회고록 『나의 목회 반세기』에서 신비주의의 부정적인 특성들과 교단분립 역사에 대해서만큼은 냉철하게 비판하는 입장을 취했다. 그는 부흥회가 일면 한국교회에 끼친 공로가 많았다는 점을 인정하면서도 동시에 많은 문제점을 파생시켰다는 사실에 더 큰 비중을 두었다. 그는 '부흥회와 기도파·기도원 생산', '미신화, 이질화, 분파화', '물량주의, 팽창주의, 교권주의'[11] 등을 신비주의가 야기한 굵직한 난제들로 보았다. 그는 과거의 불행했던 분파 사건들을 언급하면서 특별히 이용도가 기성 교단에서 이탈하여 예수교회를 설립한 사례를 들어 술회했다는 점에 주목해야 한다.

이후 1990년대 들어 이용도에 대한 연구는 신비주의자 또는 이단자라는 틀에서 벗어나 긍정적으로 보려는 재평가 작업이 활발하게 전개되었다(연구동향에 대해서는 제2장 제2절, '선행연구'를 참조할 것). 그러나 이러한 선행연구 작업들은 이미 1960년대 후반부터 몇몇 신학자에 의해 단초가 놓였다. 가령, 유동식은 1967년 7월 『기독교사상』에 발표한 소논문 「이용도 목사와 그의 주변」에서 그의 신앙과 열광주의에서 병적인 것이나 이단성을 찾기 힘들다고 주장했으며,[12] 민경배는 1975년에 출판한 자신의 초기 저서 『한국의 기독교』에서 이용도를 한국교회의 토착적 신앙과 경건의 실험에서 외롭게 살다가 간 훌륭한 신앙인이라고 평가한 바 있다.[13] 심일섭은 1986년에 발표한 소논문 「한국기독교신학사상 형성을 위한 사

---

11) 김광우, 『나의 목회 반세기』, 366-371쪽.

12) 유동식, 「이용도 목사와 그의 주변」, 『기독교사상』(1967년 7월), 21-27쪽; 유동식, 『한국신학의 광맥』(서울: 전망사, 1986), 120-132쪽.

13) 민경배, 『한국의 기독교』(서울: 세종대왕기념사업회, 1975), 148-154쪽.

적 선구자들(I)」에서 신비주의적 선구자들로 길선주와 이용도를 거명하면서 이용도의 신비사상에 대해 가히 세계적 수준의 경지였다고 높이 평가했다.[14] 박용규는 1996년 10월호 『빛과 소금』에 발표한 「이용도, 그는 과연 이단이었나」라는 짤막한 글을 통해 체험에 대한 신학적인 조명이 부족했다는 이용도의 약점을 지적하면서도 그를 이단으로 정죄했던 1933년 9월 장로회총회의 결정이 다소 감정적이지 않았나 하는 인상을 준다고 소신을 밝혔다.[15]

필자는 이 연구를 전개함에 있어 다음과 같은 다섯 가지 사안을 고려할 것이다.

첫째, 이용도의 신비주의 형성과 관련하여 시대적 배경과 영향을 끼친 인물들을 살펴볼 것이다. 이용도의 신비주의에 독특한 면모가 있었다 할지라도 결코 독창적인 것은 아니었다. 그의 신비주의는 어떤 경로로든지 다양한 외적인 동인들이 배후와 저면에 자리 잡고 있었고, 자신의 정체성으로 동화되고 적응해가는 과정이 있었다. 이러한 외적 변인들을 고찰함에 있어 크게 두 가지 방향에서 방법론을 설정해볼 수 있다. 한 가지는 여러 신비주의 사상가의 사상을 개관하여 비교 분석함으로써 이용도의 신비주의 사상과의 유사점들을 찾아내는 작업이며, 다른 한 가지는 이용도 당대의 시대적 배경을 신비주의의 발흥과 관련하여 고찰하거나 이용도 자신이 남긴 문헌에 고무적으로 언급된 체험적 사건들 혹은 주요 인물들을 통해 그의 신비주의 성향과 관련지을 만한 단서들을 찾아내는 작업이다. 필자는 후자의 방법론에 비중을 둘 것이다.

---

14) 심일섭, 「한국기독교신학사상 형성을 위한 사적 선구자들(I)」, 『기독교사상』(1986년 8월), 86-89쪽.

15) 박용규, 「이용도, 그는 과연 이단이었나」, 『빛과 소금』(1996년 10월), 131쪽.

둘째, 이용도의 신비주의와 그의 신학사상이 왜 이단으로 정죄 받을 수밖에 없었는지, 그리고 그 정도로 심각한 문제였는지에 대해 살펴보아야 한다. 전술했듯이 이용도는 1933년 3월 감리교 중부연회로부터 목사직 휴직 처분을 받았으며 세상을 떠나기 불과 한 달 전인 같은 해 9월에 장로교 제22회 총회에서 이단으로 정죄 받았다. 이용도가 장로회총회에서 이단 정죄를 받은 결정적인 사유는 그의 신비주의 및 이와 관련된 다양한 행적과 결부되어 있다. 가령 평양 강신극 사건, 직접계시관, 교회 비판, 유명화·한준명 등 원산계 신비주의 인사들과의 교류, 그리고 교단 분립 등을 굵직한 사례들로 꼽을 수 있다. 이후 이용도의 측근들이나 예수교회 관련 인사들만이 그를 변호해주었을 뿐이며 1933년 9월 그가 정죄 된 이래 장로교와 감리교 양 교파에서는 별다른 반응을 보여주지 않았다. 그러다가 1960년대 후반쯤부터 이용도의 사상과 행적을 다루는 글들이 간헐적으로 선보이기 시작했다. 그러나 감리교 혹은 진보신학 계열의 학자들을 제외하고는 여전히 이용도가 이단으로 정죄 된 사실을 기정사실로 답습하는 견해가 보편적이었으며, 특히 장로교 측의 보수 성향을 지닌 학자들일수록 그의 신앙관, 특히 직접계시관, 삼위일체 신관, 구원관, 교회관 등에 심각한 난제들이 내재되어 있다고 문제를 제기했다.

1990년대 들어 감리교에서는 1999년 3월 제19회 서울연회에서 이용도를 전격 복권 조치하고[16] 그에 대해 새롭게 연구 작업에 임하는 등 재평가 작업을 전개하려는 움직임을 활발하게 보여주었다. 그러나 장로교 측은 1933년 이용도의 이단 정죄 결의를 지금까지도 기정사실화하고 있다. 감리교 측에서 이용도를 복권 조치했다는 것은 일단 장로교 측

---

16) 『기독교대한감리회 11개 연회 공동발행 연회회의록(1999년 3월)』, 47쪽.

에 심사숙고할 만한 과제를 던져주었다는 점에서 고민해야 할 것이다. 1932년 12월 감리교 측에서 사문위원회를 조직하고 이용도를 심사하여 이듬해 3월에 목사직을 휴직 처분한 것은 평양 강신극 사건과 관련된 장로교 측의 민감한 조치[17] 때문이었던 만큼 1999년 감리교 측에서 취한 복권 조치는 장로교 측에서도 다시금 그의 사상을 냉철하게 재고해야 한다는 시사점을 준 것으로 보아야 한다.

셋째, 이용도의 합일사상을 중심으로 신비주의를 분석하고 그의 신앙이 신비주의와 접목되어 어떤 양상으로 나타나는지 고찰할 것이다. 노종해가 주장한 것처럼 한국교회는 일면 신비적 요인으로 성장하고 선교되어온 것이 사실이지만,[18] 신비주의가 지니고 있는 긍정적 요소 이외에 부정적인 면도 조망하는 양면적 시야가 필요하다. 문상희는 일반적으로 신비주의에는 신앙심화, 형식주의 타파, 직관적 감수성, 개인의 완성 갈구, 통찰력, 신앙의 확실성 촉구 등 긍정적인 면도 있는 반면 역사성 결핍이나 계시 이전으로의 후퇴, 미신 조장, 폐쇄적 독단, 지나친 환상, 거만함, 샤머니즘으로의 전락, 윤리성 탈피 등의 부정적인 면들이 내재되어 있다고 보았다.[19] 특히 한국교회의 신비주의 양상은 그동안 신학적 뒷받침이 부족한 상황에서 줄곧 뿌리를 내려왔기 때문에 문상희가 지적한 것처럼 속속 부정적인 면들이 노출된다는 사실을 부인할 수 없다. 김용옥의 한국교회의 신비주의에 대한 부정적인 조명은 탈현실성, 주관적인 체험, 폐쇄성, 독단성, 개인의 절대화, 감정적이며 광신적인 탈윤리성[20] 등

---

17) cf. 「평양임시노회 촬요(平壤臨時老會撮要)」, 『기독신보』 1932년 12월 7일, 제1면.

18) 노종해, 『중세기독교 신비신학사상 연구』(서울: 도서출판 나단, 1991), 13쪽.

19) 문상희, 「기독교와 신비주의」, 목회자료연구회(편), 『신비주의』(서울: 세종문화사, 1972), 181-182쪽.

20) 김용옥, 「Ἐν χριστῷ에 나타난 바울의 신비주의」, 『신학과 세계』 제4호(1978년), 48-49쪽.

신비주의가 야기하는 여러 난제들을 성찰하게 해준다. 이러한 현상은 비단 이용도가 활발하게 활동했던 1930년대 초반뿐만 아니라 해방 이후에도 지속되어온 현상이라는 점을 간과해서는 안 된다. 이용도의 최측근 인물이었던 변종호는 한국교회 역사에서 3대 부흥운동을 선교사의 부흥운동, 김익두와 이용도 등 한국인 목사의 부흥운동, 평신도 부흥운동으로 대별했다. 그가 특히 해방 이후에 해당하는 평신도 부흥운동과 관련하여 소위 영능(靈能)을 받기만 하면 마음껏 외칠 수 있는 부흥기가 도래하여 라운몽과 박태선을 크게 활동한 인물들이라고 호평한 점만 보더라도 신비주의의 위험성이 얼마나 심각한 것인지를 자인한 셈이다.[21]

또한 한국의 경우, 민경배가 간파했던 것처럼 한국인의 종교적 심성이 신비주의적이며 더 나아가 정신의 패턴이 넓다[22]고 본다면 선교 반세기경 불과 유년기 단계에서 신비주의를 폭넓게 받아들인 이용도의 신앙 양태에 대한 분석 작업은 그만큼 중대한 의미를 갖는다. 민경배는 신비주의가 성경적인 종교와 서로 교섭하는 동안 피차에 무시하지 못할 정도로 큰 영향을 받고 있다고 보았다.[23] 이러한 점을 감안한다면 한국 기독교가 이용도라는 걸출한 부흥사를 통해 체험적으로 직면했던 신비주의를 분석하는 작업은 너무나도 당연한 일이다.

넷째, 이용도의 신앙고백을 단순하게 신비주의의 이론적 잣대를 적용하여 분석함으로써 이단이라고 판단할 수 있느냐 하는 문제도 고려해보아야 할 점이다. 일반적으로 장로교 계통의 보수신학자들은 이용도의

---

21) cf. 변종호, 『한국기독교사(개요)』(서울: 심우원, 1959), 56-65쪽.

22) 민경배, 「한국의 신비주의사」, 목회자료연구회(편), 『신비주의』(서울: 세종문화사, 1972), 221쪽.

23) 민경배, 「한국종교의 신비주의적 요소」, 『신학논단』 제7·8집(1990년), 166쪽.

신앙을 신비주의가 지닌 특성들을 내세워 그의 구원관, 그리스도관, 삼위일체관, 그리고 부활에 대한 이해 등에 문제를 제기함으로써 교리적인 약점이 무엇인지를 찾아내고자 한다. 그러나 신비주의자라 할지라도 각기 개인차가 있으며 신앙고백 역시 그 양상이 다양할 수도 있다. 필자는 그동안 이용도의 신앙에 심각한 문제점이 있다고 지적받아온 사안들을 염두에 두고 그의 신앙이 어떠한지를 고찰할 것이다.

다섯째, 이용도의 신학사상과 신비주의 사고가 예수교회 설립과 어느 정도로 연관되어 있으며 백남주가 주도하던 원산계 예수교회 주요 인사들의 신학사상과는 어떻게 비교되는지 파악하는 작업도 필요하다. 임인철의 표현에 의하면 이용도가 예수교회 설립에 주동적인 역할이었는지 아니면 전혀 무관한 일이었는지에 관한 논쟁은 해묵은 논쟁이라고 일축하면서 예수교회 설립에서 이용도가 차지한 위상을 중시했다.[24] 이에 대한 극단적인 대립은 이용도를 예수교회 설립의 주역으로 보려는 예수교회 측과 이를 부인하는 변종호의 상반된 해석이 날카롭게 대립하고 있다. 필자는 예수교회 설립 배경과 그 과정에서 유명화의 등장으로부터 설립 선포의 단계에 이르기까지 가능한 한 연대순으로 고찰하면서 이용도와 평양계 및 원산계의 가교점, 이용도가 초기 예수교회에 끼친 사상적 영향과 위치, 그리고 원산계에 속했던 예수교회 주요 인사들과의 신학적 노선과는 어떻게 대조되는지 살펴볼 것이다.

이상 다섯 가지 사안을 고려하여 이 책에서 고찰하게 될 내용들을 세목으로 정리하면 다음과 같다.

---

24) 임인철, 「예수교회 사략(I)」, 『예수』 복간 제10호(1992년 겨울), 46쪽.

첫째, 이용도 당대의 시대적 배경과 이용도의 신비주의는 어떤 관련성을 갖는가?

둘째, 이용도의 신비주의 형성과 관련하여 이용도의 사적 체험에는 어떤 것들이 있었으며, 그에게 영향을 끼친 인물들은 누구였고, 또 그 핵심적인 사상은 무엇이었는가?

셋째, 이용도의 신비주의 합일사상은 어떻게 나타나는가?

넷째, 이용도의 신비주의와 접목된 신앙관은 어떤 양태로 나타나는가?

다섯째, 예수교회 설립 역사와 이용도의 신비주의는 어떤 점에서 접목되는가?

여섯째, 예수교회 설립과 관련하여 이용도가 끼친 사상적 영향은 무엇인가?

일곱째, 이용도의 신앙과 원산계의 신앙은 어떻게 대조되는가?

2
연구의 필요성

이용도의 신비주의와 예수교회 설립 당시 그의 위상을 고찰해야 할 필요성은 다음과 같다.

첫째, 1933년 9월 장로교 제22회 총회에서 '왜 이용도가 이단으로 정죄 받아야만 했는지' 그 사유를 신학적으로 세밀하게 분석하여 제시한 연구서가 부족하다는 점이다. 특히 그의 신비주의의 중심에 위치한 합일사상에 대해서는 획일적으로 직접계시를 주장했다는, 극히 지엽적이며 단편적인 사안만을 지적했을 뿐 '유니티(unity, 合一)' 차원에서 합일사상이라는 단일 주제를 설정하여 체계적으로 고찰하지는 못했다.

이용도를 정죄해야 할 당위성을 가장 집요하게 들춘 당대의 문헌들이라면 당시 『신앙생활』에 수록된 김인서의 글들과 『기독신보』에 발표된 굵직한 기사들을 들 수 있을 것이다. 그렇지만 김인서는 당시 예수교회 측의 형편과 주장을 체계적으로 분석하지 않은 채 자의적으로 판단하여 비판을 가하는 자세를 취했다는 점에서 한계점을 보여준다. 『기독신보』에 보도된 기사들 역시 노회의 결의에 편승하여 단편적인 내용들만 발췌 정리된 것들이다. 가령 이용도의 기성교회에 대한 비판 문제라든가 직접 계시 문제, 신앙운동의 주관적 체험 문제, 강신극 사건 내막을 기사 형식 으로 소개하는 정도에 그쳤다[25](제2장 제1절, '이용도 관련 주요 자료들'을 참고할 것). 이후 이용도의 사상이나 행적에 관한 연구는 적어도 한 세대 이상 전무 한 상태였다. 1967년 유동식의 소논문「이용도 목사와 그의 주변」을 기 점(起點)으로 1980년대 연구에 이르기까지 이용도의 신비주의 관련 저작 들은 극히 지엽적인 주제를 담은 소논문 형태 또는 대동소이한 석사학위 논문 수준을 벗어나지 못했다. 2000년대 들어 발표된 박사학위논문으로 는 유금주의 『이용도 신비주의의 형성과정과 그 구조』(2000, 연세대학교)[26]와 장덕환의 『이용도의 꿈과 환상체험에 대한 융 심리학적 분석』(2007, 강남대 학교)[27] 정도를 꼽을 수 있다.

둘째, 이용도에 대한 연구는 보수성을 지닌 장로교 학자들의 글일수 록 그를 무교회주의자로 간주하여 비판하려는 경향이 농후하다. 그리고 구원관과 기독관에서는 이용도가 만족설, 유일회적 대속의 문제, 속죄와 칭의관, 성육신의 유일회성 등을 부인한 것으로 그리고 신관에서는 삼위 일체론이 부재하다는 입장을 취하기도 한다. 그러나 제1장 제1절, '문제 제기'에서 지적했듯이 이러한 연구 결과는 신비주의의 이론적 틀에 끼 워 맞추는 방식으로 이용도의 교회관, 구원관, 기독관, 신관 등을 편협하 게 해석한 것일 수도 있다는 점을 고민해보아야 한다. 이러한 연구 결과

---

25) cf.「평양임시노회 촬요(撮要)」, 『기독신보』 1932년 12월 7일, 제1면;「「이세벨」 무리를 삼 가라」, 『기독신보』 1932년 12월 14일, 제1면; 남궁혁, 「훈시(訓示)」, 『기독신보』 1932년 5월 25일, 제4면.

26) 유금주, 『이용도 신비주의의 형성과정과 그 구조』(서울: 연세대학교 박사학위논문, 2000).

27) 장덕환, 『이용도의 꿈과 환상체험에 대한 융 심리학적 분석』(용인: 강남대학교 박사학위논문, 2007).

에 대해 감리교 측이나 예수교회 측, 그리고 예수교회 중앙신학교에 뿌리를 둔 강남대학교에서조차 이용도의 신앙고백을 체계적으로 분석하여 논박하지 않았다. 이 책에서는 이러한 문제들과 관련하여 이용도의 정당한 신앙고백들이 단지 그의 신비주의 성향으로 인해 상대적으로 현저하게 가려졌거나 부재한 것으로 폄하되었던 것은 아닌지 그 여부를 살펴볼 것이다.

셋째, 예수교회 설립사를 깊이 있게 다룬 저작은 전무한 상황이며 예수교회 설립 반년 후부터 80여 호에 걸쳐 발행한 예수교회공의회 기관지 『예수』가 있었음에도 예수교회에서조차 설립 역사를 체계적으로 정리하지 못했다. 이 책에서는 예수교회 초기 설립 역사와 아울러 당시 이용도의 개입과 위치, 그리고 예수교회에 미친 사상적 영향들을 고찰할 것이다. 또한 평양 중심의 서북계열을 주도한 이용도와 스웨덴보르기아니즘으로 만연한 원산계의 백남주 사이에는 신앙적으로 어떤 차이점이 있었는지에 대해서도 살펴볼 것이다.

넷째, 근래 이용도의 신앙 혹은 신학 관련 논문들은 그를 재조명한다는 취지로 이단적 신비주의자라는 비판적 시각을 전면적으로 부정하고 동양적 영성, 경건, 성령운동, 한국적 신학, 심리학, 문학적 혹은 예술적 소질 등의 주제들을 통해 그의 사상을 재해석하려는 움직임을 보여준다. 그러나 이러한 연구들은 이용도의 신앙 저변에 자리 잡은 신비주의 핵심이 지나치게 약화되거나 배제된 채 진행되고 있다는 점에서 심각한 문제가 있다. 이용도를 연구하려면 그의 신앙과 신학의 밑바탕에 본질적으로 신비주의가 견고하게 뿌리내려져 있다는 점을 간과해서는 안 된다. 기존의 연구가 주로 그의 신비주의에 초점이 맞추어져 비판 일색이었다는 이유만으로 무조건 그의 신비주의 체계 자체를 부정하거나 무시하지 말고, 일단 그의 신비주의를 인정하고 이를 디딤돌로 삼아 다양한 주제들을 개척해야 할 것이다. 그래야만 설득력 있고 공감대를 형성하는 학문을 전개해나갈 수 있을 것이며, 그의 사상을 좀 더 새롭고 다양한 주제에 접목시킬 수 있을 것이다.

3
연구의 방법과 한계점

본 연구는 이용도가 남긴 저작물들과 동시대 주변 인물들에 의해 발표되었던 자료들, 그리고 후대의 학자들이 발표한 논문들을 자료로 삼아 앞서 필자가 제기한 일곱 가지 문제를 중심으로 고찰하고자 하는 문헌연구이다. 시대적으로는 이용도의 신학 입문 시점이었던 1920년대 말부터 그가 생존하여 부흥회를 인도하고 예수교회를 설립했던 1930년대 초·중반까지를 배경으로 설정했다.

변종호에 의해 편집된 이용도 관련 문헌들, 피터스(Victor Wellington Peters)의 이용도 전기, 예수교회 중앙선도원(中央宣道院) 기관지『예수』,『기독신보』에 게재된 기사들, 장로회 총회록 등에 기록된 내용들은 다음 자료들을 참고할 것이다.

① 변종호에 의해 편집된 문헌들
- 장안문화사 발행(1993년):『이용도 목사 서간집』(제1권),『이용도 목사전(牧師傳)』(제2권),『이용도 목사 일기』(제3권),『이용도 목사

연구 40년』(제4권), 『이용도 목사 저술집』(제5권), 『용도신학(龍道信學)』(제6권), 『이용도 목사 사모(思慕) 50년』(제7권), 『이용도 목사 연구 반세기』(제8권), 『이용도 목사 관계문헌집』(제9권), 『이용도 목사 사진첩 및 숭모문집(崇慕文集)』(제10권)

- 신생관(新生館) 발행(1974년): 『이용도 목사 설교집(一)』
- 심우원 발행(1953년): 『이용도 서간집』
- 성광문화사 발행(1982년): 『이용도 목사 서간집(全)』

② 피터스의 이용도 전기

「시무언(是無言), 한국 기독교 신비주의자」

③ 예수교회 중앙선도원 기관지『예수』

『예수1』(1934년 1월~1935년 12월)

『예수2』(1936년 1월~1940년 9월)

『예수』(1984년 여름부터 1993년까지 복간된 기관지)

④『신앙생활』에 게재된 김인서의 글들

「평양교회 최근의 삼대(三大) 집회」(1932년 3월호)

「이용도 목사 방문기」(1932년 5월호)

「원산과 평양교회의 이단문제」(1933년 1월호)

「조선교회의 새 동향」(1933년 3월호)

「이용도 목사와 나」(1933년 11·12월 병합호)

「고(故) 이용도 씨를 곡(哭)함」(1933년 11·12월 병합호)

「용도교회 내막조사 발표」(1934년 3월호, 4월호, 5월호)

「혁명호(革命乎) 부흥호(復興乎)」(1934년 4월호)

「책가교회(責假敎會)」(1935년 7월호)

「기독신보사에 문(問)함」(1937년 6월호)

「교파남조(敎派濫造)를 계(戒)함」(1937년 12월호)

⑤ 『기독신보』에 게재된 글들

「성자(聖者)예기」(1929년 10월 16일, 10월 23일, 10월 30일, 11월 13일, 11월 20일)

「훈시」(1932년 5월 25일)

「「새 생명」의 발상지?」(1933년 3월 15일, 22일)

「평양임시노회 촬요」(1932년 12월 7일)

「「이세벨」 무리를 삼가라」(1932년 12월 14일)

「예수교회 창설의 유래 및 현상(由來及現狀)」(1937년 3월 10일, 3월 17일)

⑥ 죠션예수교장로회총회 데二十二회 회록(1933년 9월)

※ 판본상의 한계 문제

이용도의 저술로 남겨진 일기와 서간집 등 1차 자료들은 변종호에 의해 편집되고 현대어로 윤문 및 교정되는 과정을 거쳤다는 점에서 판본 상의 한계가 있다는 지적을 받는다.

이 문제와 관련하여 유동식은 변종호가 자료집을 발행하면서 변종 호 개인의 신앙이나 판단에 의해 첨삭이 가해졌을 가능성과 문제시되는 인물들의 이름을 공란으로 처리하여 ○○○ 방식으로 기술한 점, 발표된 연구논문에 변종호의 주관이 개입된 점 등을 문제로 제기했다.[28] 예수교회 측 김형기 역시 변종호의 편저작에서 이용도 연구를 위한 텍스트에 오타, 한자를 잘못 읽은 경우, 한자에서 한글로 전환하는 과정에서 개입된 오류 등 판본상의 문제가 있을 수 있다고 보았다. 또한 변종호가 이용도의 많은 서신을 소장하고 있었음에도 일부만 선택하여 편집한 의도가 무엇인지에 대해서도 의문점이 있다고 했으며, 편지 내용을 편집 작업함으로써 편자 자신 혹은 이용도를 변호하기 위한 의도가 개입되었을 가능성도 있다고 문제를 제기했다.[29] 이외에도 본 연구자가 이용도 전집을 파악한 바로는 간혹 문장을 XXX 형식으로 중략 처리한 사례들도 있어 전후 문맥을 완전하게 분석하기 곤란한 경우가 있다. 이용도의 귀한 자필 문헌을 소장한 변종호가 이 문헌들과 자신의 편저를 좌우 편 대조 방식으로 편집하여 발행했거나 별도의 영인본 양식으로라도 제작하여 수록(手錄) 원본을 학계에 공개했더라면 사료적 가치가 컸을 것이다.

현재까지 이용도 관련 연구는 모두 이러한 판본상의 한계를 전제하여 진행되어왔으며, 필자 역시 이러한 판본상의 문제를 감안하여 이 책을 집필했다.

---

28) 유동식, 「대화모임: 이용도 목사와 그 주변 인물들」, 『한국기독교역사연구소 소식』 제51호, 한국기독교역사연구소, 2001년 11월 3일자, 17쪽.

29) 김형기, 「시무언 신학의 사상적 연관들」, 편집위원회(편), 『이용도의 생애 · 신학 · 영성』(서울: 한들출판사, 2001), 124-126쪽.

2장

이론적
배경

이 장의 내용은 『신학과 복음』 제4집에 게재되었으며, 이 책의 집필 취지에 부합하도록 내용을 수정 보완했다. 안수강, 「이용도 관련 문헌지(文獻誌) 및 연구동향 고찰」, 『신학과 복음』 제4집(2018년), 86-124쪽.

1
이용도 관련 주요 자료들

이용도 관련 주요 자료들로는 변종호(편)의 이용도 전집, 이용도 설교집, 피터스 선교사의 이용도 전기(傳記), 예수교회 중앙선도원 기관지 『예수』, 1930년대 초 『신앙생활』에 게재된 김인서의 글들, 『기독신보』에 보도된 글들, 「죠선예수교장로회총회 데二十二회 회록」 등이 있으며 이용도의 행적과 사상을 연구하기 위해 반드시 고찰해야 할 필수 문헌들이다. 이 자료들 중에는 2차 자료라 할지라도 1차 자료 못지않게 중요한 내용을 담은 문헌들도 포함되어 있다.

1) 변종호(편) 이용도 전집

변종호가 각고의 노력 끝에 수집하여 정리한 이용도 목사 전집은 모두 10권으로 편성되었다. 그는 1930년 전후 이용도가 남긴 문헌들을 엮어 1차 자료 수준으로 분류할 수 있는 『이용도 목사 일기』와 『이용도 목사 서간집』을 펴냈고, 편저 또는 편집 형태로 『이용도 목사 저술집』, 『용도신학』, 『이용도 목사전』, 『이용도 목사 연구 40년』, 『이용도 목사 사모 50년』, 『이용도 목사 연구 반세기』, 『이용도 목사 관계문헌집』, 『이용도 목사 사진첩 및 숭모문집』 등을 출판했다. 이 문헌들은 변종호에 의해 모두 현대어체로 윤문 작업되었다.

(1) 일기

이용도 목사 작고 33주년을 맞이하여 1966년 9월 12일 신생관에서 『이용도 목사 일기』를 발행했다. 이 문헌은 이용도의 신앙과 사상 그리고 부흥운동의 행적 등을 살펴볼 수 있는 고백적인 자료이며, 1927년 1월 1일부터 1933년 5월 1일까지의 내용이 기록되어 있다. 그러나 1928년도 일기는 6 · 25동란 당시 공산군에 의해 소실되어 확인할 길이 없다.[1] 변종호는 1928년도의 일기 내용에 대해 자신이 입수했던 이용도의 일기 일곱 권 중에서 신앙적인 교훈이 가장 풍부하게 기록된 책이었다고 소회를 밝혔다. 그가 기억하여 간추려 정리한 1928년도의 일기 내용을 소개하면 다음과 같다.

〔1928년도의 일기 내용〕
산촌에서 일곱 구역을 맡아보며 고심 고생하는 기록, 학교 졸업 후

---

1) 변종호(편), 『이용도 목사 일기』(서울: 장안문화사, 1993). 서문과 목차 참고. 이하 각주에서는 『이용도 일기』로 기술함.

첫 목회에서의 이상과 현실, 신앙과 이성의 상극, 길항(拮抗)에 애쓰는 글, 지식이 신앙보다 앞서고 하늘의 권능을 받지 못하고 인간적인 방법으로 끌려 다니는 고민 고투, 산기도 금식기도에 몰입하여 성령의 세례와 하늘의 권능을 받는 경과 그리고 감격과 능력 얻은 목사로 활약하는 기록, 그 당시의 한국에 습래한 유물론(唯物論)과 공산주의에 대한 사상적 신앙적 투쟁, 봉사생활과 육체노역, 대 부흥을 일으킨 일들[2]

(2) 서간집

① 『이용도 목사 서간집』 초판

이용도 사후 약 8개월 만인 1934년 6월 11일에 발행되었다. 평소 이용도의 서신을 수신자들에게 전달하는 심부름을 맡았던 변종호가 기억을 더듬어 서신들을 회수했으며, 1930년도부터 1933년도에 이르기까지 3년 동안 작성된 90통 분량의 서신들을 날짜 순서대로 편집하여 이 서간집을 내었다.[3]

② 『서간, 시가, 그의 생애』

1937년 4월 12일에 발행되었다. 변종호는 이 책이 북한 공산세계에 남겨진 마지막 기독교 서적이었으며, 당시 평양 성화신학교(聖化神學校) 학

---

2) 변종호(편), 『이용도 목사 사모(思慕) 50년』(서울: 장안문화사, 1993), 203-204쪽. 이하 각주에서는 『이용도 사모 50년』으로 기술함.

3) 변종호(편), 『이용도 목사 서간집』(서울: 장안문화사, 1993). 서문 "이용도 목사 서간집 출판에 임하여" 참고. 이하 각주에서는 『이용도 서간집』으로 기술함.

생 등 교계 유지 청년들에게 유일한 읽을거리였다고 회고했다.[4] 그러나 피터스가 저술했던 이용도 전기 내용과 동일한 것인지는 확인할 수 없다.

③『이용도 목사 서간집』증보 재판

1953년 심우원(心友園)에서 이용도 목사 작고 20주기를 기념하여 발행했으며, 1934년 90통으로 편집되었던 분량에 비해 대폭 증보되었다. 모두 112통으로 편성되었으며 6·25동란 피난길에서 귀경하여 즉시 발행했다.[5]

④『이용도 목사 서간집』(변종호 편 전집)

이용도 목사가 세상을 떠난 지 36주기라고 밝힌 점으로 미루어 1969년도에 출판된 것이며 전집 10권 중 제1권에 편성되었다. 1930년도 서신 10통, 1931년도 서신 40통, 1932년도 서신 44통, 1933년도 서신 16통, 기타 동지들의 서신 13통 등 도합 123통의 서신으로 편집된 증보판이다.[6] 이후 1982년에는 성광문화사에서『이용도 목사 서간집(조)』이 출판되었고 2년 후인 1984년에 재판이 발행되었다.[7]

---

4) 『이용도 사모 50년』, 175-176쪽.
5) 『이용도 사모 50년』, 178-179쪽: cf. 변종호(편),『이용도 서간집』(서울: 심우원, 1953). "내용 목차".
6) 『이용도 서간집』, "서문" 참고.
7) 변종호(편),『이용도 목사 서간집(조)』(서울: 성광문화사, 1984).

(3)『이용도 목사 저술집』

1975년 9월 20일에 발행되었다. '어린이의 영량(靈糧)'과 '어른의 영량'으로 나누어 저술한 책으로 어린이의 영량에는 성자 이야기, 위인의 일화, 훈화(訓話), 이용도의 창작 성극집, 유희(遊戲) 등이 실렸다. 어른의 영량에는 장년 만국통일 주일공과 제27과 "믿음의 조상 아브라함"으로부터 제52과 "기독교의 신앙인물"에 이르기까지 반년 치 분량인 26주간의 공과가 편성되었다. 아울러 이용도의 설교 요약본(이용도의 설교를 들은 성도가 귀가하여 기록한 내용) 21편(설교 어록 2편 포함)이 수록되었다.[8]

(4)『이용도 목사 사진첩 및 숭모문집』

1986년 6월에 발행된 이용도 전집 중 마지막 제10권이며 총 4편으로 편집되었다. 제1편에는 이용도와 가족들, 제2편에는 이용도와 친구들 및 주변 인물들, 제3편에는 이용도와 관계된 교회들과 집회들, 제4편에는 이용도 작고 수개월 전부터 사후 수년 동안 촬영해둔 예수교회 관련 사진들이 수록되었고 매 사진마다 간략하게 설명이 곁들여졌다.[9]

---

8) 변종호(편),『이용도 목사 저술집』(서울: 장안문화사, 1993). "서문"과 "목차" 참고. 이하 각주에서는『이용도 저술집』으로 기술함.

9) 변종호(편),『이용도 목사 사진첩 및 숭모문집』(서울: 장안문화사, 1993). "권두언"과 "목차" 참고. 이하 각주에서는『이용도 목사 숭모문집』으로 기술함.

2) 이용도 설교집

『이용도 목사 설교집(一)』[10]은 1974년 12월에 신생관에서 발행된 것으로 19편의 설교문과 설교 어록 2편이 실렸다. 이 책에는 편자인 변종호가 서문에서 밝혔듯이 이용도의 설교 전문이 기록된 것은 아니며 집회 후 귀가하여 기억을 되살려 요약하는 방식으로 제삼자가 수기(手記)한 내용이므로 1차 자료로 간주할 수는 없다. 그러나 이 설교집은 이용도의 신앙관과 메시지의 맥락을 가늠하는 데 참고자료로 삼을 수 있다는 점에서 나름의 가치가 있다. 변종호에 의하면 이용도는 강단에 서기 전에 절대로 자기 생각을 담은 설교문을 별도로 준비하지 않았으며 엎드려 기도하다가 주님께서 전하라고 명하시는 말씀만 그대로 받아 전했다고 한다.[11] 따라서 그가 별도로 작성해둔 설교 원고는 없다. 설교집 내용은 편수에서 차이가 있을 뿐 『이용도 목사 저술집』의 후반부에 수록된 설교집과 동일한 내용이며, 제목들을 정리하면 다음과 같다.

"겸비하라", "항상 나와 같이 있으리라", "설교어록(1)", "설교어록 (2)", "믿음과 용기", "참된 신자", "死와 심판", "주께서 주시는 힘", "주를 따르는 자 강하라", "짐진 자 나오라", "겟세마네 동산", "영광, 정의연합 집회에서", "잊혀지지 않는 설교", "설교어록", "사마리아 여인", "예수의 사랑", "피의 설교", "하나님의 은혜", "새 생명"[12]

---

10) 변종호(편), 『이용도 목사 설교집(一)』(서울: 신생관, 1974).

11) 변종호(편), 『이용도 목사 설교집(一)』, 2–3쪽. 「그의 설교」; 『이용도 저술집』, 200쪽.

12) 변종호(편), 『이용도 목사 설교집(一)』. "서문"(2–3면)과 "목차" 참고. 『이용도 목사 설교집 (一)』에는 『이용도 저술집』에 있는 "예수의 설교", "예수의 생애" 두 편이 누락됨.

3) 피터스 선교사의 이용도 전기

평소 이용도와 절친하게 지냈던 선교사 피터스는 이용도가 세상을 떠난 후 그의 생애를 담은 전기를 에세이 형식으로 작성하여 「시무언(是無言), 한국 기독교 신비주의자」라는 서명으로 글을 남겼다. 제1장 '아버지와 가족'부터 제12장 '시무언의 열정'에 이르기까지 모두 12장으로 편성되었다.

이 글은 1935년 대한기독교서회에서 발간된 『한국기독교문학회(Korean Christian Literature Society)』 잡지에 총 12회에 걸쳐 연재되었는데, 63년이 지난 1998년에야 '이용도 신앙과 사상연구회' 총무이자 강남대학교 신과대학에 재직하던 박종수 교수가 번역하여 소개했다.[13]

이 전기의 장별 주제들을 소개하면 다음과 같다.

전기 내용: 1장 아버지와 가족, 2장 어머니의 신앙, 3장 상한 몸을 이끌고, 4장 그리스도의 몸을 치유하다, 5장 죽음에서 일어나다, 6장 덤으로 산 시간, 7장 내 양을 찾다, 8장 다른 양, 9장 광채, 10장 황혼, 11장 샛별, 12장 시무언의 열정[14]

---

13) 박종수, 「역자의 변」, 이용도신앙과사상연구회(편), 『이용도 목사의 영성과 예수운동』(서울: 성서연구사, 1998), 목차 이전 "역자의 변"을 볼 것.

14) Victor Wellington Peters, 「시무언(是無言), 한국 기독교 신비주의자」, 박종수 역, 이용도신앙과사상연구회(편), 『이용도 목사의 영성과 예수운동』, 13–113쪽.

4) '예수교회' 중앙선도원 기관지 『예수』

1933년 6월 3일 예수교회가 설립되고 11월 5일 임시공의회(총회)에서 기관지 『예수』를 발행할 것을 결의했으며 1934년 1월에 창간호를 발행했다. 이 기관지는 1941년 일제의 탄압에 의해 종간호를 내기까지 8년 동안 모두 80여 호에 걸쳐 출판되었다. 그러나 예수교회는 대부분 평안도와 함경도 지역에 소재해 있어 남북분단과 6 · 25동란이 발발하면서 기관지의 상당량이 소실되었고 이후 절반에도 미치지 못하는 37호 분량만을 회수할 수 있었다.

예수교회공의회에서 1993년에 설립 60주년을 기념하여 입수한 자료 37호 분량을 묶어 두 권으로 나누어 제작했다. 1934년 1월 창간호부터 1935년 12월호까지를 『예수1』, 1936년 1월호부터 1940년 9월호까지를 『예수2』로 취합하여 영인본으로 발행했다.[15] 기관지 『예수』에는 「예수」라는 주제의 서시를 비롯하여 기도, 설교, 성서연구, 신앙의 시, 수필, 단편 신학논문, 선다 싱(Sundar Singh) 연구, 간증문 등 일정한 형식을 갖춘 글들이 게재되었다. 매호 30면 정도의 분량으로 편성되어 2단 내려쓰기 체재로 매달 간행되었다.

이 문헌은 해방 전 예수교회 신앙의 명분과 본질, 신학, 교단의 방향성, 그리고 초기 설립역사 등을 고찰할 수 있다는 점에서 큰 가치가 있다.

---

15) 이영근, 「예수 영인본 간행에 부쳐」, 『예수1』(서울: 예수교회공의회, 1993). 이 글은 영인본의 앞부분에 게재되어 있으며 글의 성격상 서문에 해당한다.

5) 『신앙생활』에 게재된 김인서의 글들

(1) 「평양교회 최근의 삼대(三大) 집회」

1932년 3월호에 게재되었으며 1931년 12월 평양 명촌교회와 산정현교회 등지에서 이용도가 인도한 부흥집회와 평양 및 평서 양 노회의 연합사경회, 1932년 1월 상순(上旬) 감리회 평양연합부흥집회 등이 소개되어 있다.[16]

(2) 「이용도 목사 방문기」

1932년 5월호에 게재되었으며 이용도가 협성신학교를 차석으로 졸업한 일, 미국 유학길에 오른 송창근에게 베풀었던 온정, 이용도의 어려운 가정 형편, 최태용과의 관계, 당시 이용도를 존경하던 김인서의 시(詩) 등이 기록되어 있다.[17]

---

16) 김인서, 「평양교회 최근의 삼대(三大) 집회」, 『신앙생활』(1932년 3월), 31-34쪽.

17) 김인서, 「이용도 목사 방문기」, 『신앙생활』(1932년 5월), 28-31쪽. 이환신은 협성신학교 졸업 석차가 정경옥, 유자훈, 이용도 순이라고 했다. 이환신, 「용도 형님과 나」, 『이용도 목사 연구 40년』(서울: 장안문화사, 1993), 63쪽. 이하 각주에서는 『이용도 연구 40년』으로 기술함.

(3)「원산과 평양교회의 이단문제」

1933년 1월호에 게재되었으며 한준명, 유명화, 백남주 등의 신탁 예언 활동 및 평양노회에서의 정죄, 평양노회가 이 사건을 중대한 사안으로 취급하게 된 동기들, 평양 강신극 사건, 열광적 기도에 제재를 가한 사유 등을 밝혔다.[18]

(4)「이용도 목사와 나」

1933년 11 · 12월 병합호에 게재되었다. 1933년 9월 장로교 제22회 총회에서의 이용도, 한준명, 이호빈 등에 대한 이단 정죄, 이용도와 김인서가 결별한 내력 등이 소개되었으며 이용도와 원산계 접신파(接神派) 인사들과의 교류, 예수교회 설립, 한준명과 이유신의 평양 강신극 책동 등과 관련하여 김인서의 강경한 비판이 기술되었다.[19]

(5)「고(故) 이용도 씨를 곡(哭)함」

1933년 11 · 12월 병합호에 게재되었으며 소위 새 교파('예수교회')의 설립자로 세상을 떠난 이용도에 대한 유감과 아울러 애석하게 여기는 심정을 담은 글이다. 김인서는 이 글에서 이용도를 '새 교파의 교두(教頭)'라

---

18) 김인서,「원산과 평양교회의 이단문제」,『신앙생활』(1933년 1월), 28-30쪽.
19) 김인서,「이용도 목사와 나」,『신앙생활』(1933년 11 · 12월 병합호), 39-42쪽.

고 칭했다.[20]

(6) 「용도교회 내막조사 발표」

1934년 3월호, 4월호, 5월호에 3회 연속 게재되었으며 예수교회에 대한 김인서의 비판 논조가 가장 격앙된 필치로 기술된 글이다. '가교회(假教會, 예수교회)'의 유래와 현황, '이단6조(『새 생명의 길』)'와 수창자(首唱者)들의 가면, 강신극 비판을 비중 있게 다루었다.[21]

(7) 「혁명호(革命乎) 부흥호(復興乎)」

1934년 4월호에 게재되었다. 당시의 한국교회를 진단하여 '혁명'과 '부흥'의 차이를 논하고 현 교회는 분립 같은 강경한 자세가 아니라 온건한 치유방식을, 혁명이 아니라 부흥을 도모하는 화합과 일치가 절실하다는 점을 피력했다.[22]

---

20) 김인서, 「고(故) 이용도 씨를 곡(哭)함」, 『신앙생활』(1933년 11 · 12월 병합호), 42–43쪽.

21) 김인서, 「용도교회 내막조사 발표」, 『신앙생활』(1934년 3월), 30–32쪽; 4월호, 25–29쪽; 5월호, 22–27쪽.

22) 김인서, 「혁명호(革命乎) 부흥호(復興乎)」, 『신앙생활』(1934년 4월), 2–3쪽.

(8)「책가교회(責假教會)」

1935년 7월호에 게재되었으며 원산계 입류녀(入流女)들과 접신녀(接神女)들의 사필귀정(事必歸正), 백남주의 역할과 정죄, 『새 생명의 길』, 김정일 스캔들, 성주교회(聖主教會) 파동, 이호빈의 위선적인 처신 등이 기록되어 있어 예수교회 초기 분열사의 내막을 짚어볼 수 있는 자료이다.[23]

(9)「기독신보사에 문(問)함」

1937년 6월호에 게재되어 있다. 신구파(新舊派, 기성교회 對 이탈 분립 세력들)에 대한 『기독신보』의 공정성 있는 보도를 촉구했다. 김인서는 이 글에서 최태용, 변성옥, 이용도, 백남주 등이 범한 오류와 성주교회 사건, 접신녀 이유신의 강신극 등에 대해 비판하면서 기독신보사가 기성교회의 입장을 고려하지 않은 채 분열 세력에 대해 미온적인 태도를 취하는 이유가 무엇인지에 대해 해명을 요구했다.[24]

(10)「교파남조(教派濫造)를 계(戒)함」

1937년 12월호에 게재되었다. 김인서는 루터(Martin Luther)의 종교개혁에 대해 교회를 경시한 오류가 있다는 소신을 밝히고 기성교회로부터

---

23) 김인서,「책가교회(責假教會)」,『신앙생활』(1935년 7월), 31-35쪽.

24) 김인서,「기독신보사에 문(問)함」,『신앙생활』(1937년 6월), 22-25쪽.

이탈 및 분립하는 행위를 중단할 것과 주님의 교회를 존중할 것을 촉구했다.[25]

6) 『기독신보』에 게재된 글들

(1) 「성자(聖者)예기」

1929년 10월 16일부터 11월 20일까지 이용도가 기고하여 총 5회에 걸쳐 연속 게재된 단편 글이다. 수리아 에데사(Edessa) 출신의 성자 성 시메온(Saint Simeon)의 일대기를 소개했으며 그리스도가 당한 고난 갈구, 사랑, 헌신, 그리스도에 대한 갈망 등을 묘사했다.[26]

(2) 「훈시(訓示)」

1932년 5월 25일에 보도된 장로교 평양노회장 남궁혁(南宮爀)의 훈시로 평양노회 산하 지교회들이 신비주의 운동을 경계할 것을 하달한 내용이다. 특히 각자 신앙운동의 주관적인 체험을 중시함으로써 종교 신앙의

---

25) 김인서, 「교파남조(教派濫造)를 계(戒)함」, 『신앙생활』(1937년 12월), 2-4쪽.

26) 이용도, 「성자(聖者)예기」, 『기독신보』 1929년 10월 16일(제7면); 10월 23일(제7면); 10월 30일(제8면); 11월 13일(제8면); 11월 20일(제7면).

객관적인 규범을 무시하는 무질서한 행태를 비롯하여 기성교회의 조직을 부인하는 태도, 새로운 사상 선전 등을 제지하는 내용을 담았다.[27]

(3) 「「새 생명」의 발상지?」

1933년 3월 15일과 22일, 최석주에 의해 2회에 걸쳐 연재되었으며, 원산 입류설(入流說)과 관련하여 이용도의 해명을 게재한 점이 이채롭다. 당시 이용도가 유명화 앞에서 "주(主)여!"라고 응대한 것은 유명화 개인을 대상으로 고백한 것이 아니라 하나님 말씀의 권위에 굴복한 취지였다는 점을 기술했다. 그러나 인간과 말씀의 구분점이 용이하지 않을 수도 있다는 점, 자칫 주의 이름을 망령되이 일컬으며 미신적인 일이 될 수도 있다는 점, 과거사를 들추어내는 퇴보적인 행위로 전락할 수도 있다는 논평을 곁들였다. 특히 유명화가 예언하는 장면과 관련하여 신탁의 구체적인 현상과 과정을 여섯 단계로 구분하여 설명했다.[28]

(4) 「평양임시노회 촬요(撮要)」

1932년 12월 7일 제1면에 보도된 기사이다. 평양노회가 임시노회를 열어 이용도, 한준명, 백남주, 황국주 등의 활동에 대해 의문을 제기하고

---

27)　남궁혁, 「훈시(訓示)」, 『기독신보』 1932년 5월 25일, 제4면.

28)　최석주, 「「새 생명」의 발상지?(1)」, 『기독신보』 1933년 3월 15일, 제6면; 최석주, 「「새 생명」의 발상지?(2)」, 『기독신보』 1933년 3월 22일, 제6면.

각기 이들이 소속되어 있는 관련 기관에 문의할 것을 결의한 내용을 보도했다.[29]

(5) 「「이세벨」 무리를 삼가라」

평양노회 임시노회 결의에 근거하여 1932년 12월 14일 제1면에 비중 있게 게재된 사설이다. 이용도를 무교회주의자로 간주했고 그가 기성교회를 비판한다는 점, 평양기도단 문제, 원산 여선지의 직접계시 문제, 이용도가 한준명을 평양 강신극 모임에 소개한 일 등을 질타했다. 또한 이용도와 한준명을 포함하여 신비주의자 황국주, 원산 신비주의 여선지 등을 모두 이세벨의 무리로 단정한다는 내용이 기술되었다.[30]

(6) 「예수교회 창설의 유래 및 현상(由來及現狀)」

1937년 3월 10일과 17일 2회에 걸쳐 연재되었으며 예수교회가 설립된 지 약 4년 만에 그 내력이 기독교 신문 지면을 통해 소개되었다는 점에서 의미가 있다. 「예수교회창립선언」 전문, 창설의 유래, 예수교회의 주의주장(主義主張), 활동과 특색, 제5회 예수교회공의회 등 예수교회의 정체성을 담아 소개했다. 1932년 12월 14일에 게재한 「「이세벨」 무리를 삼가라」라는 기사와 달리 부정적인 언급을 자제하고 비교적 중립적인 자세

---

29) 「평양임시노회 촬요」, 『기독신보』 1932년 12월 7일, 제1면.
30) 「「이세벨」 무리를 삼가라」, 『기독신보』 1932년 12월 14일, 제1면.

를 보여주었다.[31] 이 기사는 예수교회 입장으로서는 전 교계에 교회 설립 내력과 취지, 신앙 노선을 상세하게 보도하는 전령자의 역할을 했다.

7) 「죠션예수교장로회총회 뎨二十二회 회록」

1933년 9월 선천남교회에서 개최된 장로교 제22회 총회(會期: 9월 8~15일)에서 이용도, 백남주, 한준명, 이호빈, 황국주 등을 모두 이단으로 정죄하고 각 노회에 통첩을 발한다는 결의가 기록되어 있다.[32] 당시 총회장은 장홍범, 부총회장은 이인식, 서기는 홍택기였다.[33]

---

31) 「예수교회 창설의 유래 및 현상(由來及現狀)」, 『기독신보』 1937년 3월 10일(제7면): 3월 17일 (제7면).

32) 「죠션예수교장로회총회 뎨二十二회 회록」, 71쪽.

33) 이재영(편), 『제90회 총회(2005년) 회의결의 및 요람』(서울: 대한예수교장로회총회사무국, 2006), 14쪽, 40쪽.

2
선행연구

  선행연구 자료들은 1996년을 기점으로 그 이전과 이후로 구분하여
소개하고자 한다.

  이용도와 관련된 연구는 1996년에 '이용도 신앙과 사상연구회'가 구
성되면서 그를 새롭게 조명하려는 재평가 작업이 활발하게 전개되었다.
이런 관점에서 1996년도는 매우 의미 있는 전환점이 되는 시기라고 볼
수 있다. 이 연구회에서는 대체로 '영성'이라는 주제에 역점을 두었을 정
도로 이용도의 신앙관은 이전의 신비주의 관점과 달리 새로운 틀에 의해
해석되는 모양새를 취했다. 여러 학자들의 논문을 취합하여 한 권의 단
행본으로 편집하여 발표하는 등 그의 신학을 영성 혹은 성령운동의 차원
에서 긍정적으로 재조명하기 위한 연구를 시도했다. 학회가 구성된 지
2년 만인 1998년에 274면 분량의 『이용도 목사의 영성과 예수운동』[34]을
펴냈으며, 이를 기점으로 이후 이용도에 관한 연구는 점차 신학대학 학

---

34) 이용도 신앙과 사상연구회(편), 『이용도 목사의 영성과 예수운동』(서울: 성서연구사, 1998).

술강연, 다른 학회들의 출현 및 저서 출간, 박사학위논문 발표 등으로 확산되었다.

1999년 감리교 서울연회에서는 이용도를 전격 복권 조치했고 복권된 지 2년 후인 2001년 10월 25일 감리교신학대학교 주최로 〈감리교 신학대학원 개교 114주년 기념 · 양주삼 기념 제19회 학술강연회〉가 개최되었다. 이 강연회에서는 「이용도와 한국기독교」[35]라는 주제로 그의 영성과 관련된 두 편의 논문이 발표되었다. 다음 달 11월에는 '이용도 목사 탄신 100주년 기념편집위원회'에서 12인의 학자들이 협력하여 『이용도의 생애 · 신학 · 영성』[36]이라는 395면 분량의 단행본 저작을 출판했다. 역시 같은 달 11월에 '한국문화신학회'에서는 『이용도 김재준 함석헌 탄신 백주년 특집논문집』[37]을 내놓았다. 이처럼 1996년을 전환점으로 이용도의 생애와 사상에 대해 일련의 체계성 있는 연구가 전개되고 있다.

---

35) 감리교신학대학교 대학원(편), 「제19회 학술강연회 – 이용도와 한국기독교」, 감리교신학대학교 대학원, 2001년 10월 25일.

36) 편집위원회(편), 『이용도의 생애 · 신학 · 영성』(서울: 한들출판사, 2001).

37) 한국문화신학회(편), 『이용도 김재준 함석헌 탄신 백주년 특집논문집』(서울: 한들출판사, 2001).

1) 이용도 관련 연구들과 동향

(1) 1996년 이전 이용도 관련 연구들과 그 동향

앞서 제1장 제1절, '문제 제기'에서 논했듯이 이용도 당대에는 장로교 서북지역 노회들의 잇단 금족령(1931, 1932, 1933년), 감리교 목사직 휴직 처분(1933년 3월), 장로교에서의 이단 정죄(1933년 9월) 등 그가 몰락의 길에 들어섰을 때 이용도에 대해 장로교와 감리교를 막론하고 비판일색이었다. 그러나 한 세대가 지나 해방과 더불어 학계에 신학적 다양성과 진보적 성향, 그리고 자유화가 촉진되면서 1960년대 후반부터는 감리교 유동식의 논문 「이용도 목사와 그의 주변」[38]과 장로교 민경배의 「이용도의 신비주의에 대한 형태론적 연구」[39]를 기점으로 차츰 이용도의 긍정적인 면을 조명하려는 논문들이 나타나기 시작했다. 1970년대에는 민경배, 박봉배, 변선환, 윤성범, 이영헌 등의 글이 연이어 발표되었고 1980년대에도 이상윤, 심일섭, 정성구, 신규호 등의 논문이 꾸준히 맥락을 이었다.

1996년 이전에 발표된 이용도 관련 문헌들을 종합해볼 때 그에 대한 평가는 크게 세 부류로 나눌 수 있는데 그를 정죄하던 당시와 마찬가지로 여전히 부정적이거나, 반면 긍정적이거나, 혹은 부정적인 면과 긍정적인 면 모두를 아우르려는 추세로 분류할 수 있다. 그 연구동향을 소

---

38) 이용도 관련 연구는 전술한 대로 변종호 편 1차 문헌(1934년 『이용도 목사 서간집』, 1966년 『이용도 목사 일기』) 혹은 변종호의 저서 『한국기독교사(개요)』에 단편적으로 소개된 경우가 있으나 필자가 확인한 바로는 이용도 개인에 대한 연구는 1967년 7월호 『기독교사상』에 게재된 유동식의 「이용도 목사와 그의 주변」이 효시인 것으로 보인다.

39) 민경배, 「이용도의 신비주의에 대한 형태론적 연구」, 『사학연구』 제20호(1968년).

개하면 다음과 같다.

① 부정적인 면을 중심으로 조명한 경우

이영헌은 3·1독립운동 이후 좌절감과 경제공황의 여파로 사람들은 현실도피적 경향을 띠었고 한국교회의 부흥운동은 신비주의적 종말론을 가장 강하게 표방했다고 보았다. 이러한 정황에서 부흥운동 역시 이전과는 달리 성격이 이질화되어가는 양상을 드러내면서 오늘날 작은 종파운동으로 진행해가는 비성경적·비기독교적 변질로 이어졌다고 평가했다. 그는 이 시기를 대표하는 가장 저명한 부흥사가 이용도였다고 지목했다.[40] 정성구는 비록 이용도가 한국교회근대사에 큰 획을 그었고 한국교회의 영적 운동에 커다란 영향을 끼친 것은 틀림없지만 그에게는 체험과 신비가 있었을 뿐 십자가의 도리도, 속죄론적인 차원도, 부활도 없는 기독교를 창출했다고 비판했다.[41]

② 긍정적인 면과 부정적인 면 양면을 조명한 경우

민경배는 이용도에 대해 선교사의 영향력이 절감해가고 또 사회변화의 도전에 신음하고 있던 때에 50여 년의 역사를 가진 한국교회의 토착적 신앙과 경건의 실험에서 외롭게 살다가 간 훌륭한 신앙인이었다고 평가했다. 그러나 유일회적 계시에 대한 도전이나 혈관적(血管的) 연결, 생명의 역환 등 신비주의 사상, 평양 강신극 사건이나 원산계와의 교류 등에 대해서는 비판적 입장을 취했다.[42] 민경배의 이용도 관련 저작은 초기

---

40) 이영헌, 『한국기독교사』(서울: 컨콜디아사, 1991), 178쪽.

41) 정성구, 『한국교회 설교사』(서울: 총신대학출판부, 1986), 206-208쪽.

42) 민경배, 『한국의 기독교』, 148-154쪽.

에는 그를 긍정적으로 평가하는 경향이 짙었지만 이후에 발표된 글일수록 현저하게 보수적인 프리즘에서 비판적인 논점들이 부각되면서 여러 면에서 한국교회사를 전공하는 후학들에게 이용도의 신비주의를 가늠하는 이론적인 틀을 제공해주었다. 한편 박봉배는 「이용도의 사랑의 신비주의와 그 윤리성」이라는 논문에서 이용도에게는 이단적 사상이 없었다고 변호했다. 그럼에도 기독교적인 신비주의를 샤머니즘화해버렸다는 오류를 지적하고 특히 그에게 '사랑지상주의', '초(超)윤리성', '사랑의 무저항주의'로 전락한 교육적 · 도덕적 책임이 있다는 점을 피력했다.[43]

③ 긍정적인 면을 중심으로 조명한 경우

유동식은 국가의 쇠망과 민중의 절망감이 한층 열정적인 부흥회에 박차를 가하여 한국의 부흥열이 1930년대까지 계속되었다는 상황성을 중시하고 1930년을 전후하여 일제의 탄압 아래 등장한 인물이 열광주의자 이용도라고 평가했다. 다만 그가 교육적 책임을 다하지 못했던 점과 열광주의를 뒷받침할 신학의 부재를 약점으로 지적하면서도 그의 신앙과 열광주의에서 병적인 것이나 이단성을 찾기 힘들다는 점을 강조했다.[44] 변선환은 이용도의 고난의 신비주의는 예수의 품에 안겼던 사도 요한 형의 경건이었고 모든 것을 주님께 맡기고 그의 사랑을 한없이 수용한 요한의 종교요 요한의 신비주의라고 했다. 또한 그의 그리스도 신비주의는 에크하르트(Meister J. Eckhart)의 영향을 받아 본질의 신비합일이

---

43) 박봉배, 「이용도의 신비주의와 그 윤리성」, 변종호(편), 『이용도 목사 관계문헌집』(서울: 장안문화사, 1993), 136–138쪽. 이하 각주에서는 『이용도 관계문헌집』으로 기술함.

44) 유동식, 「이용도 목사와 그의 주변」, 21–27쪽; 유동식, 『한국신학의 광맥』, 120–132쪽.

아닌 인격의 신비합일을 이루었다고 이해했다.[45] 윤성범은 가난한 자와 환자, 눌림 받은 자들의 고난을 전제하여 민중신학적인 노선에서 조망함으로써 루터의 십자가 신학, 바울의 십자가 신학과 맥락을 같이한다고 평가했다.[46] 한편 송길섭은 이용도에게는 신학적 훈련이 부족했다는 점을 약점으로 지적하면서도 한국교회에 미친 긍정적인 영향으로서 참 나라 사랑, 민중 사랑의 본, 새로운 스타일의 부흥회 시작, 자기만족에 빠진 교계지도자들에게 맹성을 촉구한 점, 전국적 기도의 붐, 많은 젊은이들에게 끼친 감화를 들었다. 그는 특히 이용도를 광신주의자 혹은 신비주의자로 간주하려는 태도에 냉소를 보내면서 그의 개혁자상을 부각시키고자 했다.[47] 김기대는 서구 신비주의에서 나타난 고난의 신비가 이용도에게서는 민족의 고난으로 대체된 점, 서구의 신비주의는 스스로 고난의 길을 선택하는 의도적인 것이었지만 이용도의 신비주의는 실제로 가난 이외에 다른 길이 없는 상황에서 출발한 실질적인 고난이었다는 점에 주목했다. 그리고 고(苦)의 현실을 이상적인 사회로 인정하는 것이 현실적으로는 불가능했음에도 사랑이 실천되는 신비적 체험을 통해 역사적 종말이 아닌 지금 여기에서 이루어지는 이상사회를 말했다는 점에 의미를 두었다.[48]

이러한 평가들은 다음 세 가지 면에서 의미를 갖는다.

첫째, 이용도 당대에 취해졌던 비판 일색의 혹평과는 달리 차츰 긍

---

45) 변선환, 「이용도와 마이스터 에크하르트」, 『이용도 관계문헌집』, 162쪽, 166쪽.

46) 윤성범, 「이용도와 십자가 신비주의」, 『이용도 관계문헌집』, 239-260쪽.

47) 송길섭, 「한국교회의 개척자 이용도」, 『이용도 관계문헌집』, 193-227쪽; 송길섭, 『한국신학사상사』(서울: 대한기독교출판사, 1992), 300-312쪽.

48) 김기대, 『일제하 개신교 종파운동 연구』(한국정신문화연구원 박사학위논문, 1996), 142-143쪽.

정적인 모습을 발견하기 위해 새로운 시각으로 접근했다는 점이다. 가령, 이단성을 발견하기 어렵다고 논한 시각(유동식, 박봉배), 토착적 신앙(민경배), 경건성(민경배, 변선환), 십자가신학(윤성범), 개혁자상(송길섭), 서구 신비주의의 민족 고난으로의 대체(김기대) 등의 관점을 들 수 있다.

둘째, 한 세대 이상 피터스, 변종호, 그리고 예수교회 측 인사들 등 이용도 주변의 측근 인사들을 제외하고는 별다른 재해석 작업 없이 1930년대 이래로 부정적인 평가가 그대로 답습되어왔지만 그의 위상을 새롭게 재고하려는 움직임이 모색되었다는 점이다. 이러한 일련의 재평가 작업은 1999년 감리교 서울연회의 이용도 복권 조치를 촉구하는 여론을 조성했을 것으로 본다.

셋째, 근래 감리교신학대학교와 강남대학교 계통 학자들에 의해 진행된 영성 관련 연구가 가능하도록 선행연구로서의 이론적 배경을 형성해주었다는 점이다. 이전처럼 종래의 신비주의자 또는 이단자로만 규정지어진 획일화되고 고착화된 평가가 아니라 차츰 '경건' 혹은 '영적 운동'이라는 표현들이 등장한 것만 보더라도 영성 연구 차원에서의 새로운 틀과 가능성을 모색할 수 있도록 시야를 열어주었다고 평가할 수 있다.

(2) 1996년 이후 이용도 관련 연구들과 그 동향

1996년 이후에 발표된 주요 자료로는 1998년도에 발행된 '이용도신앙과사상연구회'(학회는 1996년에 결성됨)의 『이용도 목사의 영성과 예수운동』, 2001년 10월 25일 감리교신학대학교에서 주최한 제19회 학술강연회의 「이용도와 한국기독교」, 같은 해 11월에 발행된 '이용도 목사 탄신

100주년 기념편집위원회'의 『이용도의 생애·신학·영성』과 '한국문화신학회'의 『이용도 김재준 함석헌 탄신 백주년 특집논문집』, 그리고 연세대 유금주의 박사학위논문 등을 들 수 있다.

① '이용도신앙과사상연구회'의 저작

'이용도신앙과사상연구회'의 저작 『이용도 목사의 영성과 예수운동』 제1부에는 이용도의 생애를 저술했던 피터스의 글을 박종수가 번역하여 소개했고, 제2부에는 총 5장에 걸쳐 학자들의 발표와 논찬을 실었다.

정지련은 「성령론의 관점에서 본 이용도의 신앙운동」에서 이용도를 성령론의 빛으로 조명해야 한다며 성령은 예수 그리스도와 함께 기독교 신앙의 중심으로 부각되어야 한다는 점, 성령은 항상 예수 그리스도와의 관계 속에서 해명되어야 한다는 점, 성령의 자유를 인정해야 한다는 점, 성령에 의해 거듭난 삶이 이 세계에서 실현되어야 한다는 점 등을 주요 논지들로 제시했다.[49] 이재정은 「21세기를 향한 한국교회의 과제」에서 이용도의 신학은 예언적 소리의 의미를 지녔으며 현대의 '다양성 – 개방성 – 통합성'에 맞추어 이용도가 그러했던 것처럼 예수를 바탕으로 하는 '사랑 – 화해 – 일치'의 도식에서 한국교회의 발전을 모색해나가야 한다고 주장했다. 또한 개방성과 다양성을 강조하여 탈서구화, 탈이념화, 탈교권화, 동적 프락시스 신학의 의의를 강조했다.[50] 이세형은 「시무언 이용도 목사의 예수론」에서 이용도가 기독교 신앙의 토착화를 위해 서구

---

49) 정지련, 「성령론적 관점에서 본 이용도의 신앙운동」, 이용도신앙과사상연구회(편), 『이용도 목사의 영성과 예수운동』, 131-132쪽.

50) 이재정, 「21세기를 향한 한국교회의 과제 – 이용도 목사의 신학의 새로운 조명」, 이용도신앙과사상연구회(편), 『이용도 목사의 영성과 예수운동』, 141쪽, 143쪽, 146-148쪽.

중심의 지배 이데올로기에 입각한 기독교가 아니라 고난 받는 한국인의 경험을 토대로 예수를 이해함으로써 한국의 토착화신학과 신앙정립을 위해 한국의 영성과 동양의 영성이라는 위대한 유산을 남겼다고 호평했다. 또한 교리적인 고백과 논쟁을 일삼았던 서구의 기독론보다는 생애에 변화와 생명을 주어 고난 가운데 사랑의 삶을 살도록 했던 예수의 생명에 관심을 보여주었다고 평가했다.[51] 최인식은 「이용도의 포스트 프로테스탄티즘」에서 프로테스탄티즘이 그리스도의 보편적 초월성, 바른 교리, 신앙에 의한 구원, 정신적·이성적 인식〔同意〕, 설교-말함, 로고스〔理〕, 헬라 바울적, 남성성, 진위(眞僞), 통시적 사유로 특징지어지는 반면 이용도의 포스트 프로테스탄티즘은 예수의 역사적 현재성, 바른 실천, 사랑에 의한 삶, 신체적·자연적 인식〔同感〕, 기도-들음, 프뉴마〔氣〕, 아시아 요한적, 여성성, 미추(美醜), 공시적 사유로 대비될 수 있다고 분석했다.[52]

② 감리교신학대학교 주최 학술강연회

2001년 10월 25일 감리교신학대학교 100주년기념관 중강당에서 「이용도와 한국기독교」라는 주제로 왕대일, 이정배 두 교수가 소논문을 발표했다.

왕대일은 「동양적 영성과 유대적 영성: 성서신학적 토론-시무언(是無言) 이용도 목사의 생애와 사상을 중심으로」에서 이용도의 영성의 지류(支流)는 성서를 깊은 샘〔泉〕으로 삼았다는 점, 영성 형성의 정황이 한국

---

51) 이세형, 「시무언 이용도 목사의 예수론」, 이용도신앙과사상연구회(편), 『이용도 목사의 영성과 예수운동』, 188쪽, 199-202쪽.

52) 최인식, 「이용도의 포스트 프로테스탄티즘」, 이용도신앙과사상연구회(편), 『이용도 목사의 영성과 예수운동』, 230쪽.

문화라는 토양이었다는 점, 일제 강점기의 한, 신학교육(서구신학과 동양신학의 구분), 웨슬리적 성화의 실천 배경 등을 들어 '이용도적 영성'이라는 독특한 표현을 구사했다.[53] 이정배는 「동양적 영성과 조선적 기독교의 모색」이라는 제목으로 이용도와 김교신의 신학을 비교 분석했다. 그는 이용도의 영적 생명운동이 민족을 사랑하는 무속적이며 노장적(老莊的)인 사유를 통해 표현된 반면 김교신의 무교회주의는 유교애적(儒敎愛的)으로 민족애를 드러냈다고 보았다. 또한 이용도가 이성보다는 감(感), 곧 느낌의 차원을 신학적 인식론의 본질로 보았지만 이에 비해 김교신은 조선적인 기독교를 이성과 합리성 위에 기초할 것을 주장했다고 분석했다.[54] 그는 이용도와 김교신의 신학이 지닌 의의에 대해 역사와 자연, 초월과 내재, 이성과 감성이 조화되어야 할 21세기 한국기독교의 방향을 결정짓는 중요한 비전을 제시했다고 평가했다.[55]

③ '이용도 목사 탄신 100주년 기념편집위원회'의 저작

이용도 목사 탄신 100주년 기념편집위원회에서는 12인의 신학자진을 구성하여 이들의 소논문을 묶어 『이용도의 생애 · 신학 · 영성』이라는 단행본을 발행했다. 이 책은 생애와 사상, 신학과 실천, 영성과 예술 등 총 3부로 편성되었다.

최대광은 「세계신학적 흐름에서 본 이용도의 영성과 신학」에서 이

---

53) 왕대일, 「동양적 영성과 유대적 영성: 성서신학적 토론 – 시무언(是無言) 이용도 목사의 생애와 사상을 중심으로」, 「제19회 학술강연회 – 이용도와 한국기독교」, 15–20쪽.

54) 이정배, 「동양적 영성과 조선적 기독교의 모색 – 이용도와 김교신, 신학적 지평의 차이와 융합」, 「제19회 학술강연회 – 이용도와 한국기독교」, 55쪽.

55) 이정배, 「동양적 영성과 조선적 기독교의 모색 – 이용도와 김교신, 신학적 지평의 차이와 융합」, 「제19회 학술강연회 – 이용도와 한국기독교」, 61쪽.

용도의 영성은 보편적인 서구(西歐)를 설정하여 우리의 특수성을 논한 것이 아니라 우리의 특수성에서 영성과 신학을 만드는 길을 제시했다고 보았다. 그는 이용도가 한국이라는 특수성과 그 주변 문화를 융해했다며 정체성의 확립, 대안적 문화의 창출, 천적(天的) 애(愛)의 차원으로 승화시켰다고 평가했다.[56] 김형기는 「시무언 신학의 사상적 연관들」에서 이용도의 신앙의 목표는 예수였으며 시기별로 관심사를 정리하면 초기(1924~28)에는 나라사랑, 중기(1928~31)에는 교회사랑, 말기(1931~33)에는 예수사랑이 주제였다고 파악했다. 그는 각 시기의 관심과 주제들을 각각 민족사상, 무교회주의, 신비주의와 어느 정도 연관 지을 수 있다고 보았으며 이용도 신학의 중심주제는 '사랑'으로 가름될 수 있고 그 주제가 신학 형성 노정에서 심화 · 발전되어간 것이라고 이해했다.[57] 박종수는 「이용도 목사의 성서적 이해」에서 민족의 고난을 십자가의 신학으로 승화시켰던 이용도의 열정적 신앙운동을 그의 성경 이해와 관련하여 분석했는데 아가서와 요한복음에 나타난 성애적 사랑, 출애굽기에 근거한 무저항 신앙운동, 삶 속에서 체험된 신앙, 성서지상주의, 십자가의 고난을 자신의 예언자적 사명으로 간주하는 차원을 들었다.[58] 연규홍은 「이용도 사상과 한국교회 개혁」에서 이용도의 예수교회 운동과 관련하여 해방적 영성공동체, 평신도 중심의 공동체, 민족적 토착공동체라는 이념을 구현했다는 점에 주목하여 이를 한국교회가 지향해야 할 이상적인 모델이라고

---

56) 최대광, 「세계신학적 흐름에서 본 이용도의 영성과 신학」, 편집위원회(편), 『이용도의 생애 · 신학 · 영성』, 75-88쪽.

57) 김형기, 「시무언 신학의 사상적 연관들」, 편집위원회(편), 『이용도의 생애 · 신학 · 영성』, 146-147쪽.

58) 박종수, 「이용도 목사의 성서이해」, 편집위원회(편), 『이용도의 생애 · 신학 · 영성』, 172쪽.

제시했다.[59]

이 외에도 이용도의 신비주의에 대해 그의 성장 배경을 중심으로 심리학적 분석을 시도한 오규훈의 「이용도 목사의 신비주의」,[60] 이용도의 영성을 사랑의 영성과 모성적 영성으로 대별한 차옥숭의 「이용도 목사의 종교적 영성」,[61] 누혈(淚血, 눈물과 피)의 신학과 한국적 영성(무, 공, 십자가, 여성성, 생태학적 조화와 생명)으로서의 신학, 민족적 주체성과 초교파적 포용성 입장에서 논한 정희수의 「누혈의 신학과 한국적 영성」,[62] 그리고 풍류도 신학에 입각하여 신앙의 예술가로서의 이용도를 논한 유동식의 「신앙의 예술가 이용도」[63] 등이 게재되었다.

④ '한국문화신학회'의 저작

한국문화신학회의 저작 『이용도 김재준 함석헌 탄신 백주년 특집논문집』은 세 인물의 '생애와 사상', '교회론', '사회 · 역사관'이라는 목차를 설정하여 고찰한 논문집이다. 이용도는 제1장에 편성되어 있는데, 주요 논문들에 나타난 개요를 정리하면 다음과 같다.

김상일은 「한국문화와 이용도의 영성」에서 1930년대 한국교회가 합리적 이성과 윤리라는 잣대의 서양신학을 도입한 결과 전분별 · 분별 · 초분별을 구별하지 못한 점, 그리고 신과 인간의 관계성에서 포함(包含)과

---

59) 연규홍, 「이용도 사상과 한국교회 개혁」, 편집위원회(편), 『이용도의 생애 · 신학 · 영성』, 205-213쪽.

60) 오규훈, 「이용도 목사의 신비주의」, 편집위원회(편), 『이용도의 생애 · 신학 · 영성』, 214-241쪽.

61) 차옥숭, 「이용도 목사의 종교적 영성」, 편집위원회(편), 『이용도의 생애 · 신학 · 영성』, 245-284쪽.

62) 정희수, 「누혈의 신학과 한국적 영성」, 편집위원회(편), 『이용도의 생애 · 신학 · 영성』, 285-342쪽.

63) 유동식, 「신앙의 예술가 이용도」, 편집위원회(편), 『이용도의 생애 · 신학 · 영성』, 343-368쪽.

영교적(靈交的) 입장에 있는 이용도를 포함(包涵)과 영합적(靈合的) 신비주의로 오인한 점 등이 연유가 되어 이용도가 첫 희생자가 되었다고 간주했다.[64] 정희수는 「시무언 이용도의 교회론」에서 이용도가 예수 중심주의를 통해 교회생활과 이 세계의 삶 전체에 활력과 신선한 영향을 미쳤다며 예수교회를 카리스마적 공동체라고 이해했다. 또한 예수교회가 기성교회의 내적인 갱신을 도모한 공동체이자 예수를 믿고 사랑하는 이들의 자유로운 신앙공동체였다는 점에서 '개방된 교회'이자 '열린 공동체'라고 의미를 부여했다.[65] 한편 차성환은 「이용도의 사회 · 역사관」에서 일제 강점기 당시 한국 사회에는 강요받는 특유의 시민층이 생성되었으며 이용도의 신비주의 운동은 이러한 시민층에 그들의 삶을 정당화해주고 지원할 수 있는 새로운 세계관을 정립해주었다는 점을 고무적으로 보았다. 특히 이용도의 신비주의 운동을 통하여 당시의 시민이 비극의 극치를 달리고 있던 정치사회적 현실에도 굴하지 않고 자신들의 삶을 지탱할 수 있는 내적인 힘을 제공받았다고 보았다.[66]

⑤ 유금주의 논문

유금주는 이용도의 고난 받으시는 그리스도 신비주의가 이용도 자신이 인격적으로 체험해간 역사적 과정의 한 산물이라고 보고 그의 신비주의를 역사적 맥락에서 연구했다. 그는 이용도의 신비주의가 어떤 경로

---

64) 김상일, 「한국문화와 이용도의 영성」, 한국문화신학회(편), 『이용도 김재준 함석헌 탄신 백주년 특집논문집』, 78-84쪽.

65) 정희수, 「시무언 이용도의 교회론」, 한국문화신학회(편), 『이용도 김재준 함석헌 탄신 백주년 특집논문집』, 115-128쪽.

66) 차성환, 「이용도의 사회 · 역사관」, 한국문화신학회(편), 『이용도 김재준 함석헌 탄신 백주년 특집논문집』, 154쪽.

를 통해 고난 받으시는 그리스도 신비주의로 구형되었으며 당대 한국교회의 주요 신앙 지형이었던 서울, 평양, 원산으로부터 왜 갈등과 단죄와 오해의 반향을 야기하게 되었는지 그 이유를 고찰했다. 유금주는 서울과 성육신적 신비주의 국면에서는 이용도의 신비주의와 서울의 신앙지형이 한 낭만의 요소에서 상통하는 것으로, 평양과 고난의 신비주의에서는 이용도의 신비주의와 평양의 신앙지형이 겨레의 역사적 고난과 교회사랑으로 집중되어 상통하는 것으로, 그리고 원산과 그리스도 신비주의에서는 이용도의 신비주의와 원산의 신앙지형이 초월적 경건의 탈권 위치에서 상통하는 것으로 보았다.[67]

이외에도 2016년도까지 이용도 관련 연구 논문은 꾸준히 발표되고 있으며 안수강의 「이용도(李龍道)의 민족사랑 고찰」, 박응규의 「이용도의 신비주의, 부흥운동, 그리고 종말사상에 관한 연구」, 후루타 도미타테(古田富建)의 「이용도의 동양적 기독교 모색」, 김수천의 「이용도 목사의 자연에 대한 영성과 성 프란시스코(St. Francis of Assisi)의 창조 영성 비교 연구」, 김주덕의 「이용도 목사의 교회갱신의 선교신학」, 김윤규의 「이용도 목사의 신비주의적 – 열광주의적인 영성형성과 부흥운동에 관한 연구」, 오성주의 「시무언(是無言) 이용도 목사의 생애에서 본 영성과 교육」, 전인수의 「이용도의 시대인식과 조선적 기독교」 등이 있다.[68] 2016년에는 정재헌이 민경배, 박응규, 박명수, 안수강, 박영관, 정성구 등의 이용도에 대한 부정적 평가를 논박하는 단행본 『주의 것들의 노래: 이용도 목사 이단론 비판』을 펴냈다.[69]

---

67) 유금주, 『이용도 신비주의의 형성과정과 그 구조』, 89쪽, 131쪽, 151-152쪽.

68) 문헌 출처는 이 항에서 연대별로 소개한 이용도 관련 연구자료들을 참고할 것.

69) 정재헌, 『주의 것들의 노래: 이용도 목사 이단론 비판』(서울: 행복미디어, 2016).

이상, 1996년 이후에 전개된 이용도 관련 연구 동향을 정리하면 다음과 같다.

첫째, 이용도에 관한 연구 동향이 학술단체 규모로 대거 확장되었다는 점이다. 어느 한 학자의 단일 논문보다는 학술단체를 구성하여 여러 학자의 소논문들을 모아 집록 편찬하려는 노력을 보여줌으로써 나름대로 학자군(學者群)에 의한 저작활동을 통해 그를 재해석하고 새로운 연구 주제들을 탐색하여 개척하려는 양상을 띤다.

둘째, 이용도에 대한 재평가 작업은 주로 예수교회 관련 인사나 강남대학교 교수들, 감리교 계통, 혹은 신학적으로 개방된 층에서 활발하게 이루어지고 있다. 그렇지만 보수성이 강한 장로교 계열에는 여전히 연구가 정체되어 있으며 관심 밖의 영역이다.

셋째, 이용도의 재평가 경향이 과거의 신비주의라는 주제보다는 노자(老子)와 장자(莊子) 사상에 준거한 동양적 영성운동과 삶의 거룩성, 새로운 정체성 확립 등에 초점이 맞춰지고 있다. 이와 관련하여 이러한 부류의 논문에 빈번하게 오르내리는 용어들로서 '노장사상', '성령', '경건', '성화', '삶', '감(感)', '토착화', '동양', '영성', '민족', '정체성' 등이 등장한다.

넷째, 학자들이 현 한국교회의 병폐가 영성 부재에 있다고 직시하고 이용도의 영성을 도입하여 이를 매개로 삶의 현장에서 적용하기 위한 실천적 영성을 강구하고 있다는 점이다. 또한 철저하게 현재적이면서도 동시에 미래 지향적인 가치를 지향하여 연구를 수행하고 있다는 점도 고무적이다. 흔히 그의 영성을 연구함에 있어 '선지자적 소리', '21세기' 혹은 '예수를 닮는 삶'이라는 표현들이 반복적으로 등장하는 것을 볼 수 있는데 이는 이용도가 보여준 영성이 곧 현 한국교회가 앞으로 추구해야 할 시급한 과업이라는 것을 시사한다.

다섯째, 영성 분야뿐만 아니라 신학의 다양화와 개방화에 발맞추어 여러 주제의 연구가 진행되고 있다는 점도 주목할 만하다. 교리적인 폐쇄성과 닫힌 신학을 지양하고 다양성과 개방성을 십분 고려하여 자유로운 해석을 기함으로써 이전 연구에서 발견하지 못한 새로운 의미를 찾아내려고 한다. 또한 이러한 성향은 신학의 차원을 넘어서서 문학, 철학, 예술, 심리학 영역까지도 폭넓게 조명되고 있다.

여섯째, 연구 방법론상의 변화를 들 수 있는데 종래의 이론적 · 학술적인 방식들(가령, 신비주의 이론에 근거된 담론)이나 이론적인 분석 작업보다는 점차 실천적이며 현장적인 의미를 발견하려는 노력을 보여주고 있다. 1920년대 말 영문과 출신 이용도의 신학적 학식 수준이 그리 높지 않았다는 점을 전제함으로써 신학적 오류를 발견해내려는 탐색적인 태도보다는 당시 이용도가 구사한 표현들에 어떤 순수한 의도가 담겨 있는지 함축된 의미를 분석하여 가급적 긍정적인 의미를 발견하려는 태도를 취한다.

현재까지 발표된 이용도 관련 연구 자료들을 연대별로 정리하면 다음과 같다. 아래 목록에는 앞서 소개한 선행연구에서 다루지 않은 자료들도 수록했으며, 1960년대부터 최근에 이르기까지 발표된 문헌들을 망라했고, 이용도 당대의 자료들과 변종호 편 저작물은 이미 제2장 제1절, '이용도 관련 주요 자료들'에서 소개했으므로 생략했다.

(1) 1960년대
 - 민경배, 「한국종교의 신비주의적 요소」, 『신학논단』 제8집(1964),
   연세대학교 신과대학 신학회

- 유동식, 「이용도 목사와 그의 주변」, 『기독교사상』(1967. 7)
- 민경배, 「이용도의 신비주의에 대한 형태론적 연구」, 『사학연구』
  제20호(1968)

(2) 1970년대

- 민경배, 「이용도의 신비주의 – 내면화의 신앙과 그 여운」, 『한국
  기독교회사』(서울: 대한기독교서회, 1972)
- 민경배, 「신비주의계 – 이용도」, 『한국민족교회 형성사론』(서울:
  연세대학교 출판부, 1974)
- 김철손, 「특집 한국교회와 신비주의 – 이용도 목사 연구 – : 10처
  녀 비유의 해석법(마 25:1-13)」, 『신학과 세계』 제4호(1978)
- 박봉배, 「이용도의 사랑의 신비주의와 그 윤리성」, 『신학과 세
  계』 제4호(1978)
- 변선환, 「이용도와 마이스터 에크하르트」, 『신학과 세계』 제4호
  (1978)
- 송길섭, 「한국교회의 개혁자 이용도」, 『신학과 세계』 제4호(1978)
- 윤성범, 「이용도의 십자가 신비주의」, 『신학과 세계』 제4호(1978)
- 이영헌, 「이용도 목사의 부흥운동과 그 뒤」, 『한국기독교사』(서울:
  컨콜디아사, 1978)

(3) 1980년대

- 박영관, 「평양의 광적 신비주의」, 『이단종파 비판(II)』(서울: 예수교
  문서선교회, 1981)
- 이상윤, 「이용도 목사, 그 인간과 역정」, 『기독교사상』(1984. 6 · 7

월 병합호)

- 심일섭, 「한국기독교 신학사상 형성을 위한 사적 선구자들(I)」, 『기독교사상』(1986. 8)

- 정성구, 「이용도 목사의 설교」, 『한국교회 설교사』(서울: 총신대학출판부, 1986)

- 김양흡, 「한국교회 신비주의에 대한 역사적 고찰」, 『로고스』제 33집(1986), 총신대학 신학대학원

- 신규호, 「시인 이용도론」, 『현대시학』(1988. 4)

(4) 1990년대

- 한숭홍, 「이용도의 신학사상」, 『한국신학사상의 흐름(하)』(서울: 장로회신학대학교출판부, 1996)

- 박용규, 「이용도, 그는 과연 이단이었나」, 『빛과 소금』(1996. 10)

- 김기대, 『일제하 개신교 종파운동 연구』(한국정신문화연구원 박사학위 논문, 1996)

- 김인수, 「이용도 목사의 신비주의」, 『한국기독교회의 역사』(서울: 장로회신학대학교출판부, 1997)

아래의 문헌들은 이용도신앙과사상연구회(편), 『이용도 목사의 영성과 예수운동』(서울: 성서연구사, 1998)에 발표된 소논문들이며 연구 주제별 논찬도 게재되었다.

- Victor Wellington Peters, 박종수 역, 「시무언(是無言), 한국 기독교 신비주의자」

- 정지련, 「성령론적 관점에서 본 이용도의 신앙운동」

- 이재정, 「21세기를 향한 한국교회의 과제 – 이용도 목사의 신학
  의 새로운 조명」
- 이상윤, 「피도수 선교사가 본 거룩한 열정의 사람 이용도」
- 이세형, 「시무언 이용도 목사의 예수론」
- 최인식, 「이용도의 포스트 프로테스탄티즘」

(5) 2000~2001년

- 유금주, 『이용도 신비주의의 형성과정과 그 구조』(서울: 연세대학교
  대학원 박사학위논문, 2000)
- 이정배, 「이용도 연구사의 비판적 분석과 묵시문학적인 한 조
  명」, 『신학과 세계』 제40호(2001)
- Rew Gum Ju, "Lee Yonder's Mysticism and Korean Churches in
  1925 – 1935"(2001)[70]
- 김기련, 「이용도 목사의 신비주의적 영성: 이용도 목사 출생 100
  주년을 기념하여」, 『신학과 현장』 제11권(2001)
- 임걸, 「이용도 목사의 목회윤리」, 『대학과 선교』 제3권(2001)

아래의 문헌들은 〈감리교신학대학교 신학대학원 제19회 학술강연회
(2001년)〉에 발표된 소논문들이다.
- 왕대일, 「동양적 영성과 유대적 영성: 성서신학적 토론 – 시무언

---

70) Rew Gum Ju, "Lee Yonder's Mysticism and Korean Churches in 1925-1935", *The 1st International Seminar on the Studies of History of Christianity in North East Asia Graduate Students and Junior Scholars*, Korea Academy of Church History, 2001, pp. 59-73. 이 내용은 2001년 8월 22일부터 25일까지 '광림 세미나 하우스'에서 개최된 한국, 일본, 홍콩 연합 신진학자 국제세미나에서 발표되었다.

(是無言) 이용도 목사의 생애와 사상을 중심으로」

- 이정배, 「동양적 영성과 조선적 기독교의 모색 – 이용도와 김교
  신, 신학적 지평의 차이와 융합」

아래의 문헌들은 편집위원회(편), 『이용도의 생애 · 신학 · 영성』(서
울: 한들출판사, 2001)에 게재된 소논문들이다.

- 성백걸, 「이용도의 생애와 사상」
- 최대광, 「세계 신학적 흐름에서 본 이용도의 영성과 신학」
- 이정배, 「이용도 연구사에 대한 개관과 비판적 분석」
- 김형기, 「시무언 신학의 사상적 연관들」
- 박종수, 「이용도 목사의 성서이해」
- 연규홍, 「이용도 사상과 한국교회 개혁」
- 오규훈, 「이용도 목사의 신비주의」
- 유금주, 「이용도 신비주의와 1930년 전후의 한국교회」
- 차옥숭, 「이용도 목사의 종교적 영성」
- 정희수, 「누혈의 신학과 한국적 영성」
- 이찬수, 「뜨거움과 넉넉함」
- 유동식, 「신앙의 예술가 이용도」

(6) 2001년 이후에 발표된 글들

- 안수강, 「이용도(李龍道)의 민족사랑 고찰」, 『백석저널』 제4호(2003)
- 박응규, 「이용도의 신비주의, 부흥운동, 그리고 종말사상에 관한
  연구」, 『神學과 宣教』(2005)
- 후루타 도미타테(古田富建), 「이용도의 '동양적 기독교' 모색」, 『宗

敎硏究』제45권(2006)

- 김수천, 「이용도 목사의 자연에 대한 영성과 성 프란시스코(St. Francis of Assisi)의 창조 영성 비교 연구」, 『역사신학논총』 제14집 (2007)

- 장덕환, 『이용도의 꿈과 환상체험에 대한 융 심리학적 분석』, 강남대학교 대학원 박사학위논문(2007)

- 안수강, 「이용도의 신비주의 고찰: 합일사상(合一思想)을 중심으로」, 『역사신학논총』 제16집(2008)

- 김주덕, 「이용도 목사의 교회갱신의 선교신학」, 『선교신학』 제19권 (2008)

- 김상일, 「길선주와 이용도의 영성과 동학의 영성 비교」, 『신종교 연구』 제18권(200년)

- 안수강, 「이용도의 합일사상(合一思想) 고찰 – 생명의 역환, 성적 메타포, 기도관을 중심으로 –」, 『역사신학논총』 제18집(2009)

- 김윤규, 「이용도 목사의 신비주의적 – 열광주의적인 영성형성과 부흥운동에 관한 연구」, 『신학과 실천』 제20권(2009)

- 오성주, 「시무언(是無言) 이용도 목사의 생애에서 본 영성과 교육」, 『신학과 세계』 제67호(2010)

- 임걸, 「이용도(李龍道, 1901-1933)의 목회신학」, 『한국조직신학논총』 제5권(2000)

- 전인수, 「이용도의 시대인식과 조선적 기독교」, 『한국교회사학회 지』 제37집(2014)

- 정재헌, 『주의 것들의 노래: 이용도 목사 이단론 비판』(서울: 행복 미디어, 2016)

(3) 이용도 복권 조치

1998년 기독교대한감리회 제23회 총회에서는 이용도의 명예복직을 결의했고, 이듬해 1999년에는 제19회 서울연회에서 복권을 가결했다.

① 총회에서의 명예복직 결의

인천 숭의교회에서 개최된 기독교대한감리회 제23회 총회(會期: 1998년 10월 28~30일)에서 김종순 외 13인이 "이용도 목사 휴직에 대한 명예복직을 위한 청원"을 본회의에 상정했다.[71] 마침내 10월 30일 회무처리에서 분과위원회는 "고 이용도 목사 휴직에 대한 명예복직을 결의하다"라는 문장을 기술하여 복직 결의를 보고했다.[72]

② 서울연회에서의 복권 가결

1999년 3월 9일부터 10일까지 서울 정동제일교회에서 개최된 제19회 서울연회에서는 1998년도 제23회 총회의 결의를 수용하여 이용도 목사의 복권을 가결했다. 이 연회에서 박봉배는 1933년 3월에 내려진 목사직 휴직 조치가 이용도 자신의 문제라기보다는 추종 세력에 연유한 것이었다고 해명했으며 만장일치로 그의 복권을 통과시켰다. 이로써 당시 중부연회에서 결정한 이용도의 목사직 휴직 조치는 66년 만에 서울연회에서 번복됨으로써 모든 명예가 회복되었다.

김종순 회원이 고 이용도 목사의 복권청원 총회 결의에 대한 설명과

---

71) 『기독교대한감리회 제23회 총회 회의록(1998년 10월)』, 170-172쪽.

72) 『기독교대한감리회 제23회 총회 회의록(1998년 10월)』, 162쪽.

박봉배 회원의 고 이용도 목사에 대한 문제성보다 그를 추종하던 자들의 탈교회적인 자세가 문제였다는 복권당위성의 설명이 있은 후 김진호 회원의 복권에 대한 동의가 김석순 회원의 제창이 만장일치로 가결되다.[73]

2) 예수교회 설립 관련 연구들

예수교회 설립과 관련된 주요 자료로는 『신앙생활』에 게재된 김인서의 글이나 이용도 전집에 실린 변종호의 글을 들 수 있지만, 두 사람의 의견이 서로 충돌하는 경우가 많고 현 예수교회 내에서도 이 두 사람의 견해에 대해 동의하지 않는 점들도 있다.[74] 따라서 예수교회 설립 역사를 객관적으로 분석하기에는 여러 면에서 애로점이 많다. 더군다나 예수교회의 핵심 인물인 김형기는 이미 1989년도에 소논문 「예수교회 뿌리찾기 – 왜?」에서 예수교회의 신앙 제2세대가 온전하게 형성되지 못했고 이로 인해 제1세대가 사라져가는 시점에서 예수교회의 원래 모습은 미래의 시대에 신화로 묻혀버릴 위기이자 뿌리를 잃을지도 모르는 교단사적인 위기 상황이라고 진단했다.[75] 임인철 역시 예수교회 역사는 지난날의 사건과 인물이 제대로 알려지지 않은 채 묻혀 있는 미개척분야라고 탄식

---

73) 『기독교대한감리회 11개 연회 공동발행 연회회의록(1999년 3월)』, 47쪽: cf. 「99 각 연회 성황리에 개최」, 『기독교세계』(1999년 4월), 64쪽.

74) cf. 안곡, 「예수교회 형성사 소고」, 『예수』 복간 제9호(1991년 겨울), 31쪽.

75) 김형기, 「예수교회 뿌리찾기 – 왜?」, 『예수』(1989년 겨울), 57쪽.

했다.[76]

이처럼 예수교회 역사는 설립 제1세대가 모두 역사의 뒤안길로 사라졌고 그나마 유일한 정보라고 할 수 있는 기관지『예수』마저도 1941년 일제의 정략적 폐간에 이어 6·25동란을 거치면서 절반 이상이 소실되어 문헌이나 정보가 매우 부족한 상황이다. 예수교회 역사와 관련하여 2000년대 들어 발표된 소논문으로서는『이용도의 생애·신학·영성』(2001년 11월)에 수록된 연규홍의「이용도 사상과 한국교회 개혁 – 예수교회 운동을 중심하여」를 들 수 있을 정도이다. 그나마 이 논문은 예수교회의 역사를 히스토리에(Historie) 차원에서의 역사적 사실들을 기술한 것이 아니라 게시히테(Geschichte)로서의 예수교회 운동의 교훈적인 의미를 고찰하는 데(해방적 영성 공동체, 평신도 중심의 공동체, 민족적 토착 공동체)[77] 초점이 맞추어져 있다.

예수교회 설립 역사와 관련하여 필자가 검토한 자료들을 정리하면 다음과 같다. 아래 목록에는 1970년대부터 근래에 이르기까지의 문헌들로 제한했고, 변종호의 편저작은 이미 제2장 제1절, '이용도 관련 주요 자료들'에서 소개했으므로 생략했다. 예수교회 설립 역사에 대해서는 제7장, '이용도와 예수교회 설립'에서 별도로 고찰할 것이다.

(1) 1974년

- 민경배,『한국민족교회 형성사론』– 원산신학산, 예수교회 회의 聖主敎會, 새主敎會[78]

---

76) 임인철,「예수교회 사략(I)」, 39쪽.

77) 연규홍,「이용도 사상과 한국교회 개혁」, 202–211쪽.

78) 민경배,『한국민족교회 형성사론』(서울: 연세대학교출판부, 1974), 151–155쪽.

(2) 1978년

- 이영헌, 『한국기독교사』 – 이용도와 원산파 접신극[79]

(3) 1981년

- 박영관, 『이단종파 비판(II)』 – 이용도의 예수교회 설립, 이용도의 신앙계보[80]

(4) 1984년

- 한준명, 「반세기를 회고하면서」[81]

(5) 1987년

- 한준명, 「반세기를 돌아보며」[82]
- 전택부, 『한국교회 발전사』 – 이용도, 백남주 등의 예수교회 운동[83]

(6) 1989년

- 김형기, 「예수교회 뿌리찾기 – 왜?」[84] – 예수교회 약사, 연혁, 교세현황[85]

---

79) 이영헌, 『한국기독교사』, 185-191쪽.
80) 박영관, 『이단종파 비판(II)』(서울: 예수교문서선교회, 1984), 40-46쪽.
81) 한준명, 「반세기를 회고하면서」, 『예수』(1984년 여름), 13-18쪽.
82) 한준명, 「반세기를 돌아보며」, 『예수』(1987년 가을), 28-33쪽.
83) 전택부, 『한국교회 발전사』(서울: 대한기독교출판사, 1992), 227-228쪽.
84) 김형기, 「예수교회 뿌리찾기 – 왜?」, 55-60쪽.
85) 「예수교회 약사, 연혁, 교세 현황」, 『예수』(1989년 겨울), 61-65쪽.

(7) 1991년

- 안곡, 「예수교회 형성사 소고」 – 약사, 설립의 역사적 상황, 예
  수교회의 가르침, 한국교회사적 의의, 예수교회의 오늘[86]
- 임인철, 「예수교회 창립선언문 이해」[87]
- 김형기, 「예수교회론(II)」[88]

(8) 1992년

- 김희방, 「한국교회의 현실과 우리의 선교방향」[89]
- 안곡, 「종교다원주의에 관한 소고」 – 종교다원주의 이론들, 종
  교다원주의의 반대이론의 성서적 근거와 문제점[90]
- 임인철, 「예수교회 사략(I)」 – 평양기도단의 활동, 원산기도인의
  활동, 평양의 입류(入流) 파문, 예수교회의 탄생, 원산신학산, 예
  수교회 설립 선포식, 성주교회 파동, 평양예배당 준공[91]

(9) 1993년

- 김희방, 「교회의 본질과 예수교회」 – 교회의 시작, 교회의 본질,
  교회의 새로운 이해와 신앙고백, 한국선교와 예수교회창립선
  언, 한국교회와 예수교회의 사명[92]

---

86) 안곡, 「예수교회 형성사 소고」, 23–33쪽.

87) 임인철, 「예수교회 창립선언문 이해」, 『예수』 복간 제9호(1991년 겨울), 34–52쪽.

88) 김형기, 「예수교회론(II)」, 『예수』 복간 제9호(1991년 겨울), 45–52쪽.

89) 김희방, 「한국교회의 현실과 우리의 선교방향」, 『예수』 복간 제10호(1992년 겨울), 20–23쪽.

90) 안곡, 「종교다원주의에 관한 소고」, 『예수』 복간 제10호(1992년 겨울), 24–38쪽.

91) 임인철, 「예수교회 사략(I)」, 39–52쪽.

92) 김희방, 「교회의 본질과 예수교회」, 『예수』 복간 제11호(1993년 봄 · 여름), 8–12쪽.

- 이영근, 「예수교회 선교방법론」[93)]
- 임인철, 「예수교회신전(信典) 및 교리에 대하여」 - 예수교회의
  신전과 조선감리교회의 교리적 선언, 『신앙생활』의 비판에 대
  하여[94)]

(10) 1998년
- Victor Wellington Peters, 「이용도 목사를 기억하며」[95)]

(11) 2001년
- 연규홍, 「이용도 사상과 한국교회 개혁」 - 해방적 영성 공동체,
  평신도 중심의 공동체, 민족적 토착 공동체[96)]

---

93) 이영근, 「예수교회 선교방법론」, 13-19쪽.
94) 임인철, 「예수교회신전(信典) 및 교리에 대하여」, 19쪽, 28-42쪽.
95) Victor Wellington Peters, 「이용도 목사를 기억하며」, 이용도신앙과사상연구회(편), 『이용도
    목사의 영성과 예수운동』, 105-113쪽. 피터스 선교사는 이 글을 1996년에 작성했다. 이 회고
    록을 통해 이용도와 유명화의 관계, 원산 신비주의자들과의 접촉, 예수교회 초대 선도감 수락
    배경 등을 깊이 있게 살펴볼 수 있다.
96) 연규홍, 「이용도 사상과 한국교회 개혁」, 202-211쪽.

3
용어의 정의

　　신비주의 연구에 필수적으로 등장하는 용어들을 바르게 정립하지 않으면 텍스트에 담긴 의미와 사상을 정확하게 분석해낼 수 없다. 이 장에서는 신비주의의 어원과 통상적인 의미, 성경에 구사된 용례와 의미, 정의와 특징들, 연합과 합일의 개념 등을 정리하고자 한다.

1) 신비주의(mysticism)

1) 어원과 일반적 의미

　　'뮈스테리온(Μυστηριον)'의 어원을 '뮈에인(Μυείν)', 즉 입술이나 눈 등을 '닫는다'는 뜻으로 이해하는 사람들은 명상이나 고대 밀의종교에서 묵비(默秘)를 교리로 요구한 흔적을 찾으려 하며, '바치다', '헌신하다'라는 뜻도 그 어근이 될 수 있다고 보는 견해도 있다.[97] 그러나 뮈스테리온은 *T. D. N. T.*(Theological Dictionary of the New Testament)에서 언급하는 것처럼 용어 자체가 신비로우며,[98] 인지(William Ralph Inge)가 *Christian Mysticism*에서 그 정의를 무려 40여 가지나 나열해놓았을 정도로 애매모호한 용어이기도 하다.[99]

뮈스테리온은 이 용어가 최초로 사용되면서부터 순수하게 종교적으로 신비한 의식들 혹은 기구들을 뜻하거나 그것들과 연관된 가르침을 의미했던 것으로 보인다. 그러나 일반적으로 종교적인 차원만이 아니라 폭넓게 포괄성을 띠게 되면서 모든 종류의 비밀을 의미하기에 이르렀다.[100] 현재 신비주의는 일부 특정한 종교에만 전유된 용어가 아니다. 유대교와 기독교에서뿐만 아니라 힌두교, 불교, 이슬람교 등 타종교에서도 이 용어를 구사하며, 더 나아가 범종교적·범자연적 현상으로까지 간주될 정도로 광범위하게 표현되기도 한다.[101]

---

97) 한제호, 「기독교의 「신비」 개념」, 『신학지남』 제43권 제4집(1976년), 54쪽.

98) Gerhard Kittel(ed.), *T. D. N. T.*(IV) Translated by Geoffrey W. Bromily(Grand Rapids, Michigan: Wm. B. Eerdmans, 1977), p. 803.

99) 민경배, 「한국의 신비주의사」, 190쪽.

100) 기독교대백과사전편찬위원회, 『기독교대백과사전(제10권)』(서울: 기독교문사, 1983), 141쪽.

101) 목회자료연구회(편), 『신비주의』(서울: 세종문화사, 1972), 10~11쪽, 이종기의 "머리말".

(2) 성경에 구사된 '신비'의 의미

한제호에 의하면 '신비'라는 용어는 성경에서 찾아볼 수 없을뿐더러 그 어휘 사용이 전무한 만큼 교회는 '신비'라는 단어를 구사함에 있어서 조심해야 한다고 강조했다. 오히려 이 용어는 성경에서 '비밀'이라는 의미를 깊이 함축하고 있다고 보는 것이 정당하다. 그는 구약과 신약에서 이 신비라는 뜻을 내포한 용어들을 다음과 같이 정리했다.[102]

① 구약에서의 사용

구약에 기술된 신비의 의미를 지닐 만한 용어로서 '오묘' 혹은 '비밀'로 구사된 단어들이 등장하며 사례들을 소개하면 다음과 같다.

סָתַד(신 29:29-오묘), תַּעֲלֻסָה(욥 11:6-오묘, 시 44:21-비밀), חֵקֶר(욥 11:7-오묘), חִידָה(시 49:4, 잠 1:6-오묘, 시 78:2-비밀), סוֹד(잠 11:3, 20:19-비밀), כָּצַר(렘 33:3-비밀한), מִסְתָר(렘 49:10-비밀한 곳들) 등.

② 신약에서의 사용

신약에서 '신비'의 의미는 사람의 지혜로서는 이해할 수 없거나 자력으로 터득할 수 없는 비밀스러운 일(고전 13:2, 14:2), 감추어진 원리나 공적으로 선포되지 않은 사실, 특정한 대상에게 숨겨진 뜻(롬 16:25, 고전 2:7, 엡 6:19, 계 10:7, 마 13:11, 막 4:11, 눅 8:10), 구원에 대해 하나님께서 향후 공포하기로 작정하신 일(롬 11:25, 고전 15:51), 이방인을 구원하기 위해 계시하시는 진

---

102) 한제호, 「기독교의 「신비」 개념」, 54-55쪽. 필자가 내용을 보완하여 정리했음.

리(엡 3:3), 경건과 관련된 진리(딤전 3:9, 16) 등을 표현할 때 구사되었다.

이상에서 살펴본 것처럼 성경에서 '뮈스테리온'이라는 용어는 하나님의 오묘하심, 숨겨진 비밀이나 인간의 이성으로서는 절대 도달할 수 없는 계시의 영역, 구원 혹은 경건과 관련된 진리, 복음, 그리고 장차 미래에 임할 일 등을 가리킨다. 즉, 이 용어의 성경적 용례는 흔히 신비주의에서 이해하는 '신비'라는 의미가 아니라 '비밀'이라는 뜻을 함축하고 있다. 따라서 뮈스테리온은 비기독교적 신비주의 운동을 전개하는 사람들이 주장하는 'unity'로서의 합일, 즉 궁극적 존재이신 하나님과 인간을 동일시하려는 본체론적 · 본질론적 · 존재론적 일체의 사고와는 거리가 멀다.

(3) 학자들의 견해

틸리히(Paul Tillich)는 신비주의를 궁극적 실재인 신(神)과의 교통과 합일을 추구하는 것으로 보았다.[103] 바르트(Karl Barth)는 외부의 세계에 대해 수동적으로나 능동적으로 가능한 한 최대의 보류(保留)를 행사하거나 비밀을 유지함으로써 고도의 헌신을 이루려는 것을 가리킨다고 했다.[104] 국내 학자들 중 김성환은 영계(靈界)의 사실을 어떠한 종교적인 형체나 의식을 통하지 않고서 직접 체험하려는 노력이라고 했고,[105] 문상희는 신비주

---

103) *Paul Tillich, A History of Christian Thought*, Edited by C. E. Braaten(London : S. C. M. Press, 1968), p. 176.

104) E. F. Harrison(편), 『Baker's 신학사전』신성종 역(서울 : 도서출판 엠마오, 1986), 449쪽에서 재인용.

105) 김성환, 「신비주의의 해설」, 목회자료연구회(편), 『신비주의』(서울 : 세종문화사, 1972), 313-

의의 핵심이 궁극적 실재와의 합일에 있는 바 궁극적 실재인 신과의 합일이 신비주의의 기본 구조라고 이해했다.[106] 민경배는 신비적 존재와 나(인간)와의 직접적인 교섭(交涉) 또는 융합(融合)을 지칭해서 쓰는 말이라고 해석했다.[107]

이상 여러 학자들의 취지를 종합해보면 신비주의는 어휘 자체가 애매모호한 개념을 함축한다는 점에서 난해하지만 대체적으로 절대타자인 신과 인간이 상호 간에 '합일', '교통', '연합', '헌신', '체험', '교섭', '융합' 등 양자 간 관계성을 묘사하는 용어로 정리할 수 있다.

(4) 특징들

신비주의가 지닌 특징은 신비주의자들의 성향에 따라 각자 차이가 있지만, 거시적인 틀에서 다음 8가지로 정리할 수 있다.

첫째, 신의 세계와 내 세계와의 혈연적 연결을 전제하며 그러한 마음의 고향과 현실의 지상적 생을 비극적인 혹은 우연한 단절로 본다. 그리하여 가능하면 빨리 현 상황에서 탈피하는 것, 그리고 본질적인 나의 근원과 합일하는 것을 갈망한다.

둘째, 신과 나 사이를 연결해주는 중보자의 실재를 필요로 하지 않는다.

셋째, 우리 인간의 육체적 실재를 수치로 여기며 비본질과 우연으로

314쪽.

106) 문상희, 「기독교와 신비주의」, 169쪽.

107) 민경배, 「한국의 신비주의사」, 190쪽.

단정하면서 역사 내에서의 존재를 한낱 환상과 꿈으로 돌린다. 그 결과 성실한 사회성원의 소임을 냉소와 경멸로 대하게 된다.

넷째, 이 세상을 진세(塵世)의 터라 단정하므로 이 세상과의 통화는 단절된다.

다섯째, 여성적인 종교의 양상을 띤다. 이는 신비주의가 열정적 순종, 정서의 섬묘한 감수성, 연약한 수동성 같은 현상들을 통해 여성적 성향을 취하기 때문이다.

여섯째, 종교적 신앙에 살아 넘치는 심미감을 더하여주고 확실감을 심화시켜주며 정서적 기동력을 발동시켜준다.

일곱째, 신적 계시에 의존하기보다는 오히려 신적으로 흥분된 심적인 것에 대해 관심을 집중한다.

여덟째, 이 세상을 무가치한 것으로 여겨 경멸하고 현실에 대한 태도로서 금욕주의를 수반하는 특징을 갖는다.[108]

신비주의에는 이 같은 다양한 특징이 있지만, 모든 신비주의가 일률적으로 이 모든 특성을 공유하는 것은 아니다. 신비주의라 할지라도 특정한 사건, 사상, 그리고 인물의 성향에 따라 각기 개성에 차이가 있을 수 있고 특징적인 면들이 다르게 나타날 수도 있기 때문이다.

---

108) 첫째 항에서 다섯째 항까지는 민경배의 「한국의 신비주의사」, 192-193쪽에서, 여섯째 항과 일곱째 항은 신규호의 「시인 이용도론」, 『현대시학』(1988년 4월), 74쪽에서, 여덟째 항은 Harnack의 *A History of Dogma*(Ⅳ), William and Norgate, 1899), 100쪽과 신규호의 「시인 이용도론」, 79쪽에서 인용함.

2) 연합(union, 聯合)과 합일(unity, 合一)

연합과 합일은 엄연히 의미가 다르다. 그렇지만 학자들 중에는 이 용어들을 굳이 구분하지 않고 교호적으로 구사하는 경우도 흔하므로 문장의 흐름 속에서 전후 문맥을 신중하게 살펴 의미를 분석해야 한다. 필자는 이 책에서 구사하는 주요 용어들로서 '연합'과 '합일'의 의미를 다음과 같이 구분하고자 한다.

(1) 연합

김용옥은 바울이 말하는 엔 크리스토(ἐν Χριστῷ)는 '동일성 신비주의', 즉 '합일'의 의미와는 다르다며 갈라디아서 2장 20절 역시 그리스도와 그리스도인의 존재적 합일을 뒷받침할 만한 요소가 포함되어 있지 않다고 보았다. 그는 이를 '그리스도와의 공동체', 그리스도 안에 있는 '새로운 피조물', '관계성'(συν의 개념) 등의 의미로 이해했다.[109]

필자는 연합의 의미를 적용함에 있어 김용옥의 견해인 '엔 크리스토'의 개념을 취할 것이다. 또한 박봉배가 언급한 신인(神人) 사이의 엄격한 구별을 가리키는 '신비적 합일'[110]의 의미나 민경배가 표현한 창조자와 피조자의 '양자(兩者)의 거리'[111]와도 같은 의미로 구사할 것이다. 그러므로 문장 중에 구사된 '합일'이라는 용어가 문맥에 따라서는 합일이 아

---

109) 김용옥, 「Ἐν χριστῷ에 나타난 바울의 신비주의」, 36-37쪽, 46쪽.

110) 박봉배, 「이용도의 신비주의와 그 윤리성」, 133쪽.

111) 민경배, 「이용도의 신비주의에 대한 형태론적 연구」, 『이용도 관계문헌집』, 37쪽.

니라 '연합'의 의미를 갖는 경우도 있다는 점에 유의해야 한다.

(2) 합일

이종기는 신비주의에서 궁극적 실재와 하나가 되는 경험을 한다고
주장할 때는 주체와 객체, 너와 나 사이의 정상적인 구분을 초월하여 경
험된다는 의미를 내포한다고 보았다.[112]

필자는 '합일'을 연합의 의미와 달리 '본질적 일치', '본체적 일치',
'존재론적 일치', '동일성', '유사성' 혹은 '신분의 동일화'라는 의미로 적
용할 것이다. 필자가 이 책에서 구사하는 '합일'의 의미는 박봉배가 말하
는 '존재론적 합일'[113]이나 변선환이 언급한 '본질의 신비합일'[114]과 같은
의미를 갖는다.

(3) 연합과 합일의 교호적 사용

이용도는 자신의 문헌에서 '연합'이라고 기술해야 할 대목에서 '합
일'이라는 용어를 구사한 경우도 있다. 2차 자료들 역시 예외는 아니다.
필자는 이 연구를 전개함에 있어 문헌에서 '연합' 또는 '합일'이라는 용어
가 들어간 문장을 인용할 때는 이를 수정하지 않고 문헌 원문에 구사된

---

112) 목회자료연구회(편), 『신비주의』(서울: 세종문화사, 1972), 10쪽, 이종기의 "머리말".

113) 박봉배, 「이용도의 신비주의와 그 윤리성」, 124쪽.

114) 변선환, 「이용도와 마이스터 에크하르트」, 166쪽.

용어 그대로 인용하겠지만, 상황에 따라서는 연합을 의미하는 것인지 혹은 합일을 의미하는 것인지 별도로 해석하여 혼란을 피할 것이다.

3장

시대적
정황과
신비주의의
발흥

이용도 당시의 시대 상황과 신비주의 태동과의 관련성을 고찰함에
있어 시대적 정황에 대한 분석 작업은 다양한 차원에서 접근할 수
있다. 이 장에서는 신비주의가 태동한 주요 요인들로서 일제의 식민정
책, 사회주의의 침투, 형식화된 교회의 문제, 한국인의 종교적 심성 등
네 가지로 설정하고 이용도가 신비주의 심성을 강화해갈 수 있었던 배경
이 되었다는 점을 고찰하고자 한다. 특별히 필자가 그의 신비주의 심성
강화에 관련된 요인들로서 이 네 가지 배경을 설정한 것은 1930년을 전
후하여 그의 저작에 언급된 현상들과도 공통적으로 면밀하게 접목되어
나타나기 때문이다.

먼저 시대적인 정황을 살펴본 후 계속해서 이러한 시대적 정황과 이
용도의 신앙이 어떻게 연계되는지를 고찰할 것이다.

1
시대적 정황[1]

1) 일제의 식민정책과 신비주의 발흥과의 관계

1910년 한일강제병합이 단행되어 조선총독부가 설치되면서 총독부는 조선통치의 요체(要諦)를 '동화(同化)'라는 철칙으로 일관했다. 총독은 일본 국왕(天皇)에 직속하여 육해군을 통솔하고 입법, 사법, 행정 일체의 권력을 한 손에 쥔 전제군주나 다를 바 없었다. 1919년까지 약 10년 어간은 이른바 '무단정치(武斷政治)'라고 칭했듯이 헌병경찰제도가 조선의 전토를 억누르고 언론, 출판, 집회, 결사 등 인권을 탄압하여 민족의식, 언어, 문화를 직접 관장함으로써 조선 민중은 일제 제국신민으로 전락할 수밖에 없었다.[2]

---

1) 이 절은 『한국기독교신학논총』 제107집에 게재되었으며 이 책의 집필 취지에 부합하도록 내용을 수정 보완했다. 안수강, 「1930년 전후 한국교회 신비주의 고찰 - 신비주의 발흥과 장로교의 대응을 중심으로」, 『한국기독교신학논총』 제107집(2018년), 107-117쪽.

2) 한석희, 『일제의 종교침략사』 김승태 역(서울: 기독교문사, 1990), 76-77쪽.

일본이 조선을 강제로 병탄하고 9년째 되던 1919년에 3·1독립
운동이 발발했다. 미국의 윌슨(Thomas W. Wilson) 대통령의 민족자결주
의(Principle of National Self-determination) 제창과 1919년 1월 고종황제의 승하
를 중요한 동인으로 볼 수 있지만, 미국기독교연합회 동양문제위원회
에서 간행한 「삼일운동비사(三一運動秘史)」(The Korea Situation)에서는 당시의
현실적인 문제들을 직시하여 다양한 관점에서 제시했다. 이 글에서는
3·1독립운동이 전개된 동기로 ① 독립에 대한 갈망, ② 엄격한 군정,
③ 민족성의 박멸, ④ 사법 처우나 행정기관에서의 차별대우와 기회 상
실, ⑤ 조선인에 대한 차별대우, ⑥ 언론, 신앙, 결사 자유의 박탈, ⑦ 제
한된 종교의 자유, ⑧ 조선인의 교육과 해외여행에 대한 실질적 금단(禁
斷) 조치, ⑨ 옥토 약탈, ⑩ 공창제도와 마약주사 등 새로 등장한 비도덕
화의 영향, ⑪ 만주 강제 이민정책, ⑫ 일본인을 위한 개선 및 조선인 착
취 등을 들었다.[3]

특별히 한국교회 역사와 연관해볼 때 3·1독립운동 이후 1920년대
일본의 태도를 살펴보면 총독부는 이러한 사태가 기독교 내에 잠재되어
있는 자주독립 정신에서 비롯된 것으로 간파하고 이를 근절하기 위한 방
책으로 의도적으로 선교사들을 동원하기도 했다.[4] 식민통치 기간 줄곧
일본 천황제 정부의 조선지배 양상은 기독교회와 그 영향 아래 있는 단

---

[3] 미국기독교연합회동양문제위원회(간), 「삼일운동비사(三一運動秘史)」, 『기독교사상』, 민경
    배 역(1966년 7월), 100-103쪽.

[4] 전병호, 『최태용의 생애와 사상』(서울: 성서교재간행사, 1983), 45쪽. 일제의 사상통제는 크
    게 3기로 나눌 수 있는데 1910년대의 무단정치기, 1920년대의 문화정치기, 1930년대와 1940
    년대 초 전시하의 통치기로 대별할 수 있으며 1920년대의 문화정치는 일본제국주의의 한국
    지배정책의 기본방침이 바뀐 것이 아니라 '문화'라는 표어를 걸고 동화정책을 추진하기 위한
    기만적 행위에 불과했다. 김남식, 『신사참배와 한국교회』(서울: 새순출판사, 1990), 40-41쪽.

체를 비롯하여 학교 시설에 대한 회유와 탄압 일색이었다.[5] 이용도의 신비주의를 연구한 학자들은 그가 신학에 입문한 1920년대의 암울했던 시대적 상황에 주목했다. 윤성범은 "유대인, 한국인, 그 밖의 피압박민족, 약소민족의 설움"[6]이라 했고, 박봉배는 "탄압이 가열되던 시대"[7]로, 민경배는 "질식할 정세"[8] 혹은 "곤궁의 세대", "억눌린 자의 비참"[9]이라는 문구로 참담한 시대상을 담아냈다.

식민치하 한국기독교의 존재 양태를 천황제 논리와의 대립관계 속에서 간파한 구라타 마사히코(藏田雅彦)는 당시 시대적 배경을 기독교 입장에서 조명하여 다음과 같이 파악했다.

첫째, 천황제는 국수주의적(國粹主義的) 혹은 초국가주의적 성격으로 인해 한국인의 민족의식과 그 발로로서 민족운동과의 대결이 불가피했다. 대표적인 사례로서 105인 사건, 3 · 1독립운동, 1930년대의 동지회(同志會)와 흥사단(興士團) 탄압 등을 들 수 있다.

둘째, 천황제가 지닌 군국주의적(軍國主義的)인 침략성에 저항하여 기독교의 반전론(反戰論)이 대두되어 군국주의와의 대립양상이 야기되었다.

셋째, 종교국가로서의 천황제와 천황제가 가진 종교적 성격으로 인해 한국 기독교인의 신앙과 정면으로 충돌할 수밖에 없었다. 일본은 전시상황이 점차 심화될수록 일본 국왕의 신성(神性)을 강조했고 국왕숭배를 강요했다.[10]

---

5) 한석희, 『일제의 종교침략사』, 80쪽.

6) 윤성범, 「이용도와 십자가 신비주의」, 243쪽.

7) 박봉배, 「이용도의 사랑의 신비주의와 그 윤리성」, 『이용도 관계문헌집』, 125쪽.

8) 민경배, 「이용도의 신비주의 연구(한 교회사적 고찰)」, 44쪽.

9) 민경배, 『한국 기독교 사회운동사』(서울: 대한기독교출판사, 1988), 207쪽.

10) 구라타 마사히코, 『일제의 한국기독교 탄압사』(서울: 기독교문사, 1991), 61-62쪽. 필자가 윤

그렇다면 일제의 식민정책 및 천황제와 신비주의의 발흥과는 어떤 관련이 있는가?

이 점과 관련하여 프롬(Erich Fromm)과 멜라노(B. E. Melano)의 견해에서 의미 있는 논거를 발견할 수 있다. 위기상황의 극복논리를 '신비주의' 혹은 '혁명사상'이라는 두 가지 진로로 생각한 프롬의 견해[11]나 정치적 환멸과 지적 분위기의 핵심적 주체가 몰락하는 과정에서 신비주의는 물결처럼 도도히 감싸기 마련이라고 본 멜라노의 주장[12]을 고려한다면 1920년대를 전후하여 한국교회에서 위기극복 논리의 한 형태로 나타난 의미 있는 지류가 신비주의 운동이었다는 점을 이해할 수 있다. 실제로 일제의 식민통치 하에서 고난당하는 한국인 상과 광신주의의 태동을 연계하여 파악한 견해도 있는데, 시어러(Roy E. Shearer)는 1910년 한일강제병합과 만주 이민을 촉진시킨 빈곤, 105인 사건, 3·1독립운동으로 인한 투옥과 궁핍, 신도(神道)와 압박 등의 절망적 상황들을 열거하면서 이를 한국에서 광신주의가 태동한 배경으로 보았다.[13]

한편 이만열은 사회적·국가적 배경에서 묵시문학(黙示文學)의 태동을 찾았다는 점에서 고무적이다. 그는 길선주, 김익두, 이용도 등이 주도한 부흥운동이 당시 좌절을 극복하기 위한 새로운 부흥운동이었다고 이해했다. 한 걸음 더 나아가 오늘날 한국교회에서 나타나는 내세지향적인

문하여 약술함. 천황제가 가진 종교적 성격은 이후 1936년 미나미 지로(南次郎) 총독이 부임하면서 조직적인 신사참배로 이어졌다. cf. 안수강, 「신사참배 회개론의 유형별 연구」, 『한국개혁신학』 제42집(2013년), 46-47쪽.

11) Erich Fromm, *The Dogma of Christ and Other Essays on Religion, Psychology and Culture*, 1963, pp. 19-37. 구라타 마사히코, 『일제의 한국기독교 탄압사』, 58쪽에서 재인용.

12) B. E. Melano, *The Mystic Returns, The Journal of Religion*, Vol. XVII. No.2(1937), p. 148. 민경배, 「한국의 신비주의사」, 195쪽에서 재인용.

13) Roy E. Shearer, 『한국교회성장사』, 이승익 역(서울: 대한기독교서회, 1966), 66-86쪽.

신앙관에 대해서도 1920년대로 소급하여 당시의 신앙운동이 그 모체가 되었다고 주장했다.[14] 유동식 역시 이만열과 견해를 같이하여 국가의 대망과 민중의 절망감으로 인해 가일층 열정적인 부흥회에 박차를 기할 수 있었다고 공감했다.[15] 민경배는 일제강점기였던 1920년대의 경제적 시련과 심각한 정치적 위기 상황 속에서 신비적 열희(悅喜)로의 전향과 몰현세적 침잠으로 영혼의 안식을 구하려는 태동이 있었다고 이해했다.[16] 이러한 견해들을 종합하면 일제의 강압적인 식민정책과 신비주의 발흥 사이에 서로 불가분리의 유기적인 관련성이 있다는 논리를 제시해준다. 이용도는 이러한 정황에서 독립운동을 전개하다가 3년 어간 옥살이를 했다.[17] 이런 점을 감안하면 일제의 식민정책이 어떠한 형태로든 그의 신비주의 형성과 밀접한 관계에 있다고 볼 수 있다.

2) 사회주의의 침투와 신비주의 발흥과의 관계

사회주의가 국내에 침투한 시기는 대체로 1920년경으로 본다. 그러나 이 사상이 의식화되고 문제시될 만한 심각한 국면을 드러내기 시작한 것은 1922년 소비에트(Soviet) 노동정부의 붉은 군대(赤軍)가 블라디보스토크(Vladivostok)를 점령하고 난 이후부터였다. 1925년 일제 동경 정부가 소

---

14) 이만열, 『한국기독교사 특강』(서울: 성경읽기사, 1987), 84-85쪽.
15) 유동식, 「이용도와 그의 주변」, 22쪽.
16) 민경배, 「이용도의 신비주의(내면화의 신앙과 그 여운)」, 『이용도 관계문헌집』, 93쪽.
17) 『이용도전』, 23-24쪽. 변종호는 '3년 이상의 시일'이라고 했다.

련을 승인한 이후 만주, 시베리아, 그리고 일본에 거주하던 한인 공산주의자들이 귀국하면서 반기독교 운동을 전개해가던 무렵에 사회주의 침투가 절정에 이르렀다고 볼 수 있다.[18]

사회주의 사상의 국내 침투는 3 · 1독립운동 이후 정치적인 불안 및 경제적인 시련으로 인한 좌절감과 비탄이 그 경로가 되었다.[19] 일본을 통해 들어온 사회주의 사상에 큰 영향을 받았던 당시 사회주의 운동가 김사국은 전 세계 무산계급(無産階級) 혁명을 목표로 삼는 사회주의 운동만이 일본의 군국주의를 무너뜨릴 수 있다며 민족구원 사상과 사회주의 사상을 한 지평에서 상호 접목시키려는 주장을 펴기도 했다.[20] 한편 기독교가 사회주의의 정체를 파악하고 결별했던 것은 기독교가 공산주의자들에 의해 결성된 단체였던 한양청년동맹의 노골적인 반기독교 운동전개에 충격을 받은 1925년경부터였다.[21]

그렇다면 사회주의 침투와 신비주의 태동과는 서로 어떤 관련이 있을까? 사회주의와 신비주의와의 관계성은 특성상 피차 반작용선상에서 대립하는 양상을 띨 수밖에 없다. 왜냐하면 유물론을 인프라로 표방하는 사회주의는 신비주의 태동에 배치(背馳)하여 일체의 영적 세계와 신비체험을 부정함으로써 극단적으로 대립각을 세우는 적대 세력이기 때문이다. 이러한 사례는 김광우의 고백에서 찾아볼 수 있다. 그는 1930년대를 전후하여 활발하게 부흥운동을 전개했던 신비주의의 거목 이용도 목사의 측근 인물이었다. 당시 사회주의 사상에 접해 있던 김광우는 부흥사

---

18) 민경배, 『한국 기독교 사회운동사』, 207쪽.

19) 민경배, 『한국 기독교 사회운동사』, 207쪽.

20) 김광우, 『나의 목회 반세기』, 20쪽.

21) 민경배, 「한국교회의 사회의식과 그 운동사(II)」, 『기독교사상』(1980년 10월), 98쪽.

이용도를 만나고 나서 급진적 사회개조론이 아닌, 진정한 인간 개조를 통해 사회개선을 추구하는 것이 바른 노선이라고 마음을 바꾸었다. 그가 사회주의 사상을 과감하게 포기하고 사상적 전환을 이룰 수 있었던 중요한 동인은 무엇보다 이용도가 강조한 기독교의 헌신적인 사랑의 정신이었다.[22] 1930년을 전후하여 신비주의의 초석을 놓았던 이용도 자신에게도 1928년경 한때 한국에 유입된 유물론과 사회주의에 대한 사상적 신앙적 투쟁[23]이 있었다는 점은 특기할 만한 사실이다.

3) 형식화된 교회상과 신비주의 발흥과의 관계

이용도가 목회사역에 임하기 수년 전부터 한국교회의 교세는 침체 일로를 면하지 못하고 있었다. 김인서는 1933년 3월호 『신앙생활』을 통해 10여 년 동안 추문(醜聞)과 분쟁으로 기록되어온 명예스럽지 못한 교회 역사를 비통해했다. 그는 1923년 이후 5, 6년 사이에 수적으로 교세가 현저히 위축된 사실을 강조하며 미국선교본부로부터 질책이 있었다는 점에 주목했다.[24] 그의 글에서 당시 감리교와 장로교의 교세를 살펴보면 1928년 5만 8천 명의 교세였던 감리교회는 1929년에 2천 명이 줄고 1930년에 다시 3천 명이 감소했으며 1931년에는 5만 3천 명으로 급감했다. 장로교 역시 1925~26년 사이에 1,266명이, 1926~27년 사이에

---

22) 김광우, 『나의 목회 반세기』, 27쪽.

23) 『이용도 사모 50년』, 204쪽.

24) 김인서, 「조선교회의 새 동향」, 『신앙생활』(1933년 3월), 5쪽.

5,005명이 감소했는데, 1930년에 이르러서야 비로소 1,423명이 증가했다.[25]

그렇다면 이러한 교인의 수적 감소와 아울러 당시 교회의 거룩성에 대한 평가는 어떠했는가? 1924년 이대위, 1931년 『청년』의 편집인이었던 최승만, 1933년 『신앙생활』의 주필이었던 김인서의 시각을 살펴보자. 이대위는 물질주의의 만연과 종교파산론을, 최승만은 의식적·미신적·분립적·이기적인 현상을, 김인서는 추문이 난무하고 영적 윤택이 부재하다는 점을 들어 이들 모두 한국교회의 타락상을 총체적으로 비판하고 나섰다.

基督의 敎가 入하야 一般社會에 福利를 깃친 것은 일일이 枚擧키 難하다. 비록 그러나 그런 運動의 精神과 그런 犧牲의 潛勢力이 아직까지 우리의계 存在하냐고 무러보면 우리의계는 그 名詞밧계는 업는 것을 볼 수가 있다. (중략) 그 心에는 堅하고도 또 固한 物質主義가 꽉 차기 때문에 金錢이 잇는 者는 條件업시 別의 待遇를 밧게 되고 勞動者는 條件업시 또한 同等의 待遇를 밧지 못하게 되니 이것은 現時 敎會의 事情이요 이것 때문에 그 結末은 宗敎破産論이 起한 것이 안이냐[26]

왜 現代 우리 基督敎會가 (중략) 彼此에 사랑이 업스며 義롭지 못하며 바르지 못하며 熱情이 업스며 殉敎의 精神이 업는가 (중략) 그럼으로 現代의 朝鮮敎會는 儀識的이요 迷信的이요 分立的이요 利己的이라는 말을 듯게 되는 것이다. (중략) 묵고 썩어지고 냄새나는 生活에서 새

---

25) 김인서, 「조선교회의 새 동향」, 5쪽.

26) 이대위, 「민중화할 금일(今日)과 합작운동의 실현」, 『청년』 제4권 제4호(1924년), 7쪽.

롭고 新鮮하고 香氣나는 高尙한 生活에 나가기를 바란다.[27]

　　教會 – 비록 外側의 組織이 完備하다 할지라도 內容의 故障이 생겻
는지라 (중략) 여게저게서 醜雜한 일이 드려남을 가리우지 못하며 教人
의게 靈的 潤澤이 업는지라 쌀쌀한 經緯와 뻔뻔한 教權이 맛닷는대로
이 教會 저 教會에서 싸흠소리가 놉하젓나니 이것이 輓近 十餘年 동안
醜聞과 紛爭으로 記錄되는 不名譽의 教會史이엇다.[28]

　　이외에도 최태용은 『천래지성(天來之聲)』(1925)에서 도덕의 무력과 종
교의 부패를,[29] 천도교 기관지 『개벽(開闢)』(1925)에서는 회칠한 무덤 같은
예루살렘의 조선[30]이라고 개탄할 정도였다. 당시 전국을 순회하며 말세
론(末世論) 주제로 부흥회를 이끌던 길선주는 "금일의 교인은 바리새교인
보다 나흔가?"(1932)[31]라고 물었다. 이렇듯 교권주의, 물질주의가 팽배하
고 영적 윤택을 상실해버린 교회의 쇠폐 현상은 정황상 반동적(反動的)으
로 경건과 거룩성, 금욕정신, 영교(靈交)와 신비체험을 추구하는 고도의
신비주의가 솟구칠 만한 온상이 될 수 있었다. 이용도의 고(苦)·빈(貧)·
비(卑)의 정신, 금욕주의와 경건성을 동반한 신비주의 역시 당시 형식화
된 교회상과 밀접한 관계가 있다.

---

27)　최승만, 「종교와 생활」, 『청년』 제11권 제1호(1931년 1월), 1쪽.

28)　김인서, 「조선교회의 새 동향」, 5쪽.

29)　최태용, 「아-하나님이여 조선을 구원하시옵소서」, 『천래지성(天來之聲)』 창간호(1925년 6월),
　　1-2쪽.

30)　「에루살넴의 조선을 바라보면서」, 『개벽(開闢)』 제6권 제7호(1925년), 55-61쪽.

31)　길선주, 「죄를 자복하고 기도하라」, 『신앙생활』(1932년 8·9월), 13쪽.

4) 한국인의 종교적 심성과 신비주의 발흥과의 관계

민경배는 선교사의 후견인적 지위가 일제로 인해 몰락해가고 일제 말기의 험한 박해 분위기에서 어차피 우리 딴의 신앙대로 살아갈 수밖에 없었던 1930년대의 신앙형태가 왜 하필이면 신비주의였는가 하는 점은 우연히 아니라고 보았다.[32] 그는 한국교회의 신비주의가 한국인의 종교적 심성과 밀접하게 부합했다는 입장을 취했다.

유동식은 한국에는 조직화되고 체계화된, 즉 기성종교와 같은 고유한 민족 종교가 없었다고 주장하면서[33] 우리 문화사의 중심에 흐르고 있는 종교들은 다른 문화권에서 다른 사람들의 영성을 바탕으로 형성되고 성장한 외래종교들이라고 파악했다.[34] 또한 한국인의 심성 형성과 관련하여 결정적인 종교적 요인이 샤머니즘(shamanism)과 유교라는 점,[35] 한국문화사의 특이성은 한국문화를 지배해온 종교가 각 시대를 따라 완전히 바뀌어왔다는 점,[36] 그리고 민족의 수난과 종교성 심화[37] 등을 들었다. 그는 이러한 면모를 기독교 입장에서 복합적으로 생각해볼 때 우리 민족이 고난을 당하던 시대인 1930년 전후의 상황에서는 신비주의의 태동과 성장이 지극히 필연적일 수밖에 없었다고 파악했다. 유동식의 이러한 논지는 '한 멋진 삶'으로 대변되는 자신의 풍류도(風流道) 신학에 기반을 둔

---

32) 민경배, 「한국의 신비주의사」, 221쪽.

33) 유동식, 「한국인의 영성과 종교」, 『그리스도교와 겨레문화』(서울: 기독교문사, 1991), 119쪽.

34) 유동식, 「한국인의 영성과 종교」, 131쪽.

35) 유동식, 『한국종교와 기독교』(서울: 대한기독교서회, 1977), 193쪽.

36) 유동식, 「한국의 종교들」, 『종교현상과 기독교』(서울: 연세대학교출판부, 1984), 53쪽.

37) 나채운, 「우리 민족의 심층적 의식구조에 관한 한 고찰」, 『그리스도교와 겨레문화』(서울: 기독교문사, 1991), 167쪽.

것이기도 하다.

시어러는 1933년 베른하이셀(C. F. Bernheisel)과 필립스(C. L. Phillips) 등이 한국에서 보고한 문서들을 토대로 한국에 들어온 신령파(神靈派) 형태의 광신주의 현상에 대해 심각하게 우려를 표한 바 있다. 그는 한국인이 마음에 품은 샤머니즘적인 종교 배경이 한몫을 담당했다고 보았으며, 그 결과 광신주의와 샤머니즘이 혼합된 양상이 전개되었다고 주장했다. 당시 시어러가 취합한 보고서들의 내용 일부를 소개하면 다음과 같다.

교회는 지금 고난과 시련의 때를 당하고 있다. 한국에는 소위 복음 전도자라고 하는 많은 사람들이 있는데 그들은 실상 교회와는 아무런 관련도 없으며 전국을 이곳저곳 돌아다니면서 이상한 교리를 가르치고 많은 사람들의 신앙을 현혹시키고 있다.[38]

한국에는 새로운 광신주의가 들어왔는데 이것은 일종의 신령파 형태의 종교이며 우리의 교회에 막대한 손해를 입히고 있다. (중략) 오늘날 한국교회의 가장 큰 위험은 그 자체 안에 있다. 우리는 이들 소위 성령이 충만한 무리들(필립스의 냉소적 표현임 - 필자 주)에게 속아 넘어가는 많은 신자들을 잃게 될 것이다. 그 무리들은 우리의 교회로부터 떨어져 나가서 새로운 집단을 형성하고 괴상한 방법으로 기도와 예배를 행하여 나갈 것이다.[39]

---

38) C. F. Bernheisel, *Annual Personal Report to the Board of Foreign Missions of the Presbyterian Church U.S.A.*(Pyongyang, Korea: 1933). Roy E. Shearer, 『한국교회성장사』, 88쪽에서 재인용.

39) Charles L. Phillips, *Annual Personal Report to the Board of Foreign Missions of the Presbyterian Church U.S.A.*(Pyongyang, Korea: 1933). Roy E. Shearer의 『한국교회성장사』에서 재인용. 베른하이셀과 필립스의 보고서에 대한 시어러의 해석은 같은 책 88-89쪽을 참고할 것.

위의 보고문에 나타난 신비주의 양상은 '이상한 교리', '현혹', '광신주의', '신령파 형태', 냉소적 표현으로서의 '성령이 충만한 무리들', '새로운 집단', '괴상한 방법' 등의 표현에 함축되어 있다. 이 보고서가 작성된 시기와 장소가 1933년 평양이었다는 점을 감안하면 베른하이셀과 필립스가 언급하는 광신주의 혹은 신령파 형태란 1933년 예수교회 설립과 연결된 원산계의 스웨덴보르기아니즘과 깊은 관련이 있을 것이다. 비슷한 시기, 박형룡이 원산에 뿌리를 내린 스웨덴보르기아니즘을 겨냥하여 『신학지남』에 「반신학적 경향」을 게재한 때가 1933년 3월이었고, 「스웨덴볽과 신(新)예루살렘교회」 1, 2, 3편을 『신학지남』에 내리 연재한 것은 1934년 3월, 4월, 5월이었다.

2
시대적 정황과 이용도 신앙과의 접목

앞서 제1절에서 고찰한 일제의 식민정책, 사회주의의 침투, 형식화된 교회의 문제, 한국인의 종교적 심성은 1930년을 전후하여 이용도의 신비주의가 당시 상황에 적합하도록 정형화되어가는 배경이 되었다.

첫째, 우선 이용도의 신앙은 일제의 강압적인 식민정책 및 천황제와 관련되어 있다. 비록 일본의 무단정치가 3·1독립운동 이후 명목상의 문화정치라는 그럴듯한 양태로 채색되었지만 1920년대의 시대적 상황은 한국인의 이성과 심성을 일본 국체에 동화시켜가는 모양새로 전개되었다. 이러한 시대적 정황은 신비주의와 묵시문학이 발흥하는 터가 되기에 적절했다. 이용도의 독립운동과 관련하여 강점기의 민족을 향한 사랑은 그가 협성신학교에 진학한 1924년을 기점으로 실천적인 면에서 완전히 다른 양상을 띠었다. 그는 목회사역자의 길에 입문하기 전 3·1독립운동에 가담하여 2개월간 구금된 바 있고, 1920년에는 기원절(紀元節) 사건과 관련하여 반년 동안, 1921년에는 불온문서 사건으로 반년 동안 옥고를 치렀다. 계속해서 1922년에는 태평양회의 사건으로 2년 징역형을 언도 받는 등 1924년 협성신학교에 진학하기 전까지 적어도 네 차례에 걸쳐 3년 어간의 수감생활을 했다.[40] 이세형은 이용도가 독립운동에 참여한 사실을 교회에 출석하던 신앙인으로서 역사와 사회 속에 하나님의 정의를 실현하기 위한 신앙운동의 일환이었다고 파악했다.[41] 그는 신학에 입문하기 전 한국독립과 민족을 위해 살아야 할 것을 사명으로 여겨 신학으로서는 결코 이 사명을 감당할 수 없다고 판단하고 신학교 진학을 사양했을 정도였다.[42]

그러나 이후 신학을 이수하고 목회사역에 전념하면서부터 그의 민족애는 신비 성향을 띤 신앙 양태로 탈바꿈했다. 즉, 이용도의 부흥운동은 더 이상 무력적 항거가 아닌 '열정적 부흥운동'이라는 새로운 차원으로 승화되었다.[43] 1929년 12월과 이듬해 1930년 1월의 일기에 기록된 다음 글들은 그의 민족애가 신앙으로 만개(滿開)되어 나타난 대변적인 염원이자 고백이다. 그는 민족이 당하는 고통을 그리스도의 고난에 편승시킴으로써 자신이 줄곧 지향했던 고난의 신비주의와 맥락을 같이했으며 그리스도를 통해 동포의 생명이 소생하기를 소망했다.

약소한 민족 우리들은 세상의 한 노예로 십자가 형틀을 지고 갑니다. 우리는 벙어리와 같이 우리의 맞을 모든 매를 맞아 상하신 당신을 말없이 우러러 뵈올 뿐입니다. 異敎의 지배자(일본제국을 염두에 둔 표현 —

---

40) 『이용도전』, 23–24쪽.

41) 이세형, 「시무언 이용도 목사의 예수론」, 181쪽.

42) 『이용도전』, 25쪽.

43) 이 점에 대해서는 필자의 다음 논문을 참고할 것. 안수강, 「이용도(李龍道)의 민족사랑 고찰」, 『백석저널』 제4호(2003년 가을), 33–34쪽. 이용도의 민족사랑은 그가 신학에 입문하면서부터는 더 이상 물리적 항일 투쟁 방식이 아니라 내면적 신앙 운동으로 전환되었다.

필자 주)는 우리 머리에 가시관을 씌우고 우리는 억지로 사회적 계급의 바늘 침상에 눕게 됩니다.[44]

나는 저주를 받았노라. 이 무리들을 위하여 저주를 받았노라. 저주 받은 나의 눈은 눈물에 빠져 있노라. 저희들이 흘린 눈물을 내가 흘림이로다. 저주받은 나의 가슴은 아픔을 느끼노라. 가슴을 치고 탄식하노라. 저희들을 인하여 내 피는 마르고 내 살은 떨리노라. 오 - 동포들아 내 피를 마시라. 그러나 언제까지 마시려느냐? 오 - 동포들아 내 살을 먹으라. 오 - 그러나 언제까지 먹으려느냐. 나는 너희를 위하여 왔으니 먹고 마시라. 그리고 살아라. 영원히 충실하여라.[45]

둘째, 사상적 혼란, 즉 사회주의 침투와의 관련성이다. 사회주의자들은 전 세계 무산계급 혁명을 목표로 한 사회주의 운동만이 일본의 군국주의를 무너뜨릴 수 있다는 이상을 지녔고 민족구원과 관련해서도 사회주의 사상을 같은 지평에서 이해했다. 그러나 이용도의 입장에서 그의 신비주의는 이러한 사상적 혼란과 관련하여 역설적으로 오히려 반작용 선상에서 형성되고 강화되었다. 그에게 사회주의 침투에 대한 반응은 철저하게 유물론의 질곡에 저항하는 사상적 · 신앙적 투쟁이라는 반작용의 양태로 나타난다. 변종호에 의하면 사회주의가 침투하던 당시 이용도 역시 담임목회 초기의 반년 동안 사회주의 영향을 받아 사회문화적으로 인

---

44) 『이용도 일기』, 67쪽. 1929년 12월 21일자 내용. "어떤 시인이 성탄절에 그 벗에게 보낸 시"라고 메모되어 있다.

45) 『이용도 일기』, 92-93쪽. 1930년 5월 6일자 내용.

본주의의 신앙으로 전락하는 양상을 띠기도 했다.[46] 그렇지만 어차피 이용도의 정적 · 내적 · 영적인 것을 추구하는 신비주의는 유물론과 무신론에 치우치는 사회주의 사상과는 추호라도 영합될 수 없는 성질의 것이었다. 변종호는 이용도가 작성한 1928년도 일기 내용에는 그 당시 한국에 전래된 유물론과 공산주의에 대한 사상적 · 신앙적 투쟁이 기록되어 있다고 증언했으나 안타깝게도 6 · 25동란 때 모두 소실되어 그 내용을 확인할 수 없다.[47]

셋째, 형식화된 교회 문제와의 관련성이다. 당시 기독교계 유력한 인사들이 진단한 물질주의의 만연, 의식적 · 미신적 · 분립적 · 이기적 교회 상, 영적 윤택의 부재, 도덕의 무력과 종교의 부패, 외식주의, 교권주의 등의 배경은 신비주의가 태동할 수 있는 적절한 터였다. 제6장 제1절, '교회관과 신비주의와의 접목'에서 자세하게 살펴보겠지만, 이용도가 장로교 측으로부터 무교회주의자라는 정죄를 감수하며 형식주의로 치닫는 한국교회를 강도 높게 비판할 수 있었던 것도 그의 신비주의 성향에 바탕을 둔 성속이원론과 금욕주의 사상 때문이었다.

넷째, 한국인의 체질화된 종교적 심성과의 관련성이다. 한국인의 심성 형성에 대한 종교적 요인이 샤머니즘과 유교라는 점, 한국문화사의 특이성은 한국문화를 지배해온 종교가 각 시대를 따라 바뀌어왔다는 점(가령 삼국시대와 고려의 불교, 조선의 유교, 현대의 기독교), 그리고 민족의 수난과 종교성의 심화와의 관계성 등을 기독교 입장에서 복합적으로 생각해볼 때 민족적으로 고난을 당하던 시대인 1930년 전후의 정황은 충분히 신비주

---

46) 『이용도전』, 34쪽. 변종호는 이때 이용도가 약 반년 동안 중심을 잃은 모습으로 지향 없는 걸음을 걸었다고 술회했다.

47) 『이용도 일기』, "서문"과 "목차"; 『이용도 사모 50년』, 203-204쪽.

의가 태동할 만한 배경이 될 수 있었다는 논리적 근거를 갖는다. 이용도의 신앙과 신비주의에서 한국인의 종교적 심성은 그가 동적·외적·물량적인 서양의 기독교를 단호하게 거절하고 정적이며 내적인 동양적 양태의 기독교를 추구하려 한 노력과 깊은 관련이 있다. 그는 서구의 제국주의를 가리켜 전쟁욕, 권세욕, 소유욕의 '삼마녀(三魔女)'라고 규정지었으며 따라서 서양은 더 이상 주님께서 거하실 처소가 될 수 없다고 단정했다.

> 서양의 기독교는 동적(動的), 동양의 기독교는 정적(靜的). 西洋＝物－現代的－形式! 外的. 東洋＝靈－來世的－神秘－內的. 西洋人은 外的의 것을 더 찾았다. 이제 신비적인 것을 동양인이 찾아야겠다.[48]

> 세계는 지구 정복에 주린 구라파의 욕심 앞에 놀라 떨고 섰습니다. 제국주의는 맘몬(錢神)의 손에 들어가서 부정한 환희의 춤을 추고 전쟁욕 권세욕 소유욕－三魔女는 구라파의 노변에서 잔치의 술을 마시고 있습니다. 저 구라파 천지에는 당신이 유할 곳이라고는 一間一屋도 남지 않았습니다. 오시옵소서. 그리스도여 발길을 돌려 이리로 오시옵소서. 아세아에서 당신의 처소를 잡으십시오.[49]

이렇듯 이용도가 추구한 동양적 양태의 신비주의 성향은 철저하게 전쟁, 권세, 소유를 지향하는 서구의 맘몬이즘(mammonism)을 극복하고, 오직 정적이며 내적인 면에 가치를 둔다. 그는 주님의 새로운 처소는 더 이

---

48) 『이용도 저술집』, 209. 語錄 (2).
49) 『이용도 일기』, 67쪽. 1929년 12월 21일자 내용.

상 맘몬이 주도하는 부정부패한 유럽이 아니라 바로 동양이라고 자부하고 있었다.

4장

이용도의
생애와
신비주의
형성 배경

1
이용도의 생애[1]

이용도는 1901년 4월 6일 황해도 금천군 서천면 시변리에서 불신자 이덕흥과 독실한 신자 양마리아 사이에 셋째아들로 출생했다. 그는 시변리 교회 전도부인이었던 모친 양마리아의 영향을 받아 어려서부터 신앙생활에 충실했다.

고향 시변리에 소재한 공립보통학교를 졸업한 후 윤치호가 설립한 개성 한영서원(韓英書院, 1906년 개원하여 1917년 송도고등보통학교로 설립인가)에 1915년에 입학하여 1924년에 졸업했다. 한영서원 재학 중 3·1독립운동에 가담하여 2개월간 투옥되었고, 다시 1년이 채 못 되어 1920년 2월 11일 기원절(紀元節, 일본 건국기념일) 사건에 연루되어 6개월간 개성감옥에 구

---

[1] 『이용도전』, 17–212쪽에서 발췌하여 요약함. 변종호(편)의 이용도전은 ① 소년시대(18–21쪽) ② 중학시대(21–22쪽) ③ 애국(독립)운동시대(23–25쪽) ④ 신학시대(25–34쪽) ⑤ 聖役時代 (34–171쪽) ⑥ 在天居地時代(171–201쪽) ⑦ 昇天入榮(202–212쪽) 등 모두 일곱 단계로 편성되어 있다. 기타 참고 자료들: 「죠선예수교장로회총회 데二十二회 회록」 基督 敎朝監理會 東部·中部·西部·第二回聯合年會會錄(1932年 3月), 基督敎朝鮮監理會中部年會第三回會 錄(1933年 3月), 南監理敎朝鮮每年會第十三回會錄(1930年 9月), 「「이세벨」 무리를 삼가라」, 『기독신보』(1932년 12월 14일, 제1면) 등.

금되었다. 1921년 성탄절에는 불온문서 사건으로 체포되어 6개월간 옥고를 치렀고, 1922년 가을에는 태평양회의 사건에 연루되어 2년 징역형 선고를 받는 등 독립운동과 관련하여 모두 네 차례에 걸쳐 3년 어간 영어(囹圄)의 생활을 했다. 1995년 김영삼 문민정부에서는 이용도의 독립운동 공훈을 기려 대통령 표창을 추서했다.[2]

한영서원을 졸업한 후 한영서원 학교장 왓슨(Alfred W. Wasson, 王永德) 선교사의 추천을 받아 1924년 협성신학교 영문과에 입학하여 1928년 졸업하면서 강원도 통천교회(通川敎會)에 담임 교역자로 파송 받아 부임했다. 같은 해 12월 28일 새벽 통천교회에서 기도하던 중 환상 중에 악마를 격퇴시키는 신비로운 체험을 했고, 한 주 후쯤인 1929년 1월 4일 양양에서도 유사한 체험을 한 후부터 교파를 초월하여 부흥사로 활동하기 시작했다.

1930년 9월 28일 감리교 연합연회에서 목사안수를 받은 후 1931년 6월 연합연회에서 서울 지역에 파송 받아 순회부흥사로 사역했다. 1931년에는 평양중앙교회를 비롯하여 재령동부교회와 서부교회, 경남 거창교회, 간도 용정교회, 국가자교회, 두도구교회, 평양남문외교회, 함흥영무수양회, 황해도 은률교회, 선천남부교회와 북부교회, 서울 아현성결교회, 경남 통영교회, 사천교회, 충북 진천교회, 서울 삼청동교회, 중앙전도관, 인천 내리교회, 개성남부교회, 화천교회, 평양 명촌교회와 산정현교회 등 교파를 초월하여 주로 장로교의 중심지인 서북지역과 감리교 판도의 경인(京仁)지역을 중심으로 부흥집회를 전개했다.

1931년 8월 장로교 황해노회에서 금족령을 내렸으나 1932년 한 해 동안만 해도 동대문, 인천 내리, 서울 자교, 연화봉, 서울 상동, 도화동,

---

2) 독립유공자공훈록편집위원회(편), 『독립유공자공훈록(제13권)』(서울: 국가보훈처, 1996), 304쪽.

강원도 양구, 용두리, 서울 신설동, 채부동, 평양 명촌, 평양 신암, 평남 한포, 충남 당진, 서울 광화문, 평남 안주, 운산 북진, 해주 남본정, 서울 자교, 황해도 신계, 양주 월계리, 서울 중앙전도관 등 장로교와 감리교를 가리지 않고 부흥집회를 강행했다. 그의 부흥회 주제는 '회개', '기도' 그리고 '사랑'이었다. 그는 부흥집회를 인도할 때마다 교역자들과 교인들의 회개를 촉구했고 특별히 교회의 형식주의, 정체현상, 타락상을 지적하며 강도 높게 비판했다.

계속 이러한 양상으로 부흥운동이 전개되자 기성교회들로부터 비판을 받게 되었고 특히 그의 영향으로 결성된 평양기도단 활동, 한준명의 평양 강신극 사건, 스웨덴보르기아니즘 운동 그룹인 유명화, 백남주, 한준명 등 원산계 신비주의자들과의 교류 등에 연루되면서 곤란한 상황에 처했다. 한준명이 개입된 평양 강신극 사건 직후 평양임시노회가 개최되었고 1932년 12월 14일자 『기독신보』에서는 평양임시노회의 결의에 기초하여 그를 황국주 및 원산계의 신비주의자들과 더불어 '이세벨 무리'라고 질타하는 보도를 게재했다. 자신의 소속 교단인 감리교에서도 장로교 측의 입장을 고려하여 1932년 12월 중 경성교역자회에서 사문위원회를 개최했고, 1933년 3월 15일 중부연회에서는 이용도에게 목사직 휴직 처분이라는 중징계를 내렸다.

이러한 정황에서 교단 분립을 고민하던 이용도는 마침내 1933년 6월 3일 이호빈, 백남주, 이종현, 한준명 등과 더불어 기성교단을 이탈하여 미북장로교 선교 심장부인 평양에서 '예수교회' 설립을 선포했다. 이용도는 6월 6일 예수교회 창립공의회에서 총회장 직함인 초대 선도감(宣道監)에 취임했으며 이로부터 불과 3개월 후 1933년 9월 장로교 제22회 총회에서는 이호빈, 백남주, 한준명, 황국주 등을 포함하여 이용도를 이단으로 정죄하고 각 노회에 이들을 경계하라는 통첩을 내렸다. 장로교 제22회 총회록에 기록된 이단 정죄 결의 전문은 다음과 같다.

> 각 로회 지경 내 이단으로 간쥬할 수 잇는 단톄(리룡도, 백남쥬, 한준명, 리호빈, 황국쥬)에 미혹지 말나고 본 총회로셔 각 로회에 통첩을 발하야 쥬의식히기로(주의시키기로 – 필자 주) 가결하다.[3]

이용도는 이단으로 정죄 된 다음 달 10월 2일 오후 5시, 만 32세의 나이에 지병인 폐질환으로 세상을 떠났다.

---

3) 「죠선예수교장로회총회 데二十二회 회록」, 71쪽.

2
이용도의 신비주의 형성 배경

1) 사적 체험들

　　이용도의 신비주의는 어린 시절 불우한 가정환경, 신학생 시절 강동(江東) 집회에서의 신유 체험, 성탄절 성극 체험, 신학교 졸업 후 통천 교회에서의 마귀 격퇴 체험, 성탄절 체험, 양양에서의 마귀 격퇴 체험 등 어려서부터 목회 초기 단계에 이르기까지 독특한 체험들을 거치며 깊이 있게 체질화되었다.

(1) 불우한 가정환경

　　『이용도전』에 의하면 이용도는 어린 시절부터 학질 등 잔병치레를 많이 했고 신경이 과민한 편이었다. 그는 가난한 집안에서 성장했으며 눈물을 잘 흘리다 보니 다정다감한 사람이 되었다.[4] 민경배는 "그의 우울증, 그래서 환상을 잘 보는 심리적 통로는 그의 이와 같은 가정에서 왔으리라. 그는 14세 때 하늘에서 천사의 날개가 내려 덮이는 것을 볼 만큼 환상을 잘 보았다. 그의 예민한 선병질적(腺病質的) 감수성이 다 여기 그 연원이 있을 것"[5]이라고 했다. 또한 대주가(大酒家)로 불신자였던 부친 이덕홍의 핍박과 늘 학대받는 모친 양마리아의 고통을 지켜보며 자라났다.[6] 이용도의 절친한 친구였던 선교사 피터스에 의하면 모친이 핍박을 견디지 못해 어린 용도의 눈앞에서 양잿물 사발을 추켜 든 때도 수차 있었으며 부친 이덕홍은 가족들의 면전에서 칼을 휘두르며 교회에 출석하면 죽이겠다고 을러대기까지 했다.[7]

청년시절에는 민족을 사랑하여 독립운동에 투신했다가 네 차례나 투옥되어 3년여간 옥고를 치르는 등 그의 젊은 시절의 삶은 고뇌와 눈물로 점철되었다.

(2) 강동 집회에서의 신유(神癒) 체험

1925년 폐병 3기의 위기를 맞으면서 이환신의 고향인 평안남도 강

---

4) 『이용도전』, 18쪽.

5) 민경배, 「이용도의 신비주의 연구(한 교회사적 고찰)」, 『이용도 관계문헌집』, 44쪽. 천사의 날개가 마귀를 몰아내고 이용도를 보호한 내용은 『이용도전』, 20쪽에 소개되어 있다.

6) 『이용도전』, 19쪽.

7) Victor Wellington Peters, 「한국교회의 신비가, 시무언(是無言)」, 안성균 역, 『예수』(1989년 겨울), 44쪽; Victor Wellington Peters, 「시무언(是無言), 한국 기독교 신비주의자」, 박종수 역, 21쪽.

동에 이호빈, 이환신[이호빈, 이용도, 이환신 세 동기를 '삼이형제(三李兄弟)'라고 칭했음]과 더불어 요양 차 방문할 기회가 있었다. 그곳에서 이용도 전도사는 부흥집회를 인도해 달라는 권유를 받았고 일주일 동안 열정적으로 설교했다. 변종호에 의하면 찬송을 불러도 기도를 드려도 설교를 해도 그저 이용도가 무슨 말이든지 꺼내면 청중이 통곡과 감동으로 화답했다고 했다. 이용도는 신학생 시절에 이 부흥집회를 통해 자신의 폐병이 치유되는 신유의 은사를 체험했고 이를 계기로 주님께 자신을 온전히 바치고자 하는 신념과 확신을 갖게 되었다.[8]

이용도의 강동에서의 독특한 신유 체험은 예수 그리스도를 향한 사랑, 기도 그리고 은혜를 깊이 고백할 수 있는 동기가 되었다. 그가 특별히 이 체험과 관련하여 『신앙생활』 1932년 11월호에 게재했던 간증문을 소개하면 다음과 같다.

> 예수보다 더 貴한 存在는 나의게 잇지 아니합니다. 나의 일흠(이름-필자 주)이나 所有나 나의 苦難이나 平安이 다- 예수를 爲하여서만 必要하였고 가난하거나 富하거나 죽거나 살거나 내 平生 사랑할 이는 예수입니다. 엇지하야 예수를 사랑하느냐? 나는 예수를 信仰하야 病나흠을 엇엇고 모든 難問題를 解決하엿습니다. 나는 甚한 肺病으로 죽엄만 기다리다가 祈禱하는 中에 그리스도의 恩惠로 그 무섭은 難治病이 나허 只今까지 살어 잇는 것입니다.[9]

그는 신유를 체험할 수 있었던 근거를 '예수를 신앙하야'와 '기도하

---

8) 『이용도전』, 28-30쪽.
9) 이용도, 「사랑과 섬김」, 『신앙생활』(1932년 11월), 15쪽.

는 중에'라는 신앙고백과 연계시켰다. 강동에서의 신유 체험은 이후 그의 신앙 양태를 더욱 사적인 체험신앙으로 각인하고 강화해가는 각별한 계기가 되었다.

(3) 성탄절 성극 체험

협성신학교 졸업을 두세 달 앞둔 1927년, 이용도는 성탄절 행사에서 발표할 성극을 준비하기 위해 대본 「십자가를 지는 이들」을 직접 작성했다. 평소 이용도는 노래를 좋아하고 연극 연출에 특출한 소질을 지녔다. 그는 예수님으로 분장하여 십자가를 지고 갈보리 언덕까지 오르는 주연을 맡아 연기 이상의 놀라운 눈물의 체험을 했다. 생생하게 그리스도의 수난이 전개되는 장면에서 회장은 통곡의 눈물바다를 이루었다. 변종호는 이용도의 이 체험에 대해 그날 밤의 성탄극에서 다시 한 번 자신의 존재를 재인식할 수 있었고 자기가 작성한 각본이 신기하게도 자신의 일생을 미리 예고해주는 예언이 되었다고 술회했다.[10]

(4) 통천교회에서의 마귀 격퇴 체험

이용도는 1928년 협성신학교를 졸업하자마자 전도사 직분으로 강

---

10) 『이용도전』, 31-32쪽. 민경배는, 이용도가 이 성극을 체험한 후에 스스로 '고난의 그리스도' 로 처신하여 그리스도로서의 경건을 갖게 되었고, 세상을 떠나기 전 모(某) 여인에게 보낸 편지에서도 '겟세마네 골고다의 그리스도'로 자처했다고 했다. 민경배, 「이용도의 신비주의 연구(한 교회사적 고찰)」, 45쪽.

원도 통천교회에 부임했다. 같은 해 12월 24일 새벽 3시쯤 "아버지여, 나의 혼을 빼어버리소서. 그리고 예수께서 아주 미쳐버릴 혼을 넣어주소서."라고 기도하던 중에 사람도 짐승도 아닌 흉측한 형상의 마귀들과 혼신의 혈전을 벌여 퇴치시키는 신비로운 경험을 했다. 변종호는 이 환상 체험을 통해 그가 하늘의 권능과 용기를 얻을 수 있었으며 기도, 설교, 신앙생활에 더욱 굳센 힘과 생명을 얻는 동인이 되었다고 했다.[11]

(5) 성탄절 체험

통천교회에서 마귀와 격전을 벌인 다음 날, 1928년 성탄절 예배 때 통천교회에는 예상하지 못했던 놀라운 현상이 일어났다. 이날은 각별히 성탄절 절기라 하여 교인들이 평소보다 많이 출석했다. 묘한 것은, 이용도가 강단에서 몇 마디 메시지를 전하지도 않았는데 갑자기 회중 가운데 통곡하며 거꾸러지는 기묘한 현상이 나타났다. 오랫동안 불신상태, 배교 상태에 빠져 있던 성도들이 이 예배에 참석하여 통회 자복했으며 심지어 기독교를 적대시하며 교회를 핍박하던 청년들도 회개하는 역사가 일어났다. 이후 몇 주가 지나자 평소 50~60명에 불과했던 통천교회 출석 교인수가 150~160명으로 급격하게 늘었다.[12]

---

11) 『이용도전』, 36-38쪽.

12) 『이용도전』, 39쪽.

(6) 양양에서의 마귀 격퇴 체험

주일학교 연합회 간사로 있을 때 서울 모처(某處)의 강습회에서 시기를 받아 쫓겨난 후 실의에 잠겨 있던 이용도는 정오경 수면을 취하지 않은 상태에서 신기한 환상을 보았다. 무서운 형상을 가진 두 사람이 나타나 이용도의 강론을 듣기 위해 모여든 수많은 청년을 살육하는 장면이었다. 그리고 그들이 이용도를 향하여 칼을 겨누었을 때 이용도가 입김을 내뿜자 두 형상이 쓰러져 죽었다. 변종호에 의하면 이 현상은 결코 꿈이 아니었다고 한다. 이때 엎드려 기도하던 이용도는 하늘로부터 직접 계시를 전해 들었다고 한다. "네 입에 내 능력을 주노니 나가서 외치고 외쳐 마귀들을 쳐 물리라"[13]는 신탁이었다. 송길섭은 특별히 통천과 양양에서의 두 차례 마귀 격퇴 체험을 웨슬리(John Wesley)가 경험했던 알더스게이트(Aldersgate) 회심에 비견했다.[14]

2) 영향을 끼친 인물들

이용도의 신비주의는 사적 체험들뿐만 아니라 위인들의 전기를 탐독하는 과정을 통해서도 견실하게 그 체계를 형성해갈 수 있었다. 그에게 영향을 끼친 주요 인물들은 일기와 서간집 등 그가 남긴 원자료들과 주변 인물들의 회고와 증언에 기초하여 다음과 같이 정리할 수 있다.

---

13) 『이용도전』, 65-66쪽.
14) 송길섭, 「한국교회의 개혁자 이용도」, 『이용도 관계문헌집』, 209쪽.

(1) 모친 양마리아

이용도는 어려서부터 금천 시변리 교회 전도부인이었던 모친 양마리아의 독실한 신앙을 지켜보며 성장했다. 그의 신앙과 신비주의를 형성해가는 과정에 많은 인물들이 영향을 미쳤지만, 특별히 그를 믿음으로 양육한 모친의 영향이 지대했다는 점을 간과해서는 안 된다.

이용도에게 영향을 미친 인물들을 고찰할 때 연구자들은 그의 모친에 대해서는 거의 언급하지 않는다. 이용도는 불신자인 부친 이덕홍의 모진 핍박을 받았지만 모친의 신앙심이 그의 유일한 피난처가 되었으며, 모친의 위로와 보호를 받으면서 교회에 꾸준히 출석했다. 그는 이후 부흥집회 간증에서 애끓는 심정으로 모친의 깊은 신앙심을 간증하기도 했다.

> 내가 이렇게 주의 일을 위하여 나서게 된 것은 오직 나의 어머니의 신앙과 기도의 힘이올시다. (중략) 목숨을 끊으려고 하실 때마다 예수께서 나타나시사 『내가 있는데 네가 왜 비관하고 죽으려고 하느냐』 하심으로 다시 마음을 돌이키어 용기를 얻곤 하였다고 합니다. 나의 어머니는 자기의 신앙을 위하여, 친척과 자녀들의 신앙을 위하여, 참으로 애도 많이 쓰시고 울기도 많이 하시고 기도도 많이 하셨습니다. 이번에 만일 작은 능력이 나타나셨다면 이는 오직 나의 어머니의 기도의 힘이요, 이적이나 기사가 보여졌다면 이도 오직 어머니의 믿음의 힘으로 되어진 것이올시다.[15]

---

15) 『이용도전』, 47-48쪽.

위에 인용한 내용은 『이용도 목사전』에 소개된 장소와 일자 불기(不記) 부흥집회에서 전한 간증의 한 대목이다. 이렇듯 이용도는 자녀들과 친척들의 신앙을 돌보는 모친 양마리아의 헌신과 눈물, 견고한 믿음의 힘, 기도의 배경이 있었기에 견고하게 소명의식을 붙들 수 있었다.

(2) 어거스틴(Augustine, 354~430)

이용도의 주변 인물이었던 박재봉에 의하면 이용도는 가끔 어거스틴의 참회를 본받아 살기를 원한다는 고백을 했다고 한다.[16] 협성신학교 영문과 출신이었던 이용도는 어거스틴의 저서 『참회록』을 손수 번역했을 정도로 깊은 애착심을 가졌다. 이용도 사후에는 이용도가 생전에 번역해 두었던 『참회록』이 예수교회의 월간 기관지 『예수』 창간호(1934년 1월)부터 「성(聖)어구스틴의 참회록」이라는 제목으로 11 · 12월 병합호에 이르기까지 일 년 동안 연재되었다.[17]

이용도는 자신의 부흥회 주제 중의 대변적 모토였던 '회개'의 인상을 분명히 어거스틴에게서 찾았을 것이다. 이용도는 어거스틴과 관련하여 암브로시우스(Ambrosius)가 모니카(Monica)를 위로하며 격려했던 "눈물의 자식은 망하지 않는다"라는 구절을 인용하여 1930년 5월 17일자 일기에 기록해두기도 했다.[18]

---

16) 박재봉, 「용도씨의 인상」, 『이용도전』, 218쪽.

17) 『예수』 창간호로부터 11 · 12호 병합호에 이르기까지 한 회당 한두 페이지의 적은 분량으로 게재했다. 1993년 예수교회공의회에서 발행한 영인본 『예수1』을 볼 것.

18) 『이용도 일기』, 94쪽. 1930년 5월 17일자 내용.

(3) 프란시스(Francis of Assisi, 1182~1226)

이호운에 의하면 1930년 무렵은 만주와 한국의 여러 교회에 프란시스와 선다 싱의 감화가 진지하게 파급되던 시기였으며,[19] 이용도는 평소 프란시스전(傳)을 애독했다고 한다.[20]

이용도는 프란시스로부터는 고행과 탈물질주의의 교훈을 받았다. 1932년 7월 27일자 송창근에게 보낸 서신에 이 교훈이 의미심장하게 묘사되어 있다. 이때 송창근은 미국 유학을 마치고 귀국하여 평양 산정현 교회에 시무한 지 서너 달[21] 되던 무렵인 것으로 미루어 이 서신은 송창근을 배려한 목회서신의 의미를 담았다고 보아도 좋을 것이다. 송창근은 유학시절 프란시스를 존경하여 자신의 영어식 이름을 '프란시스 송(Francis Song)'으로 사용했다.[22]

당신(주님 - 필자 주)을 완전히 따라가게 하옵소서. 모든 세상의 껍데기를 다 벗어 던지고 푸랜씨쓰처럼 발가벗은 몸으로 다만 주님을 따라가게 해 주옵소서. 세상의 모든 치례가 다 나에게는 나를 죽이는 구속이 되었나이다. 오 - 주여 이 치례의 구속에서 나를 해방해 주옵소서. 그리고 자유롭게 주를 따라갈 수 있게 하옵소서. 이것만이 나의 생명을 내걸고 바라는 나의 소원이 아닙니까. 아! 그러나 이 소원을 가진지 해를 세어 몇 해였습니까! 그래도 아직 이루지를 못하였으니 이러다가

---

19) 이호운, 「내가 잊을 수 없는 사람들」, 『기독교사상』 제9권 제8호, 100쪽.

20) 이호운, 「내가 본 이용도 목사님」, 『이용도 연구 40년』, 89쪽.

21) 송창근이 조사 직분으로 산정현교회에 부임한 것은 1932년 4월 상순이었다. 송우혜, 『송창근 평전: 벽도 밀면 문이 된다』(서울: 생각나눔, 2008), 251쪽.

22) 송우혜, 『송창근 평전: 벽도 밀면 문이 된다』, 181쪽.

해는 서산에 걸리고 향로에 불조차 꺼지면 아- 나는 그냥 그 소원에서
나의 생명을 다하고 말 것입니다.[23)]

이용도는 프란시스의 삶이 그러했던 것처럼 이 세상에서의 겉치레
와 모든 것을 내버리고 오직 자기 자신을 부인할 수 있을 때 전심으로 주
님을 따를 수 있다며 산정현교회에 부임한 송창근을 격려했다.

(4) 토마스(Thomas A. Kempis, 1379~1471)

이용도는 토마스의 『기독성범(The Imitation of Christ)』에 대해 덕(德)과
의(義)와 고상한 묵상(黙想)이 어렵고 육체의 생각에 붙들려 고통과 번민에
사로잡힐 때면 이 저서를 읽었다고 했다. 그는 이 저서를 통해 자신의 연
약성을 성찰할 수 있었으며 심기일전하게 되었다고 고백했다.[24)] 1930년
11월 7일 김광우에게 보낸 서신에서는 『기독성범』이 우리의 길에 큰 빛
을 준다고 했으며,[25)] 『신앙생활』에 글을 게재할 때는 "십자가의 치욕에
열복(悅服)하는 자는 적다"라는 토마스의 경구(警句)를 따로 인용하여 소개
하기도 했다.[26)]

이용도는 『기독성범』을 통하여 "영적인 삶, 내적인 생활, 내적인 위

---

23) 『이용도 서간집』, 147쪽. 1932년 7월 27일자 내용.

24) 『이용도 일기』, 85쪽. 1930년 2월 12일자 내용.

25) 『이용도 서간집』, 35쪽. 1930년 11월 7일자 내용.

26) 『이용도 서간집』, 151쪽. 『신앙생활』(1932년 7월).

로를 찾을 수 있었다"[27]고 진지하게 고백했을 정도로 토마스의 이 저작은 그로 하여금 신령한 삶을 추구할 수 있도록 인도해주는 영적인 지표가 되었다.

(5) 시메온(Simeon, 1400년 전쯤)

이용도의 호 시무언(是無言)은 수리아 에데사 출신 성 시메온의 생애와 밀접하게 관련되어 있다. 그는 1929년 10월과 11월 『기독신보』에 시메온의 전기를 다섯 차례에 걸쳐 연재한 바 있다. 그는 시메온의 교훈적 행적으로서 그리스도가 당했던 영광의 욕과 수치를 갈구하는 자세, 원수까지도 사랑하라는 교훈, 자신을 바치는 헌신, 그리고 그리스도를 향한 갈망을 권고했다.[28]

변종호는 이 글에 이용도의 평생소원을 잘 알려주는 결단이 내재해 있었고, 그는 실제로 일생을 성자 시메온처럼 살았다고 회고했다.[29] 이용도는 1930년 봄 박정수에게 보낸 서신에서 성 시메온을 숭모한다고 고백했으며, 자신이 『기독신보』에 연재한 시메온의 전기를 읽어보라고 권유하기도 했다.[30]

---

27) Thomas A. Kempis, 『그리스도를 본받아』 조항래 역(서울: 예찬사, 1985). 제1부("영적인 삶을 위하여"), 제2부("내적 생활에 대한 충고"), 제3부("내적 위로에 대하여").

28) 이용도, 「성자예기」, 『기독신보』 1929년 10월 16일(제7면); 10월 23일(제7면); 10월 30일(제8면); 11월 13일(제8면); 11월 20일(제7면).

29) 『이용도 저술집』, 18쪽.

30) 『이용도 서간집』, 26쪽. 1930년 봄 박정수에게 보낸 서신.

(6) 니콜라스(Nicholas, 연대 미상)

니콜라스가 누구인지에 대해서는 구체적인 설명이 없다. 이용도는 1931년 1월 26일자 일기에서 니콜라스의 영적 생활에 대한 체험을 설교한 후 그의 영적 생활을 통해 '평화'와 '겸비'를 느꼈다고 기록했다.[31]

(7) 스웨덴보르그(Emanuel Swedenborg, 1688~1772)

이용도의 스웨덴보르그에 대한 기록은 서간집에 한 번 나타난다. '자기애'와 '세속애'를 버리고 주님과 동포들에 대한 사랑을 추구할 것을 권고하는 내용이 기록되어 있다.

> 애(愛)에 대하여 스웨덴봄 씨는 말하였습니다. 자기애와 세속애는 주님에게 대한 사랑과 동포애에 대한 사랑과는 상반되는 사랑이다. 자기애와 세속애는 지옥에 속한 애라. 이 지옥에서는 최대의 권위를 가지고 있는 자이니 실로 사람의 속에 지옥을 만드는 것은 이것이었나이다. 그러나 주님에 대한 사랑과 동포에 대한 사랑은 천국에 속한 사랑이라. 천국에서는 역시 최대의 세력을 가지고 있는 자이니 실로 사람의 가운데에 천국을 이루는 것은 이 사랑이었나이다.[32]

이용도는 스웨덴보르그가 논한 사랑이야말로 사람들 가운데 천국을

---

31) 『이용도 일기』, 116쪽. 1931년 1월 26일자 내용.
32) 『이용도 서간집』, 101쪽. 1932년 1월 5일 김예진에게 보낸 서신.

실현하는 가장 큰 위력이라고 했다. 그는 자기애와 천국에 속한 사랑을 구분하고 진정한 사랑은 자신의 범주를 초월하여 철저하게 이타적(利他的)이어야 한다는 점을 강조했다.

(8) 톨스토이(Lev Nikolaevich Tolstoi, 1829~1910)

이용도에게 톨스토이는 가장 올바른 인생의 의의를 제시해준 인물이자 하나님을 섬기는 교훈을 심어준 고고(孤高)한 스승과도 같았다. 그는 1930년 1월 17일 김광우에게 보낸 서신에서 톨스토이는 그 누구보다도 자신에게 인생의 의의를 잘 가르쳐준 선생이요 그를 통하여 더욱 예수님을 잘 믿기에 이르렀다고 감격스러워했다.[33] 1929년 일기에서는 가장 옳은 인생의 의의는 하나님을 섬기며 천국을 건설하는 데 있다고 말한 톨스토이의 글을 인용하여 기록해두기도 했다.[34]

톨스토이는 『참회록(A Confession)』을 저술한 이후 술과 담배를 끊은 채 채식주의자가 되었다. 그는 이상적인 삶, 순수한 절제의 삶을 지향했으며 박애주의 운동에 참가하여 기아에 허덕이는 불우한 형제들을 돕기도 했다.[35] 톨스토이의 이러한 행적은 한결같이 고(苦), 빈(貧), 비(卑)의 절제된 생활로 본을 보여주었던 이용도의 고결한 생애와 접맥된다.

---

33) 『이용도 서간집』, 22쪽. 1930년 1월 17일 김광우에게 보낸 서신.

34) 『이용도 일기』, 70쪽. 1929년 일기보유(日記補遺)에 기록.

35) Leo Tolstoi, 『톨스토이 참회록』심이석 역(서울: 크리스챤다이제스트사, 1992), 27쪽.

(9) 타고르(Rabindranath Tagore, 1861~1941)

신규호는 타고르의 시와 이용도의 시는 그 주제나 형태상으로 미루어볼 때 유사한 점이 있다고 이해했다. 가령 신비주의적인 내용을 담았고 산문형식을 취하고 있다는 것이다. 그는 이용도가 타고르의 장편 산문시 「Gitanjali(獻詩, 1909년)」 중 제1연부터 제10연까지를 번역문 그대로 길게 옮겨 적은 점[36]을 들어 이는 그가 평소에 얼마나 타고르의 시에 심취되어 있었는지를 단적으로 입증한다고 했다.[37] 기탄잘리는 하늘에 바치는 사람의 헌시(獻詩)로서 인간과 신과의 융화, 화합과 인간정신의 위대한 승화의 결정체로 일컬어지며,[38] 동양적인 신에 대한 찬가(讚歌)로 알려져 있다.[39]

(10) 선다 싱(Sundar Singh, 1889~1929)

박재봉은 이용도로부터 선다 싱의 희생적 정신으로 살기를 원한다는 말을 들었다고 회고했다.[40] 이용도는 1930년 11월 7일에 김광우에게 보낸 서신에서 선다 싱의 저서는 우리의 길에 큰 빛을 주는 작품이라고 권하기도 했다.[41]

---

36) 『이용도 일기』, 172-176쪽. 1932년 6월 8일자 내용.

37) 신규호, 「시인 이용도론」, 『현대시학』(1988년 4월), 67쪽.

38) 신규호, 「시인 이용도론」, 68쪽.

39) 편집부(편), 『타고르 시선(詩選)』(서울: 어문각, 1987), 212쪽.

40) 박재봉, 「용도씨의 인상」, 『이용도전』, 217쪽.

41) 『이용도 서간집』, 35쪽. 1930년 11월 7일 김광우에게 보낸 서신.

이용도는 1930년 3월 18일자 일기에서 선다 싱의 전기를 읽고 나서 그를 스승으로 칭하게 되었으며 자신과 공명되는 점이 많다고 고백했다. 그는 전기에 대한 짤막한 서평을 통해 '성직순례', '주의 자취', '성적(聖跡)', '감격', '눈물', '찬송', '병', '명상', '추억', '감사', '기쁨' 등 신비주의적 성향과 연결될 수 있는 용어들을 연이어 구사했다. 그의 일기에 의하면 선다 싱의 전기를 1930년 3월 18일과 19일 이틀에 걸쳐 읽은 것으로 되어 있다.

> 썬다씽의 전기를 읽다. 그는 나의 스승! 나와 공명되는 점이 많다.
> 성직순례! 나는 거룩한 주의 자취가 남아있는 성적을 밟으려 길을 떠
> 난다. 감격, 눈물, 찬송, 病 뿐이 뒤끌어 오른다. 명상, 추억, 감사, 기쁨
> 이 솟는다.[42]

1930년 10월 21일 김광우에게 보낸 서신에서 선다 싱을 언급했는데 영과 진리, 명상, 기도와 관련하여 선다 싱을 연상하는 대목이 기록되어 있다. 그는 김광우에게 감격에 겨워 "미치도록 철저히 영과 진리의 나라로 쑥 들어가사이다. (중략) 명상과 기도는 창조와 발견의 나라에 들어가는 관문이올시다. 들어가십시다."[43]라고 자신감 넘치는 필치(筆致)를 구사했다.

---

42) 『이용도 일기』, 89쪽. 1930년 3월 18일자 내용; cf. 『이용도 일기』, 89쪽. 1930년 3월 19일자.
43) 『이용도 서간집』, 31-32쪽. 1930년 10월 21일 김광우에게 보낸 서신.

(11) 김교신(1901~1945)

　　일반적으로 『성서조선』에 글을 기고한 사람들은 사적인 신비체험을 말하지 않았고, 선다 싱이나 스웨덴보르그 같은 인물들의 선경(仙境)에 관한 소식을 담지도 않았으며, 유교적 성향이 깊었던 김교신 역시 같은 소신을 가진 사람이었다.[44] 그런데 이용도가 『성서조선』을 읽고 나서 주변의 몇몇 인물에게도 이 잡지를 권했던 것은 주목할 만한 점이다. 비록 그가 『성서조선』에 성경과 동등한 가치를 부여하여 주변 사람들에게 권장했던 것은 아니었지만,[45] 필자의 소견으로는 김교신의 진정한 애국심에 깊이 공감했기 때문이었으리라 본다.

　　이용도는 1924년 협성신학교에 입학하기 전까지 독립운동에 연루되어 네 차례에 걸쳐 3년여간 옥고를 치렀고 독립운동의 포부를 품고서 신학입문을 포기하려 했던 적도 있었다는 점을 감안할 때 각별히 민족을 생각하는 김교신의 애국심과 공감대를 형성했을 것으로 보인다. 1931년 장로교 황해노회에서 이용도에게 금족령을 내릴 당시 이용도를 고발하는 주요 사안 중 '『성서조선』 선전', '무교회주의자'라는 등의 항목[46]은 비록 오해에서 비롯되었지만 결코 우연한 것만은 아니었다.

---

44)　노평구(편), 『김교신 전집 제1권』(서울: 도서출판 경지사, 1975), 120쪽.

45)　『이용도 서간집』, 80쪽. 1932년 10월 중 김인서에게 보낸 서신.

46)　『이용도전』, 102쪽.

(12) 단편적으로 언급된 인물들

전술한 인물들 외에도 1929년도 말엽의 일기에 단편적인 형식으로 여러 인물을 기술했다. 이용도는 김종직, 김안국, 이건창, 공자, 노자, 소크라테스, 플레토, 따이오게네스, 이솝, 데모낙쓰, 카토오, 라 폰테인, 코르네이유, 루소, 루터, 워싱톤, 에드워드 에베렡, 페스탈로치 등의 이름을 거론하고 이들이 남긴 어록을 낱낱이 기록했다. 이 중 주목할 만한 내용으로서 페스탈로치의 어록 "교육의 진체(眞諦)는 규칙 · 방법 등의 형식이 아니라 사랑 오직 사랑"이라는 문장을 기술한 대목이 있다.[47]

제5장 제2절, '직접계시관'에서 다루겠지만 종교와 사상을 초월하여 동서고금의 위인들을 흠모한 이용도의 소신은 일반계시를 중시한 점이나 불경, 사회주의 관련 서적, 무교회지(『성서조선』) 관련 서적을 읽고 다른 사람들에게 권장했던 태도와도 견주어 생각해볼 수 있다.

※ 최태용, 신흥우의 적극신앙단(積極信仰團)

이용도의 신비주의의 배경이 될 만한 인물이나 단체를 거론할 때 복음교회를 설립한 최태용, 신흥우가 주도한 적극신앙단 등이 제시되기도 하지만 필자는 최태용, 신흥우의 적극신앙단에 대해서는 동의하지 않는 입장이다.

『신앙생활』의 인우동인 모 씨(某氏)에 의하면 최태용은 초교회적 · 초성경적 위험성을 지닌 인물이어서 한국교회에서 용납하기 어려운 사상가였으며 성경계시의 종결을 부인하는 인사로 알려져 있었다.[48] 물론 이

---

47) 『이용도 일기』, 69-70쪽. 1929년 일기보유(日記補遺)에 기록.

48) 「최태용 씨의 인상」, 『신앙생활』(1935년 2월), 30-31쪽.

용도를 부정적으로만 보려는 경우 일맥상통할 만한 연관성들을 들추어 낼 수도 있겠지만 최태용과 이용도가 사상적으로 교섭되지 않는다는 점은 김인서의 글 「이용도 목사 방문기」에 나타난 김인서와의 대화에서 발견할 수 있다. 이용도는 그에게 "나는 通信할 일이 업는 걸", "나는 崔氏(최태용－필자 주)에 對하야 仔細히 모르거니와"라고 자신의 입장을 분명하게 밝힌 바 있다.[49] 최태용은 신비주의나 정적인 면에 치우치는 기독교를 김교신만큼이나 싫어했고 배척했다[50]는 점으로 미루어볼 때 이용도와는 교분이 없었던 것으로 보인다. 신흥우가 이끈 적극신앙단의 경우 "5개조의 적극신앙선언" 제2항에 '나는 하나님과 하나가 되고'[51]라는 문구가 있어 신비주의 합일사상과 연계하여 논할 만한 일말의 단서가 있기는 하지만, 신흥우는 사적으로 이용도와 교제를 나눈 적은 없었다.[52] 또한 그의 일기나 서간집에서 신흥우와 관련지을 만한 단서를 발견할 수 없다.

※ 유명화와 백남주 등 원산신학파

원산신학파의 경우에는 당시 예수교회의 설립배경과 이용도의 신앙, 그리고 그가 처했던 입장 등을 복합적으로 고려해야 이해할 수 있다. 사실 이용도의 몰락에 결정적인 영향을 준 인사들은 접신 입류를 주장하던 원산계의 신비주의자들이었다. 평양 강신극 사건을 주도했던 한준명, 이단 서적 『새 생명의 길』을 저술한 백남주, 입류녀 유명화가 바로 그들

---

49) 김인서, 「이용도 목사 방문기」, 『신앙생활』(1932년 5월), 31쪽.

50) 민경배, 「이용도와 최태용」, 『이용도 관계문헌집』, 113쪽.

51) 민경배, 『한국기독교회사』(서울: 연세대학교출판부, 2000), 421쪽.

52) 전택부, 『인간 신흥우』(서울: 대한기독교서회, 1971), 225쪽.

이다. 유명화는 신탁을 빙자하여 1933년 이용도에게 새 교회를 세우라고 종용했고,[53] 이용도는 여러모로 우환을 감내하던 중 같은 해 6월 3일 예수교회 설립을 선포했으며, 6월 6일에는 예수교회공의회 초대 선도감에 취임했다.[54]

이용도, 유명화 그리고 백남주 사이의 교류와 미묘한 관계에 대해서는 제7장 제1절, '예수교회 설립과정'에서 별도로 논할 것이다.

소결

지금까지 살펴본 이용도의 신비주의 배경을 그의 사적 체험 및 영향을 끼친 인물들과 관련하여 정리하면 다음과 같다.

첫째, 이용도의 독특한 사적 체험들은 그가 신비주의를 형성해갈 수 있었던 의미심장한 배경이 되었다. 먼저 어려서부터 불우했던 가정환경과 민족애를 들 수 있다. 그는 어릴 때 병약했고 가난했으며 신앙으로 인해 부친으로부터 모진 핍박을 받았다. 또한 전도부인이었던 모친이 감내하는 숱한 고난을 지켜보면서 성장했다. 청년기에 들어와서는 일제 강점기의 압박 받는 민족을 사랑하여 독립운동에 참여했다가 3년여간 옥고를 치르는 등 그의 삶은 애환과 눈물로 점철되었다. 그는 이러한 유소년기와 청년기를 거치면서 희생과 사랑의 정신을 체질화할 수 있었다. 협성

---

53) 김인서, 「용도교회 내막조사 발표(3)」, 23쪽; 임인철, 「예수교회 사략(1)」, 『예수』 복간 제10
      호(1992년 겨울), 43쪽, 50쪽.
54) 김인서, 「용도교회 내막조사 발표(3)」, 23쪽; 『예수』 창간호(1934년 1월), 29쪽.

신학교에 입학한 후에는 유소년기와 청년기의 삶을 신학과 접목하여 고단계의 고양과 승화를 이룰 수 있었다. 재학 중 강동 집회에서 자신의 폐병이 치유되는 신유를 체험하면서 주님께 헌신하고자 하는 돈독한 신앙심을 갖게 되었고, 졸업하기 전 성탄절의 드라마틱한 성극 체험은 고난의 그리스도 상을 자신의 삶에 각인하는 동인으로 작용했다. 협성신학교 졸업 후 통천교회에 파송 받은 이용도는 통천교회와 양양에서 두 차례에 걸쳐 마귀를 물리치는 신비로운 체험을 통해 능력과 계시를 체험했으며, 성탄절에 배교자들이 통회 자복하는 비상한 장면을 목격하면서 자신의 부흥운동의 모토인 회개하는 신자상을 깊이 있게 반영할 수 있었다.

둘째, 이용도가 신비주의를 내면에 깊이 형성해갈 수 있었던 외적 요인들로서 그에게 큰 영향을 끼친 인물들이 있었다. 그는 협성신학교에 진학한 후 신비주의의 기초를 다질 만한 다양한 서적을 탐독했다. 이용도는 자신이 읽고 감명을 받은 내용들에 대해서는 일기나 서간집에 꼼꼼하게 기록해두기도 했다. 이용도에게 영향을 끼친 인물들은 누구였는지, 그리고 구체적으로 어떤 영향을 미쳤는지 그의 일기와 서간집에 기술된 내용들 그리고 측근 인사들의 회고를 정리해보면 이용도에게서 발견되는 신비주의 성향들을 몇 가지 대변적인 주제들로 압축할 수 있다. 모친으로부터 받은 감명은 헌신과 눈물, 믿음, 기도였으며, 어거스틴에게서는 참회의 신앙을, 프란시스에게서는 고행과 탈물질주의를 통해 절대자에게 추종하는 신념을, 토마스에게서는 덕(德), 의(義), 묵상(黙想), 그리고 십자가의 치욕을 배웠다. 성자 시메온에게서는 그리스도가 당했던 영광의 욕과 수치, 사랑과 헌신, 그리스도를 향한 갈망의 차원을 체득했고, 니콜라스에게서는 평화와 겸비를, 스웨덴보르그에게서는 자기애와 세속애를 버리고 주님과 동포를 사랑할 것을 섭렵했다. 톨스토이에게서는 하나님을 섬기는 자세와 금욕을, 타고르에게서는 기탄잘리의 헌신과 신과의 융화를, 선다 싱에게서는 희생정신과 명상과 기도를, 김교신에게서는 애국심을, 페스탈로치로부터는 사랑의 정신을 전수받았다.

5장

이용도의
신비주의:
합일사상

이 장 '이용도의 신비주의: 합일사상'은 한국복음주의역사신학회 학회지 『역사신학논총』에 게재되었던 논문이며, 이 책의 집필 취지에 부합하도록 내용을 수정 보완했다. 안수강, 「이용도의 신비주의 고찰: 합일사상(合一思想)을 중심으로」, 『역사신학논총』 제16집(2008년), 125-155쪽; 안수강, 「이용도의 합일사상(合一思想) 고찰 – 생명의 역환, 성적 메타포, 기도관을 중심으로 –」, 『역사신학논총』 제18집(2009년), 112-145쪽.

이 장에서는 이용도의 신비주의를 고찰함에 있어 합일사상에 초점을 맞추고자 한다. 왜냐하면 그의 신비주의의 심각성은 합일사상의 문제, 즉 신과 인간의 구분이 모호해지고 극단적인 경우 신과 인간 사이의 신분상 차이마저 철폐시킴으로써 '연합'이 아닌 본질적 · 본체적 '합일'을 지향하는 데서 정점이 표출되기 때문이다. 앞서 제2장 제3절, '용어의 정의'에서 살펴본 것처럼 신비주의의 핵심적인 특징은 유니티로서의 신과 인간 사이의 궁극적 합일, 즉 신과 인간의 본질적 혹은 본체적 일치에 있다.

이용도가 정죄 되거나 비판을 받던 배경에는 항상 '신비주의'라는 낙인이 그 중심에 위치해 있었으며, 당시 보수성이 강한 장로교 측 인사들은 이용도를 극단적인 신비주의자이자 일원적(一元的) 합일사상에 심취해 있던 황국주와 유사한 부류로 단정했을 정도로 합일사상과 관련하여 매우 민감하게 반응했다.『기독신보』1932년 5월 25일자에 게재된 평양노회장 남궁혁의「훈시」에서는 신앙운동의 주관적 체험을 중시하거나 기성교회의 조직을 부인하는 태도, 직접계시관 등을 문제점으로 지적했으며,[1] 1932년 12월 평양임시노회 결의를 토대로『기독신보』에 게재된 사설 역시 같은 혐의를 적용하여 이용도를 황국주, 원산 여선지와 동일하게 이세벨의 무리[類]라고 규정했다.[2] 이용도가 이단으로 정죄되기까지 겪은 숱한 역정에는 교회정치적 · 신학적 다양한 이슈가 복합적으로 논의될 수 있다. 필자는 신학적 내용, 특히 문제 발단의 중심부에 위치하는 그의 신비주의 사상에 대해 고찰할 것이며, 그 핵심 논지를 합일사상에 두어 살펴보고자 한다.

---

1) 남궁혁,「훈시」,『기독신보』1932년 5월 25일, 제4면.
2) 「이세벨」무리를 삼가라」,『기독신보』1932년 12월 14일, 제1면.

이 장에서의 합일사상 연구는 각별한 의미를 갖는다. 그동안 이용도에 관해 다양한 소논문들과 학위논문들이 발표되기는 했지만, 그의 신비주의와 관련하여 '합일사상'이라는 단일주제를 1차 자료에 근거하여 다룬 사례는 없었기 때문이다. 이용도의 합일사상은 그의 신비주의가 지닌 문제점이 무엇인지를 판가름하는 주요 사안이었음에도 불구하고 그동안 심도 있는 중심 주제로 발전시키지는 못했다. 이 장에서는 합일사상을 고찰함에 있어 고난의 그리스도관, 직접계시관, 생명의 역환, 성적 메타포, 그리고 기도관을 중심으로 분석하고자 한다.

1

고난의 그리스도관에 나타난 합일사상

1) 고난의 그리스도관

우선 이용도의 신비주의 특징은 그동안 여러 연구자가 여출일구(如
出一口)로 논한 것처럼 고난의 그리스도관에서 발견할 수 있다는 점은 주
지의 사실이다. 이용도가 자신의 신비주의 성향에서 성부와 성령이 아닌
유독 성자의 '인성(人性)의 고난'에 초점을 맞춘 것은 자신이 체험한 인생
의 역정 또는 일제 강점기에서의 민족의 수난과 슬픔을 반영하려는 성향
과 관련지어 생각해볼 수 있다. 이 점을 이해하려면 이용도가 그리스도
를 대면하려는 정적(情的)인 통로로서 '고난'이라는 프레임을 설정했다는
점을 간파하는 것이 중요하다.

이용도가 그리스도와 신분동일화를 꾀했다는 근거로서 흔히 예수
그리스도와 '일화(一化)'를 이루고자 했다는 신비적 감격을 지적하곤 한
다. 가령 문제시될 수 있는 글로서 아래의 문장을 대표적인 사례로 들 수
있다. 그는 과감하게 '일화'와 '합일'이라는 용어를 구사했다.

주님은 나에게 끌리시고 나는 주님에게 끌리어 하나를 이루는 것이 었습니다(一化). 나는 주의 사랑에 삼키운 바 되고 주는 나의 신앙에 삼 키운 바 되어 결국 나는 주의 사랑 안에 있고 주는 나의 신앙 안에 있게 되는 것이라. 아— 오묘하도다 합일의 원리여! 오— 나의 눈아, 주를 바라보자. 일심으로 주만 바라보자. (중략) 나의 시선에 잡힌 바 주님은 나의 속에 안주하시리라.[3]

위의 문장에 구사된 '일화' 혹은 '합일'이라는 용어가 신비주의에서 말하는 '유니티'와 동일한 의미인지를 살펴보자. 박영관은 이 문장을 인 용하여 이용도의 '일화(一化)주의'라 했고, 신과 합일될 때 체험할 수 있 는 황홀경(恍惚境)의 상태이자 자아의 인격적 상실 단계를 의미하는 것으 로 보았다.[4] 그러나 문장의 흐름으로 보면 '주님'과 '나', 즉 예수님과 이 용도 사이의 신분 구분이 확실하다는 점에서 이 문장에서 이용도가 언급 하는 용어들을 본체적 혹은 본질적 일치를 뜻하는 합일사상으로 간주할 수는 없다. 이용도가 말하는 일화는 어디까지나 주님에게 이끌리는 것을 의미하며, 문맥상에서 이와 동의어로 구사된 '합일'은 이용도가 주의 사 랑 안에 그리고 주님이 이용도의 신앙 안에 존재하는 '연합'과 같은 의미 로 구사되어 있다. 따라서 '안에' 존재한다는 것은 '유니티'의 개념이 아 니라 바울 서신에서 관용적으로 표현된 '엔 크리스토'라는 문구와 마찬 가지로 '유니온', 즉 '연합'의 차원으로 해석하는 것이 정당하다. 이용도 의 일기나 서간집에 가끔 등장하는 용어로서 '일화' 혹은 '합일'을 문장의 흐름 속에서 분석하지 않은 채 무조건 문자적 의미에 준하여 '유니티'의

---

3) 『이용도 일기』, 118쪽. 1931년 1월 27일자 내용.
4) 박영관, 『이단종파 비판(II)』, 48쪽.

개념으로만 해석해서는 안 된다. 한숭홍은 신학자들이 이용도의 사상을 신인합일의 신비주의라고 단정하는 이유를 이 인용문의 '일화'라는 표현에서 기인한다고 보았으며, 그가 표현한 '일화'의 의미를 '신앙의 동화(同化)'로 파악하여 바르게 해석했다.[5] 김인수 역시 이 문장과 관련하여 이용도가 이끌어낸 신앙의 결론은 주님과의 완전한 합일에 있다고 봄으로써 중세 신비주의자들이 신과의 합일을 추구했던 신비사상과 맥을 같이하여 '연합'의 차원을 의미한다고 이해했다. 그러나 김인수는 이 일화사상이 그리스도와의 성애(性愛) 차원으로도 변화할 가능성이 있다는 여지를 남겨둠으로써 한숭홍과는 견해 차이를 두었다.[6]

그런데 이용도의 '일화'와 '합일'의 감격은 영화의 그리스도, 부귀와 명예의 그리스도가 아닌 비참한 고난의 그리스도상으로 연결되는 것이 특징이다. 그에게 그리스도는 결코 마태복음 24장 30절에 묘사된 '능력과 큰 영광'의 영화롭고 위엄에 찬 왕적인 존재가 아니라 오직 수치와 치욕을 당하시는 모습으로만 확연하게 부각되어 나타난다. 그는 『기독성범』을 대할 때도 "십자가의 치욕에 悅服하는 자는 적다"[7]는 토마스의 글을 심상에 깊이 각인했을 정도로 그리스도의 행적과 관련해서는 유난히 고난의 개념에 심취해 있었다. 그에게 고난이란 철저하게 성속이원론에 입각하여 세속을 탈피함으로써 오직 그리스도를 향하여 접근해가고자 하는 금욕주의적 고행과도 흡사하다.

성경은 요한복음을 읽으라. 33세의 한창 청년인 예수는 불쌍하게도

---

5) 한숭홍, 『한국신학사상의 흐름(하)』(서울: 장로회신학대학교출판부, 1996), 235쪽.

6) 김인수, 『한국기독교회의 역사』, 427-428쪽.

7) 『이용도 서간집』, 151쪽.

사형을 당하셨습니다. 갖은 수치와 욕을 다 당하셨습니다. 가시관, 끔
찍한 가시관을 쓰셨습니다.[8]

　　그대는 얼마나 주님을 사랑하시나요? (중략) 영광의 주! 부요의 주!
권세의 주! 장수의 주! 화락한 가정의 호주로서의 주! 어떠한 주님을
너는 사랑하느냐! 나에게는 일찍 영광도 없었으며 권세도 없었으며 부
요도 없었고 처자와 가정도 없었고 건강도 없었던 것 아니냐? 장수! 그
것도 물론 내게는 없었다.[9]

　　그런데 위의 인용문에서 문제시되는 것은 그리스도의 고난이 단순
히 그리스도가 당하신 고난의 차원에만 머무는 것이 아니라 차츰 이용도
자신에게로 미묘하게 전이(轉移)되면서 신분의 구분이 몰각되고 급기야
합일의 경지를 논할 수 있는 단계로 나아가는 단서들이 포착된다는 점이
다. 전술한 것처럼 신비주의에서 가장 위험한 요소 중의 하나가 바로 신
과 인간의 신분 구분의 철폐, 즉 '유니티'로서의 합일사상이다. 다음 글
을 보면 소위 드라마적 고난 체험을 통한 합일사상의 이미지가 선명하게
드러난다. 이러한 행태는 밀의종교(密儀宗敎, mystery religion) 의식[10]에서 발견
할 수 있는데, 가령 오시리스(Osiris)를 찾는 이시스(Isis)의 운명에 동참하는
드라마적 경배를 들 수 있을 것이다. 기독교가 말씀 중심이라면 신비종
교는 드라마 중심이며, 개인적 감정 몰입의 체험 없이는 신비스러운 현

---

8)　『이용도 일기』, 78쪽. 1930년 1월 18일자 내용.

9)　『이용도 서간집』, 135쪽. 1932년 5월 26일 K. T. Y.에게 보낸 서신.

10)　사제들과 입문자들은 그 드라마에 들어가서 여러 가지 의식적 행위들에 의해 신들과의 결합
　　을 이룬다. Gerhard Kittel(ed.), T. D. N. T.(IV), p. 805.

상을 실감할 수 없다는 것이 큰 특징으로 부각된다. 이용도에게 그리스도에 대한 접근은 밀의종교 의식에서 발견할 수 있는 실존적 체험이라는 특징을 함축한다. 변선환은 이용도의 글에서 특정한 문장을 인용하여 제시하지는 않았지만, 그의 글 전반에 밀의종교에서의 입신(入神) 체험과 비슷한 영감적 신비주의 망아(忘我)가 있다고 예리하게 간파했다.[11] 다음 글은 1933년 4월 4일자 일기에 기록된 내용으로 밀의종교 의식에서 나타나는 드라마틱한 감정 몰입 현상을 발견할 수 있는 대표적인 문장이다.

오— 현대의 조선천지에서 주님의 역할을 할 자 누구인고! (중략) 아— 한국의 양들은 누구를 보고 주를 생각할 수 있나요. 누구의 생활을 통하여 주를 이해할 수 있나요. 그 사람은 어디 있느냐. 주의 일을 할 자 어디 있느냐. 어서 나오라, 어서 나오라, 오— 주여 나는 무슨 역을 할까요. 나는 나의 적임처를 압니다. (중략) 울어라 성자야 울어라 성녀야 겟세마네는 어디 있어 나의 피눈물을 기다리누 (중략) 빌라도의 법정은 어디 있어 나를 기다리누. (중략) 오— 너 예루살렘의 거리야 너는 어디서 또 나를 기다리고 있느냐. (중략) 그 길 밟을 내 여기 있으니 그의 선혈(鮮血, 생생한 피-필자 주)을 마시던 너 골고다여 너는 어디서 또 나를 기다리느냐. 우리 주님 입으셨던 그 홍포어니 엮었거든 가져다 내게 씌우라. (중략) 아 나의— 골고다는 가까왔는데 (중략) 제사장의 무리여 나를 차거라. (중략) 그리하여 어서 속히 나로 하여금 나의 완성을 선언케 하라. 내 살과 내 피를 마신 후에야 내가 어디로부터 왔었는지 너희

---

11) 이 점에서 변선환은 유동식이 원산파를 신비주의로, 이용도를 광신파 또는 열광주의라고 보려는 견해에 대해 오히려 정반대로 특징지었어야 할 것이라고 반박할 정도이다. 변선환, 「이용도와 마이스터 에크하르트」, 『이용도 관계문헌집』, 144쪽, 166쪽.

가 알리라. 나를 땅 위에 보내신 자는 오직 내 아버지이심으로 그 때에
야 너희가 알지니라(이 표현은 이용도 자신에게 적용하는 말이라 해석을 해도 변명
의 여지가 없을 법한 내용이다-필자 주). (중략) 「오- 나는 다 이루었다」 어서
이 날이 와지이다. (중략) 밝은 해도 빛을 잃은 십자가의 중한 고초 견디
시고 피를 흘린 주의 뒤를 따라 가누나. 주가 인도하는 대로 따라가는
나의 자취 어느 지경까지라도 주의 뒤를 따라가누나. 겟세마네 동산에
서 너와 나의 죄 위하여 피땀 흘려 빌으시던 주의 뒤를 따라 가누나.[12]

민경배는 이용도의 고별사 비슷한 이 산문시에 나타나는 현상들로
서 우선 주의 모든 것이 나의 모든 것이 된다는 고난체험의 합리성은 자
기 자신을 고난의 그리스도와 동일시하는 위험을 가져온다는 점을 들추
면서 이러한 표현들은 이용도 자신이 주(主) 자신임을 넌지시 비치는 말
들[13]이라고 지적할 정도이다. 그러나 유금주는 이용도가 고난에서의 합
일을 말할 때 그것은 주의 일, 주의 기능으로서 이해된 고난과의 합일이
었을 뿐 그의 본체와의 합일이 아니었던 점에서 '고난의 신비주의의 기
독교 내적 위치'가 분명하다고 보았다. 그래서 이용도의 신비주의를 중
보자를 부인한 채 하나님과 자아 간의 합일을 추구하는 고전적 신비주의
와는 애써 구분지으려 한다.[14]
위의 문장을 분석함에 있어 필자는 민경배와 유금주의 견해가 문장
의 진전에 따라 '연합'과 '합일'이 양면적으로 비추어져 조명될 수도 있
다는 점에 유의해야 한다고 본다. 위의 인용문에서 "한국의 양들은 누구

12) 『이용도 일기』, 190-193쪽. 1933년 4월 4일자 내용.
13) 민경배, 「이용도의 신비주의 연구(한 교회사적 고찰)」, 『이용도 관계문헌집』, 52쪽.
14) 유금주, 『이용도 신비주의의 형성과정과 그 구조』, 106-107쪽.

를 보고 주를 생각할 수 있나요" 혹은 "누구의 생활을 통하여 주를 이해할 수 있나요"라는 문장에서는 신분이 '주님'과 '나(이용도)'로 분명하게 구분되어 있다. 또한 '주님의 역할'을 문장 중에 묘사된 '누구의 생활'과 같은 의미로 보아 거룩한 삶의 모습을 가리키는 것으로도 볼 수 있다는 점에서 유금주가 표현한 '주의 기능' 차원이라는 설명은 정당하다. 한 걸음 더 나아가 이 문장은 당시 직업적인 부흥사나 교권주의자들로 전락해버린 기성교회의 타락한 목회자들과 형식화된 한국교회 상을 통탄해하며 주님을 본받는 신실한 사역자의 역할을 강조한 것이라는 해석도 가능하다. '현대의 조선천지'는 이런 차원에서 그의 감정이 격화된 표현일 수도 있다. 합일의 문제와 관련하여 적어도 여기까지는 별 문제가 없다고 보아도 좋겠다.

그러나 간과해서는 안 될 점이 있다. 이 글이 게재된 1933년 4월 4일자 일기는 다른 일기와 달리 무려 10면에 걸쳐 산문시와 에세이 문장 형식을 취하여 감정이 격앙된 장문(長文)으로 기록되어 있으며, 1933년 3월 15일 감리교로부터 목사직 휴직 처분이 내려진 지[15] 불과 반 달여 만에 기록된 일기였다는 점에 주목해야 한다. 위의 문맥에서 인용문 전반부에 주님과 이용도의 신분이 엄밀하게 구분되어 있다고 해서 시종일관 반드시 신분동일화의 경지가 부정되는 것만은 아니다. 본래 신비주의의 드라마적 경배는 의식(儀式)의 초기 단계에서는 신분의 구분이 분명하게 나타남에도 불구하고 시간의 흐름에 따라 점차 감정이 고조되면서 극도의 자아몰각 현상이 동반되고 신인합일의 경지가 자연스럽게 표출되어 나타나기 때문이다. 드라마틱한 신인합일의 경지는 사람에 따라 차이가

---

15) 「99 각 연회 성황리에 개최」, 『기독교세계』(1999년 4월), 64쪽.

있으나 길어야 몇 분(分) 정도에 걸쳐 지속될 뿐이다.[16] 피터스에 의하면 한국의 종교현상에서 나타나는 무아지경 상태에서의 '신내림'은 일 분이나 이 분 동안 가끔씩 숨을 급하게 들이마신 후에 발생하며 이용도의 마지막 부흥집회들에 영매술(靈媒術)로 착각할 만한 현상이 잦았다고 한다.[17] 위의 인용문에서 "제사장의 무리여 나를 차거라", "어서 속히 나로 하여금 나의 완성을 선언케 하라", "내 살과 내 피를 마신 후에야 내가 어디로부터 왔었는지 너희가 알리라", "오 - 나는 다 이루었다"는 등의 표현은 분명히 예수 그리스도가 아닌 이용도 자신을 두고 하는 말이라 해도 변명의 여지가 있을 수 없다. 그러나 곧이어 나타나는 문구인 "중한 고초 견디시고 피를 흘린 주의 뒤를 따라 가누나"라고 기록된 문장은 신비주의의 드라마틱한 합일의 짧은 경지를 막 벗어나 자신의 신분을 정상적으로 회복한 대목이라고 볼 수 있다.

정리하자면 위의 인용문은 적어도 세 단계의 과정으로 맥락이 형성되어 있다. 제1단계는 '신분의 구분'(전반부), 제2단계는 '신분의 철폐'(자아몰각, 중반부), 제3단계는 '신분의 구분 회복'(후반부)이다. 즉 '신분의 구분(전반부) → 신분의 철폐(자아몰각, 중반부) → 신분의 구분 회복(후반부)'이라는 도식으로 순차적으로 전개되어 있다. 이용도는 위의 글을 통하여 자신을 밀의종교 의식에 연관 지을 수 있는 충분한 단서를 남긴 셈이다.

---

16) 이 점에 대해서는 이용도 당시 원산 신비주의자 유명화의 자아몰각 현상과 그 단계를 참고할 것. 최석주, 「「새 생명」의 발상지?(1)」, 『기독신보』 1933년 3월 15일, 제6면.

17) Victor Wellington Peters, 「시무언(是無言), 한국 기독교 신비주의자」, 박종수 역, 이용도신앙과사상연구회(편), 『이용도 목사의 영성과 예수운동』, 93쪽.

2) 신분 구분 분석의 문제

그동안 이용도에 관한 연구는 한결같이 '고난의 그리스도관'이 이용도의 신비주의를 대변한다 해도 과언이 아닐 정도로 관심의 주 대상이었다. 그러나 이 사상을 고찰함에 있어 보수주의 입장에 선 학자들은 일반적으로 고난의 그리스도가 이용도와 동일시되는 듯한 문장만을 단편적으로 발췌하여 해석함으로써 주님과 이용도의 신분의 구분이 확실하게 전개되어 있는 전후 문장은 간과해버리고 그가 유니티로서의 합일을 추구했다는 편협한 분석을 시도했다. 또한 이용도 개인이 처해 있던 고뇌의 정황을 충분히 고려하지도 않은 채 문자적 해석에만 치우치는 입장을 취하기도 했다. 반면 박봉배는 같은 방법론을 적용하면서도 이용도가 신비주의의 극치 경험을 했지만 하나님과 인간 사이에 엄격히 구별을 지었다는 점을 내세워 결코 그가 신비주의의 한계점을 벗어나지 않았다고 주장한다.[18]

사실 이용도의 글에는 자신을 포함하여 인간과 절대자(하나님) 사이의 '거리'를 철저하게 인정하는 표현들이 여러 곳에 나타난다. 이용도는 자신을 가리켜 '영원한 죄인'이라고 자처했으며, 영광 받으실 대상은 자신이 아니라 주님이심을 강조했고, 주님과 자신의 관계가 '창조주'와 '피조물' 사이라는 점도 고백했다. 자신은 주님의 주권 아래 종속되어 있는 한낱 '점토', '공', '연'이요, 마치 '아이'의 존재와도 같다는 것을 당연한 질서로 시인했다. 또한 주님의 생명과 인간의 생명을 논할 때 주님을 생명의 원천인 영계(靈界)의 태양에 비유함으로써 주님과 이용도 자신 사이에

---

18) 박봉배, 「이용도의 신비주의와 그 윤리성」, 133쪽.

분명한 '거리'가 있다는 점, 즉 신분상의 고하(高下) 구분을 시인했다.

오늘 주께서 나를 경책하심에 감사하옵나이다. 나는 영원히 죄인이
로소이다. 「내 생명이 다할 때까지 나의 부를 노래는 죄인오라 하실 때
에 날 부르소서」뿐[19]

수치를 받으려고 했더니 도리어 막대한 영광을 받게 하셨나이까. 목
사님은 무엇무엇 같다고 떠드는 소리를 들을 때 나의 얼굴은 죄송함과
부끄러움에 얼굴이 달아올랐나이다. 주여 나의 참람(이는 저들이 나를 참람
하게 한 것이지만)을 용서해 주옵소서.[20]

주께서 마음대로 주무르시옵소서. 주무르시는 대로 주물림을 받을
점토와도 같습니다. (중략) 나는 온전히 주의 피조물인 것뿐이로소이다.
주는 나의 창조주시며 나는 주의 작품이로소이다. 나의 존재는 주의 영
광을 위하여 주의 능력을 또 그 사랑과 큰 뜻을 증거하고 있는 조각품
이로소이다.[21]

나는 주의 놀리시는 대로 놀 공이올시다. 나는 공을 봅니다. 줄을 맨
공. 아이가 줄을 당기면 오고 늦추어 보내면 가곤 하는 그 공을 봅니다.
(중략) 나는 한 연이로소이다. 줄을 매어서 임자의 놀리는 대로 노는 연
이로소이다. 오르게 하면 오르고, 내리게 하면 내리고, 좌로 하면 좌로,

---

19) 『이용도 일기』, 73쪽. 1930년 1월 5일자 내용.
20) 『이용도 일기』, 74쪽. 1930년 1월 6일자 내용.
21) 『이용도 일기』, 113-114쪽. 1931년 1월 24일자 내용.

우로 하면 우로 (중략) 나는 주의 종이요, 연이요, 주의 아이올시다.[22]

靈界의 太陽은 主님 自身입니다. 主는 곳 빗치라 하심이 그것이외
다. 이 光은 곳 生命의 源泉입니다.[23]

위의 문장들만 분석해보면 이용도는 주님과 자신 사이의 신분상의
구분을 분명하게 고백했기 때문에 아무런 하자도 없는 것처럼 보인다.
그러나 이용도가 항상 이처럼 신분의 구분을 유지했던 것만은 아니었다.
이용도가 본체적 합일사상을 지향했다는 점을 일체 부정하고 이의를 제
기하는 유금주와 박봉배의 견해는 그가 '일순간' 자아몰각 현상과 더불
어 신분동일화에 빠지는 경향도 있었다는 '독특한 상황성'과 '시간적 특
성'을 고려하지 않은 채 섣불리 내린 판단이었다는 점에서 지적을 받아
야 한다. 이용도의 고난의 그리스도관에서 신비주의의 드라마틱한 감정
의 몰입상태는 이미 언급했듯이 불과 수초 또는 길어야 몇 분 정도에 걸
쳐 나타난다. 이 짧은 시간에 일어나는 신인합일의 경지를 포착해내지
않고서는 결코 그에게서 유니티로서의 합일의 경지를 분석해낼 수 없다.
앞서 살펴본 1933년 4월 4일자 일기에 기록된 내용은 신분의 구분
이 분명한 문장과 구분이 모호한 문장들이 뒤섞인 장문의 에세이였다.
이 문장 중에서 짧은 시간 동안 감정몰입에 의해 표출되는 전형적 유니
티의 이미지를 분명하게 분석해낼 수 있었다. 필자가 이 일기 내용 중 유
니티 현상이 지속된 일정 분량의 문장을 흘림체로 기록해본 결과 약 6분
정도의 시간이 소요되었다. 아마 그는 장로교와 감리교로부터 내몰리는

---

22) 『이용도 일기』, 114-115쪽. 1931년 1월 24일자 내용.
23) 이용도, 「신앙의 편지」, 『신앙생활』(1932년 3월), 12쪽.

자의 입장에서 극도로 감정에 몰입된 상태에서 이 글을 거침없이 써 내려갔을 것이다. 더군다나 이 일기가 기록된 1933년 4월은 그의 병세가 점차 악화일로의 상태였을 뿐만 아니라 서북지역 장로교 노회들의 금족령, 그의 측근 인사들에게 잇달아 내려지는 권징, 평양임시노회 소집, 『기독신보』에 연이어 게재된 충격적인 사설들, 경성교역자회의 사문위원회 소집, 사례비 지급 중단, 집회방해와 구타사건, 와병에 이어 목사직 휴직령이 잇달아 내려진 때였으며 기성교회로부터 비판이 한층 심화되던 시기였다. 당시 그의 심경은 극도로 정적 허탈감에 빠져 있었을 것이며 이런 정황에서 유례없이 장문의 에세이로 기록된 일기에 고난의 그리스도와 관련하여 유니티로서의 합일사상이 깊이 반영되어 나타난 셈이다.

참고로 이용도의 측근 인물이었던 선교사 피터스가 쓴 이용도의 전기 후반부의 한 대목에서 이러한 현상을 감지할 만한 매우 구체적인 단서들을 발견해낼 수 있다. 그에 의하면 이용도가 주최했던 마지막 부흥집회들에서 나타난 두드러진 양상들로서 몸이 비정상적으로 떨리는 모습이 잦거나 신내림〔降神 및 入流 – 필자 주〕현상 같은 무아지경에 몰입되는 등 한국의 무속세계에서 나타나는 증상들이 발생했다고 했다. 이용도의 말년 부흥집회에서 나타난 이러한 현상들에 대해 평소 이용도를 적극 옹호하고 변호해주었던 친구 피터스마저 이는 하나님의 운동이 아니라 악령이 개입된 현상이었다고 깊이 유감을 표명했을 정도였다.[24] 이러한 장면들은 밀의종교 의식에 나타나는 합일현상들을 뒷받침해줄 만한 설득력 있는 단서가 될 수 있다.

---

24) Victor Wellington Peters, 「시무언(是無言), 한국 기독교 신비주의자」, 박종수 역, 93–94쪽.

소결

이용도의 고난의 그리스도관은 합일사상의 경지가 매우 선명하게 드러나는 주제라 할 수 있다. 특히 고난의 차원은 속성상 극도의 드라마틱한 감정 상태에 쉽게 몰입될 수 있는 가장 수월한 통로가 될 수 있었으며, 이용도의 입장으로서는 자신의 격동적인 삶의 역정을 쉽게 반영하여 그리스도께로 감정을 이입(移入)하고 투사(投射)할 수 있는 가장 합리적인 주제가 될 수 있었다.

첫째, 이용도의 고난의 그리스도관에는 체험적인 드라마틱한 연출을 통해 밀의종교 의식에 연관 지을 수 있을 정도로 본체적 신인합일의 경지가 표출되어 있다. 특히 그가 체험한 고난은 한시적인 것이 아니라 그의 인생 전반에 걸쳐 파노라마 같은 점철된 과정을 담고 있었다는 점에서 성정적으로도 쉽게 감정에 몰입될 수 있는 정황에 놓여 있었다. 병세의 지속적 악화와 와병, 『기독신보』의 냉혹한 비판 사설들, 장로교 측 노회들이 내린 금족령, 평양임시노회의 결의, 그리고 감리교 교단의 목사직 휴직 처분 등 잇단 불상사를 거치며 장로교와 자신의 소속 교단인 감리교로부터도 내몰리는 자의 입장에 처하면서 비극적인 상황이 가속화되었다.

둘째, 이용도의 고난의 그리스도관은 드라마틱한 감정몰입 상태에서 합일의 경지를 반영한다. 비록 자신을 교주라고 자처하며 일원적 신비주의자로 군림했던 황국주와는 분명히 달랐지만, 짧은 시간 자아가 몰각되는 현상이 개입되면서 '신분의 구분 → 신분의 철폐(자아몰각) → 신분의 구분 회복'의 양상이 되풀이되어 나타나는 경향을 보여주었다.

2
직접계시관에 나타난 합일사상

합일사상과 관련하여 직접계시관은 음성(message)의 동일화(그리스도와 이용도의 음성의 동일화)라는 차원에서 합일사상을 고찰해볼 수 있다. 신비주의에 나타나는 특징적 요소 중 하나로, 현대에도 특별계시가 지속된다는 그의 직접계시관은 유일회적 계시, 즉 신구약 성경의 기록이 종료되었다는 사실과 충족성 및 완전성을 부인하는 결과를 초래했다.

그렇다면 이용도는 어떻게 유일회적 계시관을 부인했기에 이런 오류를 범한 것인가? 필자는 이용도의 일기와 서간집을 분석하는 과정에서 종종 이용도가 직접계시론을 주장하는 단서들을 흘려내고 있음을 발견할 수 있었다. 사실 평양 산정현교회 이조근 집사 집에서 한준명과 접신녀 이유신(이조근의 아내) 등에 의해 자행된 평양 강신극 사건 직후 장로교 진영에서 이용도의 신비주의를 크게 문제 삼아 비판했던 것도 바로 이 직접계시관 때문이었다.[25] 이와 관련하여 주목할 점은 이용도는 이 계

---

25) 남궁혁, 「훈시」, 『기독신보』 1932년 5월 25일, 제4면 ; 「『이세벨』 무리를 삼가라」, 『기독신보』 1932년 12월 14일, 제1면.

시의 개념을 어떻게 이해하고 있었으며, 그의 설교관은 어떠했는지, 그리고 그의 직접계시관은 어떤 연유에서 비롯되었으며 그 권위를 성경과 동일시했는지를 파악해야 한다는 점이다. 그러기 위해서는 그의 성경관도 고찰해보아야 하는 복합적이며 통전적인 연구를 병행해야 한다. 또한 이용도가 성경을 무시하고 성령의 교사를 자처하며 직접계시를 주장했던 리버틴파(Libertines)를 방불하게 하는 자만심[26]을 품었던 것인지, 아니면 66권 성경의 권위를 최고최종(最高最終)의 위치로 인정해야 한다는 전제가 담겨 있는 것인지를 파악하는 작업도 필요하다.

1) 계시에 대한 이해

(1) 계시의 근원

이용도가 이해하는 '계시'는 단순한 '느낌'의 차원과는 완전히 다르다. 그에 의하면 계시는 묵상, 명상, 오관(伍官)의 작용에 의해 자신의 내면에서 발원(發源)하는 것이 아니라 철저하게 위로부터 수직적으로 내려온 '외부의 것'이자 타자(他者)의 것이다.

---

26) 칼뱅(John Calvin)은 리버틴파(Libertines)에 대하여 이들이 성경을 부인하고 하나님께 이르는 특별한 길이 있다고 공상하지만 말씀은 하나님께서 신자들에게 성령의 빛을 주시는 도구라고 했다. John Calvin, *Institutes of the Christian Religion1*, Translated by Ford L. Battles(Philadelphia : Westminster Press, 1960), I. 9. 1.

느낌이냐 계시냐(11월 5일). 느낌은 자신 속에서 생긴 것이요 계시는 위에서 내려온 것이다.[27]

이용도의 표현에 의하면 자신은 평소 아라비아사막에서의 사도 바울처럼 인간이 아닌 하나님께 직접 배우기를 소망했다. 즉, 인간 교사에 의한 수평적 전수나 가르침이 아니라 하나님께서 직접 내려주시는 수직적 가르침을 갈망했던 것이다.

4년 동안의 「아라비아 砂漠」의 바울과 같이 주로 더불어 친교가 있기를 바랍니다. 사람에게 배운다는 것보다 신에게 직접 배울 수 있다면 얼마나 복될 일입니까.[28]

변종호의 증언에 의하면 이용도는 특별계시가 현대에도 지속되고 있다는 사실을 주장했고, 본인 스스로도 특별계시를 사모하고 대망했으며, 특별계시가 있음을 세상에 알리기 위해 온 '특별계시의 사도'라고 했다.[29] 변종호는 그를 가리켜 주님의 음성을 직접 전달하는 사도행전적이요 요한묵시록적 기계였다고 칭했을 정도이다.[30]

---

27) 『이용도 일기』, 154쪽. 1931년 11월 5일자 내용.

28) 『이용도 서간집』, 46쪽. 1931년 3월 30일 김광우에게 보낸 서신.

29) 변종호(편), 『이용도 목사 연구반세기』(서울: 장안문화사, 1993), 80쪽. 이하 각주에서는 『이용도 연구반세기』로 기술함.

30) 『이용도 연구반세기』, 138-139쪽.

(2) 불립문자(不立文字)적 특성으로서의 계시

불립문자란 본래 불교 용어이며, 말이나 글에 의하지 아니하고 마음에서 마음으로 도(道)를 전하고 깨닫는다는 것으로 이 낱말의 의미 자체가 아이러니할 수밖에 없다.[31] 엄두섭에 의하면 신비주의의 성질이 내면적이요 개인적이며 경험에 대해서는 가능한 한 외부에 발표하는 일을 꺼리고 그 상태는 부정적이고 은밀하여 전달이 불가능한 것이라고 했다.[32] 이용도의 계시관에 이러한 불립문자적 체험이 반영되어 나타난다.

이 솟아올라 차고 넘치는 느물느물(가볍고 느리게 넘실거림을 의미하는 북한 말-필자 주)한 감동을 어째서 느끼는 그대로 표현할 수 없는고! 아 - 말로 만들면 벌써 그 심정은 사라져 버리는 것이었도다. 네가 생각하는 바는 누구나 다 ― 생각할 수 있다 ― 만은 오직 네가 느끼는 감격! 그 것만은 너 혼자서만 가질 수 있는 존유물이다.[33]

이용도는 1931년 12월 중순 평양 명촌교회 집회가 끝난 후 산정재(산정현) 집회 밤기도회에서 평생 감격적인 회상거리가 될 만한 불립문자적 직접계시를 맛보았다. 이는 엄두섭이 표현한 대로 '은밀하여 전달이 불가능한' 신비주의의 특성을 지니는 전형적인 사례로 볼 수 있다.

이튿날 새벽기도회를 나가면서 나(변종호-필자 주)는 「목사님, 어젯밤

---

31) 신규호, 「시인 이용도론」, 72쪽.
32) 엄두섭, 『신비주의자들과 그 사상』(서울: 혜풍출판사, 1980), 18쪽.
33) 『이용도 서간집』, 137쪽.

에 기도하시다가 무얼 쓰셨습니까?」 하고 물었다. 「아, 어제요, 한참 기도를 하는데, 참 신기하고도 이상한 광경이 나타나고 마음에 이상한 감격이 생기기에 그걸 좀 옮겨 볼까 하고 일어나 붓을 들었지요. 그렇지만 도무지 그것을 그려낼 수가 없어서 한참 동안 애만 먹다가 그만두고 말았지요.」 하시면서 「영감(靈感)이나 계시(啓示)라는 것은 받는 자만 받을 수 있고 맛볼 수 있는 일이지 도저히 쓰거나 설명할 수가 없다는 것을 이번에 깨달았어」 하셨다. (중략) 아마 그때 본 바는 목사님 일생을 통해 받은 가장 큰 영광의 묵시라고 생각된다.[34]

2) 설교에 나타난 직접계시의 단서

(1) 설교 준비

아래의 글은 이용도가 1930년 1월 협곡에서 부흥집회를 인도하던 중 기록했던 일기 내용인데, 평소 이용도가 부흥회에서 어떻게 설교를 수행했는지 살펴볼 수 있는 적절한 단서가 된다. 이용도 자신은 강단에서의 임무에 대해 철저하게 주의 '기계 노릇'을 감당할 뿐이라고 확신했다.

주께서 직접 역사하시옵소서. 나는 다만 기계노릇 하고 주께서 조종

---

34) 『이용도 사모 50년』, 72쪽; cf. 『이용도전』, 111쪽.

하실 것이다. 오- 주님이시여 저희들(협곡 성도들-필자 주)의 가련한 심령에 생명의 동풍을 불어주소서. -아멘-[35]

이용도의 측근 인사였던 변종호의 증언에 의하면 그는 설교하기 전에 미리 설교문을 작성해둔 예가 없었다. 엎드려서 기도하다가 주님께서 주시는 말씀만을 받아 그대로 전하는 것이 그의 소임이라고 여겼기 때문에 강단에 서기 전에 따로 설교를 구상하여 준비하거나 계획이 전혀 없었다는 것이다.[36] 이를 입증할 만한 변종호의 회고를 소개하면 다음과 같다.

이제부터는 그저 하늘만 우러러보며 기도로써 오직 주님과만 연락하면서 지시에 의해서 그저 주께서 주신 무기 혀와 주께서 주시는 능력-말을 통하여 주님의 역사에 복종만 하기로 하였다.[37]

이호빈은 이용도에게서 들은 말을 통해 그는 하나님께 울며 받는 설교가 사람의 지각 위에 뛰어난 승리를 가져오는 것으로 믿었으며, 설교 준비 없이도 강단에 나서면 자기도 깨달아 알 수 없는 설교를 했던 인물이라고 소회했다.[38] 그는 하나님께 졸라 얻어지는 설교가 아니면 집회가 진행되는 도중이라 할지라도 단호하게 강단에서 내려서기까지 했으며, 심지어 예정되어 있던 집회 일정을 자의로 단축하고 떠나는 경우도 있었

---

35) 『이용도 일기』, 77쪽. 1930년 1월 15일자 내용.

36) 변종호(편), 『이용도 목사 설교집(一)』, 2-3쪽. 「그의 설교」.

37) 『이용도 목사전』, 66쪽.

38) 이호빈, 「그 성역과 순교」, 『이용도 연구 40년』, 80-81쪽.

다.[39)] 또한 그는 가정을 심방할 때에는 그 집 식구들의 심중을 다 꿰뚫어 보며 싸우는지, 화목한지, 빈한지 부한지, 공부, 상업, 상실(喪失), 실아(失兒) 등 그 집안 형편까지도 알아맞혔다고 한다.[40)]

이용도의 계시관에서 주목할 만한 관심사라면 무엇보다 직접계시관에 입각한 설교문제라 할 수 있다. 왜냐하면 그의 설교는 당대 교계의 중진들로부터 항상 이런 점에서 의심을 받았기 때문이다. 대표적인 사례로서 1931년 3월 1일 황해도 재령동부교회에서의 부흥집회를 들 수 있는데, 변종호의 고백에 의하면 이때 행해진 설교는 그가 청년 시절 모진 병고를 겪고 나서 형언할 수 없는 은혜를 체험한 설교였으며 이후 변종호가 이용도와 평생 깊은 교분을 갖는 견고한 연결고리가 되기도 했다.[41)] 아래의 인용문은 1931년 재령동부교회에서 이용도가 설교하는 장면을 변종호가 회고하여 기록한 글이다.

얼마 후에 말문이 아주 막혀 버린다. 죽을 힘을 다해 애쓰는 몸부림만이 눈에 보이고 귀에 들리는 말은 없다. (중략) 목사님의 결사적 노력과 최후의 몸부림! 이는 분명히 부패한 기독교의 몸부림 같고 고민 기독교의 최후의 숨을 거두는 것 같았다. (중략) 말소리는 도무지 안들린다. 그 얼굴이 땀에 번득거릴 뿐[42)]

변종호가 묘사한 동일한 재령동부교회 집회 광경을 이용도의 일기

---

39) 『이용도 연구반세기』, 65쪽.

40) 『이용도 저술집』, 259쪽.

41) 『이용도전』, 72-77쪽. 변종호는 이 집회에 대한 소제목을 "첫 시간에 쓰러지다"로 정했을 정도로 크게 감격한 집회였다.

42) 『이용도전』, 73쪽. 1931년 3월 1일 오전 10시 재령동부교회에서의 부흥회 설교 장면.

에서도 발견할 수 있다. 목이 잠겨 음성을 토해낼 수 없는 상황에서 무언(無言)의 판토마임(pantomime)과 몸부림치는 격정으로 전달했던 설교에서 직접계시관이 포착된다. 이용도는 이 설교가 지닌 의의를 일기에 기술하는 과정에서 은연중 자신의 메시지를 예수의 그것과 동일시하려는 듯한 감성적인 태도를 취했다. 아래의 인용문에서 '나(이용도)의 설교', '말이 없는 예수', '예수의 진실한 설교', '쉬지 않는 예수의 설교', '이 설교' 등의 문구들을 문맥을 통해 통찰해보면 이용도의 메시지와 예수님의 메시지 사이의 구분점이 모호해진다.

> 나는 말로 할 수 없이 눈물만 흘리노라. 이 눈물은 오늘의 나의 설교로다. (중략) 들은 손은 곧 나의 설교로다. (중략) 나의 등에서 흐르는 땀은 여러분을 위한 나의 진실한 설교로다. 보라, 말이 없는 예수를! 그러나 그 말없는 위대한 설교를 들으라. 겟세마네 동산에서 흘린 피땀과 더운 눈물은 모든 인간의 영에 호소하는 예수의 진실한 설교로다. (중략) 그 설교를 들어도 감격이 없는 자 어찌 나의 설교에 감동이 있으랴. 쉬지 않는 예수의 설교! 이는 만대(萬代)를 통하여 만민에게 호소하며 외칠 영원한 하늘의 설교로다. 이 설교를 듣는 자 복된 것이요, 듣지 않는 자 영원히 저주를 받으리로다.[43]

이상으로 그의 직접계시관에 입각한 설교가 지니는 특성들을 요약해보면 다음 세 가지로 정리할 수 있다.

우선, 내면적이며 극히 사적인 경험이기 때문에 그 상태가 은밀하여

---

43) 『이용도 일기』, 123쪽. 1931년 2월 28일자 재령동부교회 부흥회 집회 중 일기.

다른 사람에게 전달하기가 용이하지 않다는 점이다.

둘째, 위로부터, 즉 하나님으로부터 주어지는 직접계시에 의존하기 때문에 감정몰입 상태에서는 하나님의 메시지와 설교자의 메시지가 동일시될 수 있는 경지에까지 다다를 수 있다는 것이다.

셋째, 그의 무언(無言)의 판토마임 설교는 청중으로 하여금 유언(有言) 이상의 격정을 불러일으켜 깊은 감동을 공유하게 하는 신비스러운 힘이 내재되어 있다는 사실이다.

3) 서신에 나타난 직접계시의 단서

이용도는 1932년 10월 말 자신의 생애에서 중대한 전환점이라 할 수 있는 한준명, 이유신 등의 평양 강신극 사건 직후 각계에서 비판이 봇물처럼 쏟아지자 11월 말 김인서에게 보낸 서신을 통해 자신을 그리스도와 사도 바울을 방불하게 하는, 그래서 자신을 예언자적 위치에 부상시키는 단서를 남겼다.

내가 너희의 전에 말과 같이 진리의 사도냐? 주의 종이냐? 그렇다고 하여 이는 허언이 아니요 망발이 아니로다. 너희가 과거에 나의 말을 듣고 생명에 접한 자이면 이제도 나의 말을 듣고 생명을 얻으라. 나의 말은 진리이니 이는 나의 말이 아니요 곧 위에서 아버지께로부터 받은 것이었나니라. 나는 사람에게 배운 것이 아니었으니 누구라 나를 가르쳤느냐? (중략) 너희는 나의 자랑을 용납하라. (중략) 예전에 나의 속에

서 일하여 너희를 책망하고 권고하여 위로하고 가르치던 그 신은 아직
도 나의 속에 살아 있어 여전히 일을 계속하고 있나니 너희는 겸비함으
로 귀를 기울이라. 성신이 하시는 말씀을 귀 있어 들을 자는 들을지어
다. (중략) 내가 자접하여 의기저상(意氣沮喪) 되어 너희에게 다시는 나가
지 못할 줄로 뜻하고 너희 중에 스스로 교만한 자가 있을까 하노라. 그
러나 주께서 허락하시면 내가 너희에게 속히 나가 이 교만한 자들을 알
아보려 하노니[44]

정성구는 이 서신에 기록된 내용을 평하여 도무지 이용도의 음성과
주님의 음성을 구별할 수 없는 지경이라며 프로테스탄트의 기본 교리인
솔라 스크립투라(Sola Scriptura)가 결여되어 있다고 비판했다.[45] 민경배 역시
"신탁(神託)의 교만이 여기서 더 클 수는 없다"[46]고 냉정하게 혹평했다.
대체로 이용도의 직접계시론을 비판하는 학자들은 위의 서신에 나타난
표현을 귀중한 단서로 포착하곤 한다.

그러나 문제는 이러한 표현들이 감정의 격화와 자아몰각 상태에
서 기록한 문장이었는지 그 여부를 가려내는 작업이 중요한 관건이 된
다. 아쉽게도 연구자들은 이용도가 남긴 글에서 직접계시관을 포착해내
기 위한 작업을 수행할 때 한결같이 이 작업을 간과하고 문자적 해석에
만 치우치는 경향이 있다. 이 서신은 1932년 11월 28일 김인서에게 보
낸 것으로 그 배경을 살펴보면 1931년 8월 장로교 황해노회 금족령, 동
년 10월 서울 아현성결교회에서 부흥회를 인도하던 도중 축출된 일,

---

44) 『이용도 서간집』, 204-205쪽. 1932년 11월 28일 김인서에게 보낸 서신.

45) 정성구, 『한국교회 설교사』, 196쪽, 208쪽.

46) 민경배, 「한국의 신비주의사」, 210쪽.

1932년 4월 장로교 평양노회의 기도제한법 통과, 동년 10월 평양노회의 금족령에 이어 10월 말 평양 강신극 사건 직후에 장로교 노회 차원에서 가해진 강도 높은 비판들을 감수하면서 그의 측근이었던 김인서에게 발송한 편지이다. 평양노회에서는 임시노회까지 소집하여 단죄했고, 『기독신보』 사설에서는 그를 이세벨의 무리라고 비판했으며, 조심스레 사태의 추이를 지켜보던 감리교에서는 사문위원회를 열어 그를 심문했다. 이런 정황임을 감안할 때 이용도의 입장으로서는 앞서 제5장 제1절, '고난의 그리스도관에 나타난 합일사상'에서 살펴본 장문의 일기 못지않게 이 서신 역시 문장의 흐름으로 보아 감정이 격앙된 상태에서 기록했음이 분명하다. 그가 평소에 작성하는 서신은 보통 B5 용지 한 면 미만 혹은 길어야 두 면 정도에 불과하지만 이 서신은 유례없이 여섯 면의 분량으로 길게 작성되어 있으며, 편집자인 변종호에 의해 중략 처리된 곳도 네 군데나 있어 실제로는 이보다 훨씬 더 많은 지면을 차지했을 것으로 보인다. 이용도는 이 서신에서 "진리의 사도 중에 너의 인간들이 미련한 놈, 어리석은 놈, 백성을 미혹하는 놈, 그 외 여러 가지 악명을 붙여 놓지 않았던 자가 어디 있었느냐"[47]라며 비통한 심정으로 자신을 변호하며 힐문하는 내용으로 일관했다. 게다가 다른 서신들에서는 좀처럼 발견되지 않는 비난조의 원색적인 표현들도 자주 등장한다. 위에 인용한 문장은 그의 서신 중 일부에 불과하지만, 전반부와 후반부에서는 자신을 사도 바울을 연상하게 하는 장면을 포착할 수 있으며 위의 인용문에 기록된 "나의 말은 진리이니 이는 나의 말이 아니요 곧 위에서 아버지께로부터 받은 것이었나니라. 나는 사람에게 배운 것이 아니었으니 누구라 나를 가르쳤느

---

47) 『이용도 서간집』, 200쪽. 1932년 11월 28일 김인서에게 보낸 서신.

냐?"라는 대목은 예수님 말씀의 기계적 대언(代言)을 방불할 정도이다. 이용도의 직접계시관은 본인이 스스로 표현했던 것처럼 철저하게 위에서 내려온 것이자 외부에서 주어진 것이다. 이러한 현상은 고난의 그리스도와 자신을 동일시할 때도 나타났듯이 극도의 감정몰입 상태에서 나타나는 극히 일시적 현상이었다고 볼 수 있다.

그렇다면 그의 직접계시관은 계시의 종료성과 성경의 권위를 부인하고 성령의 순간적인 영감을 하나님의 말씀 위에 두려 한 리버틴파의 주장과도 유사한가? 계속해서 이번에는 그의 성경관을 살펴보자.

4) 성경관 고찰: 사도성과 충족성 문제

앞서 고찰한 이용도의 직접계시관은 칼뱅의 신학사상을 근간으로 삼는 장로교 보수주의 계통에서는 결코 용납될 수 없는 중차대한 사안이다. 그런 의미에서 이용도가 보여준 계시관은 특히 그가 보수성이 강한 서북지역의 장로교 노회들과 교회들로부터 배척받던 시기였음을 감안해 볼 때 어차피 장로교 측의 비판을 피해갈 수는 없었다. 사실 이용도는 부흥집회를 인도할 때 주로 감리교 판도였던 경인지역과 칼뱅주의(Calvinism) 보수성이 강한 미국북장로교 중심의 서북지역에 비중을 두었다는 점에 주목해야 한다.[48] 성경관과 관련하여 이용도 사후 불과 2년 후쯤인

---

48) 장로교와 감리교는 선교지를 분할할 때 평안도와 황해도는 미국북장로회, 경기북부는 미국남감리회, 경기남부와 서울은 미국북감리회에 할당되었다. 이용도는 인생의 격정기였던 1932년도에 주로 서북지역과 경기지역에서 부흥집회를 인도했다. 『이용도전』, 114쪽.

1935년 『아빙돈단권주석(*The Abingdon Bible Commentary*)』 번역 사건[49]이 초래한 사태의 심각성을 상기해보더라도 감리교에 소속한 이용도의 성경관은 장로교 측의 민감한 반응과 파장을 불러일으키기에 충분한 사안이 될 수 있었다. 그는 성경에 대해 다음과 같이 말했다.

성경을 연구하는 데는 1. 역사적으로 2. 문학적으로 3. 종교적으로. 성경의 말씀이 성경에 있는 까닭으로 진리가 아니라 인간의 심령생활의 사실이기 때문이다.[50]

창세기 3, 4, 5장을 읽고 구약과 신약이 다 불만족함을 느꼈다. 신앙과 문학적 재능이 있는 성도가 일어나 하나님의 말씀을 바로 번역할 때가 속히 오기를 바랐다.[51]

이 문장들 역시 굳이 문제를 삼으려고 의도한다면 비판받을 만한 단서가 있다. 그러나 자세히 분석해보면 성경이 충족스럽지 못하다거나 권위를 손상시킬 만한 표현을 담고 있지는 않다. "성경의 말씀이 성경에 있는 까닭으로 진리가 아니라"라는 본뜻은 말씀의 실천, 즉 삶 속에 말씀을 적용해야 한다는 것을 의미한다고 해석될 수 있고, 구약과 신약이 다 불만족스럽다는 본뜻은 하나님의 말씀을 바르게 번역해야 한다는 의도에서 한 말이기 때문에 비록 말을 삼가지 못했다는 차원에서 책망을 받을

---

49) 아빙돈 단권 주석에 대해서는 필자의 다음 논문을 참고할 것. 안수강, 「『단권성경주석(單券 聖經註釋)』 연구 – 기적과 그리스도론을 중심으로 –」, 『한국교회사학회지』 제42집(2015년), 175–228쪽.

50) 『이용도 일기』, 24쪽. 1927년 3월 2일자 내용.

51) 『이용도 일기』, 89–90쪽. 1930년 3월 26일자 내용.

만한 단서가 될 수는 있어도 원본 성경 그 자체를 비판한 것이라고 볼 수는 없다. 민경배는 이용도의 성경관을 논함에 있어 위의 인용문 중 "구약과 신학(신약의 오자-필자 주)이 다 불만족함을 알았다"[52]라는 대목을 문제 삼았으나 이용도의 이러한 표현은 본래 성경번역상의 문제를 제기하려는 데 그 본의(本意)가 있었다.

그러나 성경이 불만족스럽다는 주장은 다음 인용문에서 명백하게 드러난다. 그는 성경영감론, 특히 장로교 측의 완전축자영감론(完全逐字靈感論)과 관련하여 논쟁을 야기할 만한 충분한 근거를 남겨놓았다.

> 복음서에 보면 예수님은 장년과 청년에게 합당한 설교는 많이 하셨다. 그러나 어린이들을 위한 설화는 없으니 청년 장년에 쓸 설화를 가지고 어떻게 어린이들에게 합당하도록 쓸 수 있을 지가 의문. 예수님에게 물론 어린이들을 상대로 하신 설화가 많았었지만 그때에 복음을 기록한 제자들은 아동 존중감이 극히 적었던 까닭으로 예수님께서 하신 어린이들에게 대한 설화도 중히 여기지 않아 기록지 않았으니 크게 유감이다. 그 복음기자들은 적어도 오늘 우리만큼 아동교양의 문제를 중시하였으면 아이들 상대의 설화가 많이 기록되었을 것이다.[53]

이용도는 평소 어린이들을 사랑했고 깊은 관심을 가졌다. 그가 특별히 어린이들을 위해 공과를 번역했던 것도 이러한 온정어린 마음을 반영해준다. 그는 1930년 1월 초 인천 서해 덕적도 부흥집회에서 예배당이 비좁다는 이유로 예배에 참석한 어린이들을 내보낸 처사에 대해서도 주

---

52) 민경배, 「이용도의 신비주의 연구(한 교회사적 고찰)」, 66쪽.
53) 『이용도 일기』, 46쪽. 1929년 1월 13일자 내용.

님의 뜻과는 만만모순이라며 탄식한 바 있다.[54] 그런데 그의 이러한 태도
가 복음서의 사도성에 문제를 제기하는 양상으로까지 표출되어 나타난
것이다. 물론 위의 글은 비록 예수님께서 비록 어린이들을 위한 설화를
말씀하셨을지라도 다만 제자들이 그것을 정리하여 기록하지 않은 것뿐이
라는 뜻으로 기술한 문장이기 때문에 예수님이 하신 말씀 그 자체의 권위
를 손상시켰다고 할 수는 없다. 그렇지만 "복음을 기록한 제자들은 아동
존중감이 극히 적었던 까닭으로 예수님께서 하신 어린이들에게 대한 설
화도 중히 여기지 않아 기록지 않았으니 크게 유감이다"라는 표현은 성경
의 사도성과 충족성에 분명하게 문제를 제기한 것으로 보아야 한다.

이러한 표현과 아울러 이용도는 일반계시의 위치를 강조함으로써
다시금 불필요한 논쟁을 야기했다. 다음 문장은 일반계시를 중시하는 그
의 입장을 대변해준다.

하나님의 말씀은 만물 속에 잠재(潛在)합니다.[55]

학도! 나는 한 학도로다. 그러므로 그저 배우기에만 열중하리라. 이
는 모든 것이 다 나를 가르치며 훈계함이 되겠으매. 모든 사람 모든 사
물, 이는 다 여호와의 음성이었느니라. 나는 영원히 작고, 미련하고 적
은 한 학도일뿐이로다.[56]

54) 『이용도 일기』, 73쪽. 1930년 1월 5일자 내용.

55) 『이용도 목사 설교집(一)』, 40쪽. 「어록(3)」.

56) 『이용도 일기』, 65쪽. 1929년 12월 13일자 내용.

민경배는 위의 두 번째 인용문과 관련하여 이용도는 신비주의의 공통적 오류인 유일회적 계시에 대한 몰각에 빠졌다고 보았다.[57] 반면 이영헌은 만물은 다 하나님을 우리에게 계시하는 자연계시라는 견해에서 보았을 때 이용도를 신비주의자라는 전제를 떠나서 바라본다면 위의 문장은 누구나 다 평범하게 말할 수 있는 내용이라고 이해했다. 즉, 성경계시의 유일회성을 부인한 것으로 볼 수 없다고 함으로써 민경배와는 입장을 달리했다.[58] 필자가 보기에 민경배는 이용도가 직접계시를 주장한 점을 들어 유일회적 계시관을 부인한 것으로 단정했으나 두 가지 지나쳐본 면이 있다. 한 가지는 이용도가 일반계시를 성경의 권위와 동등하게 여겼는지를 분명하게 밝혀주지 못했다는 점이며, 다른 한 가지는 그가 성경이 계속해서 기록되어야 한다는 차원에서 직접계시를 주장한 것이었는지에 대해서도 짚어주지 못했다는 점이다.

필자의 생각으로는 이용도가 비록 일반계시와 직접계시를 모두 중시한 것은 틀림없지만, 일반계시의 영역을 성경의 권위와 동일시했다거나 성경기록의 지속성을 주장하려는 태도에서 그랬던 것으로는 보지 않는다. 비록 그가 "이는 다 여호와의 음성"이라고 기술하긴 했어도 단지 일반계시의 영역을 그렇게 표현했던 것일 뿐 자연을 성경 말씀의 본체 혹은 본질로 간주한 것은 아니었다. 이는 이용도가 배우려는 겸손한 자세를 취하여 상대적으로 자신을 '영원히 작고, 미련하고 작은 한 학도일 뿐'이라고 고백한 데서 드러난다. 이세형은 이용도가 자연과 벗하였음에도 불구하고 자연을 신성시하거나 하나님과 자연을 일치시키는 범신론

---

57) 민경배, 「한국의 신비주의사」, 210쪽.

58) 이영헌, 『한국기독교사』, 186-187쪽.

적인 오류에 빠지지 않았다[59]고 했는데 이 말은 자연을 말씀 그 자체로 보지 않았다는 필자의 생각과도 상통한다.

이 문제를 좀 더 면밀하게 고찰하기 위해 이번에는 이용도의 교육관에 대해 살펴보자. 그는 교육 자료들로서 어떤 문헌들을 활용했는가? 아래의 인용문은 이용도가 『성서조선』 구독과 관련하여 한참 비판을 받고 있을 무렵 1931년 10월 중 김인서에게 보낸 서신의 한 대목이다.

> 인형!(김인서-필자 주) 나는 별 것 다 봅니다. 무교회지(『성서조선』-필자 주)도 보고 순복음지도 보고 장로회지도 보고 감리회지도 보고 사회주의지도 보고 별 것 다 봅니다. 그러나 나는 그것 본다고 그 주의자는 아니올시다. 나는 어떤 때 형제에게는 불경 좀 보기를 권하고 또 어떤 교역자에게는 사회주의지 좀 보기를 권하기도 합니다.[60]

위의 문장을 분석해보면 이용도는 무교회지나 사회주의지 그리고 불경까지도 폭넓게 교육 자료로 채택하여 활용하는 자유분방한 태도를 보여준다. 필자의 견해로 이용도는 이러한 자료들에 대해 일반은총의 영역에서 의미를 부여했던 것일 뿐 성경과 동일한 권위를 부여했던 것은 아니라고 본다. 실제로 이용도는 장로교 황해노회로부터 금족령을 받게 되자 위의 동일한 서신에서 『성서조선』에 대한 입장을 표명한 적이 있다. 그는 자신이 이 잡지에 절대가치를 인정하여 선전한 것은 아니었다며 좋은 내용만 취사선택하라는 부탁과 함께 소수의 분별력을 갖춘 청년들과 교역자에게 제한적으로 보여주었던 것뿐이라고 해명했다.

---

59) 이세형, 「시무언 이용도 목사의 예수론」, 191쪽.
60) 『이용도 서간집』, 80쪽. 1931년 10월 중 김인서에게 보낸 서신.

『성서조선지』 글쎄 그것을 선전이라 할까! 그들이야 흠잡으려니간 그러겠지 그것이 어떻게 되어 내 손에 들어온 것이기에! 나는 그것에 절대가치를 인정하여 선전한 것이 아니라. 「좋은 것을 취하고 나쁜 것은 버리라」는 부탁과 함께 2~3 청년에게 보여주었던 것입니다. 그것도 몰상식하여 또는 편협하여 어떤 새 것이 올 때 그냥 무턱 유혹을 받을 그런 자에게가 아니요 소화기가 웬만한 자로 인정한 자에게이었으며 (중략) 김경하 목사는 이해성이 있을 줄 알고 그에게 한 권 주었습니다.[61]

앞서의 인용문에 자신의 입장을 보여주는 중요한 내용이 기술되어 있는데, "그러나 나는 그것 본다고 그 주의자는 아니올시다"라는 대목이다. 이용도는 1930년 11월 김광우에게 보낸 서신을 통해 성경은 신기한 광명과 신비한 발견을 주는 것이라 했고,[62] 1932년 1월 23일자 일기에서는 "과연 성경은 크고 큰 생명책이로소이다"라고 고백했으며,[63] 1929년 11월 10일자 일기에서는 "성경을 보지 않고는 편지를 쓰거나 책을 보지 않으리로다"[64]라는 겸비한 자세를 보여주기도 했다. 필자의 판단으로 이용도는 자연을 통해 나타나는 일반계시나 소위 위로부터 주어지는 직접계시, 그리고 일반교육 자료들에 대한 권위를 성경의 그것과 동일시하는 차원은 아니었다고 본다. 다만 이용도가 일반계시나 직접계시를 중시한 것은 자신의 신비주의적 성향, 구체적으로는 그의 '비(秘)' 사상에 연원이

---

61) 『이용도 서간집』, 80쪽. 1931년 10월 중 김인서에게 보낸 서신.

62) 『이용도 서간집』, 34쪽. 1930년 11월 7일. 김광우에게 보낸 서신.

63) 『이용도 일기』, 163쪽. 1932년 1월 23일자 내용.

64) 『이용도 일기』, 61쪽. 1929년 11월 10일자 내용.

있었다고 보는 것이 타당하리라고 본다. 그는 평소 철저하게 이 비 사상에 입각하여 '선악(善惡)이 개오사(皆吳師)'라는 입장을 취함으로써 어린애, 걸인, 천녀(賤女), 곤충, 금수, 초목이 선생임을 깨달았다고 했고[65] 창기, 난봉, 불교인, 무교회주의자에게서도 배울 것을 찾는 자라 했으며[66] 스 씨(스웨덴보르그 – 필자 주)의 것이라 하여 그냥 버리는 자도 아니요 내촌 씨(우 치무라 간조 – 필자 주)의 것이라 하여 배타적으로 무시하고 침을 뱉는 자가 아 니었다.[67] 심지어 그는 성령의 입류(入流, influx)를 주장하던 원산 신학산파 에게서 피차 배운다는 고백까지도 서슴지 않았을 정도였다.[68] 이용도의 이러한 고백은 자신의 신비주의 성향에서 굳어진 비 사상에 연원이 있으 며 진리라면 누구에게서든지 배우고자 무릎을 꿇는 겸손한 학도정신(學 徒精神) 또한 이 태도에서 비롯된 것이었다. 이용도의 이러한 심성은 후 일 원산계의 입류녀 유명화의 신탁까지도 바르게 분변하지 못하고 복종 하는 빌미가 되기도 했는데, 그는 유명화의 신탁과 관련하여 최석주와의 대화에서 자신은 유명화를 신(神)의 본체인 것으로 간주하여 그녀에게 경 배했던 것이 아니라 단지 말씀 앞에 경배했을 뿐이라는 비(卑)의 자세를 취했다.[69]

또 한 가지 생각해볼 점으로서 성경과 일반계시 및 직접계시와의 관 계성에서 그가 일반계시와 직접계시를 중시하는 이유가 성경이 불충족

---

65) 『이용도 일기』, 65쪽. 1929년 12월 19일자 내용. "개오사"라는 표현은 『이용도 일기』 65쪽에 는 "毘吳師"로, 『이용도 서간집』 81쪽에는 "開惡師"로, 160쪽에는 "改惡師"로, 『이용도전』 104면에는 "皆吳師"로 기록되어 있다. 필자의 소견으로는 '모든 것이 나의 스승'이라는 의미 의 "皆吳師"가 맞는 표현이라고 본다.

66) 『이용도 서간집』, 81쪽. 1931년 10월 중 김인서에게 보낸 서신.

67) 『이용도 서간집』, 199쪽. 1932년 11월 말 김인서에게 보낸 서신.

68) 『이용도 서간집』, 159-160쪽. 1932년 9월 22일 김인서에게 보낸 서신.

69) 최석주, 「「새 생명」의 발상지?(2)」, 『기독신보』 1933년 3월 22일, 제6면.

하다거나 사도성이 떨어진다고 보고 이를 보충하기 위한 의도 때문이었느냐의 문제이다. 필자는 그가 일반계시와 직접계시를 중시했던 것과 성경이 충족스럽지 못하다고 본 관점을 상호 직접적인 인과관계(cause and effect)의 구도로 보지는 않는다. 왜냐하면 전술했듯이 그의 일반계시관이나 직접계시관은 원천적으로 비 사상이라는 고유한 신비주의 성향에 기초해 있기 때문이다. 역설적으로 설혹 그가 성경의 사도성이나 충족성을 개혁주의 성경관에 입각하여 완전하게 고백하고 있었다고 가정한다 할지라도 그는 겸비한 마음 때문에라도 자연스럽게 일반계시와 직접계시를 수용하고 중시했을 것이다. 또한 불경, 사회주의 관련 서적, 무교회지 등 다양한 부류의 서적들을 읽고 거리낌 없이 다른 사람들에게도 권장했을 것이다. 여기에서 주지할 것은 그의 이러한 사고와 처신이 소위 맞물림의 역학관계에 놓여 있었다는 점이다. 즉 그의 '성경의 충족성과 사도성을 절하하는 주장'과 '일반계시와 직접계시를 중시하는 태도'라는 양자가 절묘하게 맞물려 교섭되었기에 다른 사람들에게는 자연스럽게 인과관계가 형성된 것처럼 비쳤으며 그 결과 비판을 받을 수밖에 없었다.

소결

이용도의 직접계시관 역시 합일사상의 논리를 담는다.

첫째, 이용도가 말하는 계시는 외부, 즉 하나님으로부터 주어진 것이며 불립문자적 특성이 깊이 반영되어 있다. 그의 직접계시관은 주로 설교, 일기, 서신에서 발견할 수 있는데 특히 감정몰입과 자아몰각 현상이 심화될 때 이러한 특성들이 포착되곤 한다.

둘째, 이용도는 일반계시에 대해서도 하나님의 음성이라고 표현했을 정도로 가치를 부여했다. 그가 일반계시 영역이나 직접계시를 중요하게 여긴 것은 자신의 신비주의 성향, 구체적으로는 "善惡이 皆吾師"라는 비(非) 사상에 연원이 있다. 그는 이 비 사상에 입각하여 어린애, 걸인, 천녀, 곤충, 금수, 초목, 창기, 난봉에게서뿐만 아니라 불교인, 무교회주의자, 원산계의 신학산파에게서까지도 기꺼이 배운다는 입장을 취했다. 그러나 그의 이러한 생각이 성경의 충족성과 사도성을 폄하하는 주장과 교묘하게 맞물려 표출되면서 기독교계로부터 일반계시를 성경과 동등시했다는 비판을 받을 수밖에 없었다.

셋째, 이용도의 직접계시관은 흔히 사도시대의 예언 은사와 같은 차원을 의미하는 것이었을 뿐 그 권위나 가치 면에서 성문화된 신구약 성경과 동등한 의미를 부여하는 것은 아니었다. 그러나 그의 직접계시관은 앞서 밝혔듯이 성경의 충족성과 사도성을 폄하한 주장과 나란히 한 지평에 놓이게 되면서 맞물림의 역학관계로 인해 비판을 피할 수 없었다.

3
생명의 역환(易換)에 나타난 합일사상

1) 생명의 역환 분석

'역환'이란 문자 그대로는 '바꾸다'라는 뜻이다. 신비주의 합일사상
에서 본다면 기존에 있던 것을 개혁(改革)하거나 수정(修訂)하는 것이 아니
라 질적으로 완전히 다른 새로운 것으로 대체(代替)한다는 것이다. 이를
헬라어로 표현한다면 '질적으로 다른'을 의미하는 헤테로스(ἕτερος)와 '질
적으로 새로운'을 뜻하는 카이노스(καινός)를 동시에 충족시킨다는 의미가
된다.

이용도의 표현에 의하면 생명의 역환은 그리스도의 생명과 자신의
생명을 서로 '맞바꿈'한다는 의미가 함축되어 있다. 이용도는 이 역환의
논리를 통해 그리스도와 자신의 신분이 서로 구분되지 않는 경지에 몰입
하는 합일사상의 단서를 제공한다. 그는 이 역환과 관련하여 '생명', '영',
'혈관적 연락', '혈정주사', '주님의 생명', '혼', '신' 등의 표현들을 접목
시켰다. 이는 이용도의 독창적인 용어들이 아니라 합일의 경지를 추구할

때 신비주의자들이 구사하는 신비주의 특유의 전형적인 용어들이다.

신앙이란 곧 생명의 역환의 일이외다. 세상에 살던 나의 죄악의 생명은 하늘에 사는 예수의 생명과 바꾸어지고 물을 바라던 나의 생명은 영을 원하는 그 생명과 바꾸어지고 (중략) 신앙생활이란 곧 생명과 생명의 바꿈질이었습니다. 믿는다 하여도 이 생명의 역환이 없어! 그는 아직 사망에 거하는 자올시다. (중략) 그러므로 늘 생명역환구에 가서 기웃기웃하고 또 무엇을 얻어 보려고 하는 것이었습니다.[70]

生命과 生命이다. 하나님의 靈과 人間의 靈의 結合이다. (중략) 하나님의 靈을 所有하는 일이란 말이다. 十字架의 피니라. 예수의 살이니라.[71]

주님의 내용이 우리에게 더욱 더 넘쳐 나오게 되도록 그와의 혈관적 연락을 이루어 족할 것이었습니다.[72]

예수의 혈정주사를 맞아 영육이 강건하기를 바란다고 구전하여 주소서.[73]

소유의 역환(所有의 易換) 주님의 생명을 얻기 위하여는 세상의 생명

---

70) 『이용도 서간집』, 85-86쪽. 1931년 11월 14일 김교순에게 보낸 서신.
71) 이용도, 「형제여(2)」, 『예수』(1934년 3월), 3쪽.
72) 『이용도 서간집』, 140쪽. 1932년 5월 26일 이호빈에게 보낸 서신.
73) 『이용도 서간집』, 107쪽. 1932년 2월 6일 변종호에게 보낸 서신.

을 바쳐야 한다. 옛 것을 버릴수록 새 것은 온다.[74]

그리스도의 마음이 내 마음이 되고 그 신이 나의 신이 되어서[75]

아버지여 나의 혼을 빼어버리소서. 그리고 예수에게 아주 미쳐버릴
혼을 넣어주소서. 예수에게 미쳐야겠나이다.[76]

위의 마지막 인용문에서 이용도 자신의 혼은 빼어버리고 미쳐버릴
혼을 넣는다는 표현은 이용도 자신의 혼이 계속 존재하면서 그 혼이 새
롭게 변화된다는 차원이 아니다. 자신의 혼은 본래의 위치에서 제거되
고, 즉 '무화(無化)' 혹은 '공화(空化)'가 되고, 그래서 존재적으로 전혀 외부
타자(他者)의 혼으로 '대체된다'는 역환의 체계를 갖는다. 첫 인용문에서
이용도가 말하는 '바꿈질' 역시 문자 그대로 존재의 대체를 가리킨다. 신
앙적 관점에서 이러한 사고는 인간과 타자인 하나님과의 본체적 · 존재
적 · 본질적 합일사상의 도식이 가능하다는 논리를 보여준다. 비치(Waldo
Beach)와 니버(H. Richard Niebuhr)가 말하는 것처럼 신비주의에서의 무와 공
사상은 자신에 대해 완전하게 무의식 상태가 되고 무와 공에 이르는 것
에 목표가 설정되어 있다.[77]

---

74) 『이용도 일기』, 109쪽. 1931년(日字不記).

75) 『이용도 서간집』, 67쪽. 1931년 9월 말 아현성결교회에서 집회 중 축출된 후 10월 7일 이호빈
에게 보낸 서신.

76) 『이용도전』, 37쪽. 1928년 12월 24일 새벽 통천교회에서의 기도.

77) Waldo Beach, H. Richard Niebuhr, *Christian Ethics*(New York: The Ronald Press Company,
1955), p. 189.

특별히 이용도가 언급하는 '혈관적 연락', '혈정주사'[78]에 대해서도 주목해야 할 점이 있다. 이는 신비주의에서 구사하는 전형적인 용어인 '피갈음'에 상응하는 동의어적 표현들이다. 신비주의는 신의 세계와의 혈연적 연결을 전제하며, 신과의 연결을 단절시키는 지상적 생을 속히 벗어나 본질적인 근원과 합일하는 경지에 이르기를 갈망하는 특징을 갖는다.[79] 그가 구사한 '연락' 혹은 '주사'는 'injection'의 개념이며 이 개념은 타자의 본질이 내 안에 들어와 새롭게 내 본질을 대신한다는 것과 맞닿은 표현이다.

1931년 11월 16일자 김성실이 이용도에게 보내는 서신에서는 합일사상의 산물인 피갈음에 관한 갈구가 나타나는데 평소 이용도가 관용적으로 구사하던 표현과도 흡사하다. 김성실은 피갈음을 '예수의 피에 화(化)'하는 것과 동일한 의미로 묘사했으며 그 결과 십자가상의 예수님의 피와 동질선상에 이를 수 있다는 신분동일화의 위험스런 경지까지 설파했다.

> 인간들은 우리의 입으로 나오는 설교 소리만을 요구하지 않고 우리 (이용도와 김성실 – 필자 주)의 피가 예수의 피에 화하여서 예수님의 나머지 십자가에 흘려주기를 갈망하고 있습니다. 형이여! 그럼으로 우리는 예수에게 삼키워서 우리의 모든 것이 예수화하여야 하겠습니다.[80]

---

78) 1927년 12월 6일자 일기에서는 '그리스도의 피', '당신의 피', '십자가에 흘리신 피'를 주사해 줄 것을 간구했다. 『이용도 일기』, 38-39쪽.

79) 민경배, 「한국의 신비주의사」, 191쪽.

80) 『이용도 서간집』, 224쪽. 1931년 11월 16일 김성실이 이용도에게 보낸 서신.

위의 문장 후반부에 기술된 '예수화'를 언뜻 성화의 차원에 결부지어 이해할 수도 있겠으나, 전반부에 기술된 '예수의 피에 화(化)'한다는 문구는 이미 문자적 표현의 한계선을 넘어서서 '화체(化體)'의 경지를 연상하게 해준다. 이렇듯 이용도의 역환의 개념에는 '생명', '영', '혈관적 연락', '혈정주사(피갈음)', '소유', '혼(魂)', 그리고 '신' 등 신비주의의 합일 사상과 직결되는 핵심적인 용어들이 자리 잡고 있다.

그런데 이용도의 역환의 개념에 대해 긍정적으로 평가하는 학자들이 있다. 이영헌은 그에게서 나타나는 생명의 역환이나 혈관적 연락을 고난의 신비주의에 접목시켜 그리스도의 고난이 이용도 자신의 고난으로 바꾸어지는 배경이라고 이해함으로써[81] 합일의 경지인 것으로 보지는 않는다. 박봉배는 생명의 역환을 '삶의 역환'을 함축하는 것으로 보아[82] 성화의 의미로 해석했다. 이외에도 이용도의 생명의 역환을 유니티로서의 합일로 간주하지 않는 입장을 취하는 학자들은 그의 무와 공 사상을 문자적으로 해석하지 않는다. 가령 윤성범은 그의 무 사상과 관련하여 신약에서의 '몸(σῶμα)' 혹은 '살(σαρξ)'이라는 개념은 인간과 하나님과의 관계로부터 멀어지려는 지향성을 말하여주는 것이라는 논리로 이용도의 무 사상은 존재론적인 무를 의미하는 것이 아니라 이러한 'σῶμα'와 'σαρξ'가 정상적인 상태로 회복되는 차원을 뜻한다고 이해했다.[83] 즉 참다운 인간성을 회복함으로써 하나님과 인간 사이의 관계성이 회복된다는 의미로 본 것이다. 이와 유사한 견해들로서 왕대일은 '예수

---

81) 이영헌, 『한국기독교사』, 188쪽.

82) 박봉배, 「이용도의 신비주의와 그 윤리성」, 129쪽.

83) 윤성범, 「이용도와 십자가 신비주의」, 246쪽, 259쪽. 그러나 윤성범은 이용도가 성경상의 'σῶμα' 혹은 'σαρξ'의 개념을 실제 무와 공 사상에 연계하여 사고했는지에 대한 분석은 간과한 채 자의적으로 해석했다.

의 사람', [84] 이세형은 '주님의 뜻과 주님의 생명으로 다시금 채우는 삶', '변화된 삶', [85] 최인식은 '예수가 살았던 삶', [86] 이정배는 '새로운 주체성(정체성)' [87] 등으로 해석하여 넓은 의미에서 성화의 차원 또는 자기 존재에 대한 새로운 각성이라는 취지인 것으로 조명했다. 한편 김상일은 독특한 해석을 시도했는데 이용도에게서 나타나는 '혈관적 연락'을 주님의 피와 이용도의 피의 위치를 철과 열, 물과 스펀지의 관계에 비유하여 '포함(包涵, 널리 휩쓸어 쌈)'이 아닌 '포함(包含, 어떤 사물 혹은 현상 가운데 함께 들어 있거나 함께 넣음)'으로 봄으로써 [88] 루터의 공재설(consubstantiationism)을 연상하게 한다. 즉 유니티로서의 합일이 아니라 유니온으로서의 연합으로 이해한 것이다.

반면 민경배는 이들과는 상반된 주장을 폈다. 그는 이용도의 생명의 역환과 관련하여 융합보다는 차라리 '그리스도와의 신분동일의 초경건'이 우세했다고 보는 것이 적절할 것이라고 평했다. [89] 그의 주장은 이용도에게는 '다 잃고 주와 영이 합해지는 것' 말고 그에게 딴 기쁨과 의미가 없었다는 데 논리적인 근거를 두며 따라서 이용도에게서 나타나는 역환

---

84) 왕대일, 「동양적 영성과 유대적 영성: 성서신학적 토론 – 시무언(是無言) 이용도 목사의 생애와 사상을 중심으로」, 15쪽.

85) 이세형, 「시무언 이용도 목사의 예수론」, 191쪽, 201쪽.

86) 최인식, 「시무언 이용도 목사의 예수론 – 논평과 제안」, 이용도신앙과사상연구회(편), 『이용도 목사의 영성과 예수운동』, 224쪽.

87) 이정배, 「동양적 영성과 조선적 기독교의 모색」, 『제19회 학술강연회 – 이용도와 한국기독교』, 43쪽.

88) 김상일, 「한국문화와 이용도의 영성」, 한국문화신학회(편), 『이용도 김재준 함석헌 탄신 백주년 특집논문집』, 82쪽. 그러나 김상일의 주장은 주님의 피와 이용도의 피가 공존한다는 듯한 표현이 된다는 점에서 마치 성찬관에 나타나는 루터의 공재설을 연상케 할 정도이며 지나치게 철학적인 사유에 치우쳐 자의적으로 해석했다.

89) 민경배, 「한국의 신비주의사」, 209-210쪽.

의 개념은 '신비적 생명의 역환'으로 간주해야 한다는 것이다.[90] 신규호 역시 민경배와 마찬가지로 이용도의 피갈음 사상은 절대자의 '자기동일화'를 강하게 표현한 것이라고 이해했으며 이용도는 그리스도와 자기가 한 몸이 되지 않은 상태의 신앙을 상상조차 하지 않았다고 단언했다.[91]

필자가 보기에 이용도가 구사하는 '역환'에는 '신앙생활', '옛 것을 버릴수록'이라는 표현도 병립되어 있어 일면 생명의 역환을 성화의 차원으로 보려는 견해에도 일리는 있다고 본다. 그렇지만 이 역환과 관련하여 이용도가 구사하는 문장들 여러 곳에 합일의 기교가 매우 강렬하게 표출되어 있다는 점을 총체적으로 감안하면 합일을 의미하는 것으로 보는 것이 전반적으로 자연스럽다. 또한 위의 여러 문장에서 이용도가 구사하는 문구에 신비주의자들이 합일사상에서 구사하는 전형적인 기법들이 능숙하게 발휘되어 있다는 점을 고려하면 그의 용어구사가 합일이 아닌 성화의 차원이라고 하기에는 벌써 금단의 한계선을 넘어섰다고 보아야 한다.

이상, 고찰한 내용들을 토대로 생명의 역환과 관련하여 이용도에게서 나타나는 특징적인 합일사상의 논거를 다음 두 가지로 정리할 수 있다.

첫째, 그가 말하는 역환의 개념에는 소위 생명의 역환, 영과 영의 결합, 피갈음(혈관적 연결), 소유의 역환, 혼(魂)갈음 등 유니티로서의 합일을 묘사하는 관용적인 신비주의의 기법들이 집약되어 있다. 그뿐만 아니라 '그와의 혈관적 연락을 이루어', '혈정주사를 맞아', '그 신이 나의 신이 되어서', '나의 혼을 빼어'라는 표현 단계에서는 분명히 '무'와 '공'이 전제된 본체적, 존재적, 본질적 합일의 차원을 관철한다.

---

90) 민경배, 「이용도의 신비주의 연구(한 교회사적 고찰)」, 62쪽.

91) 신규호, 「시인 이용도론」, 77쪽.

둘째, 그의 생명의 역환 사상이 합일 진입의 직전 단계인 무화(無化) 사상에 기반을 둔다는 점이다. 이는 신비주의에서 설정한 합일사상의 대변적인 프레임이기도 하다. 그는 무화와 역환을 별개의 독립적인 개념으로 분리하여 생각했던 것이 아니라 상호 유기적인 관계에서 논했다. 그의 합일사상의 서정에는 '無化(無, 空 사상) → 절대자의 임재 → 새로운 생명의 탄생(합일양태)'으로 분석할 수 있는 논리적 도식이 분명하게 드러난다. 이 도식에서 역환이란 '절대자의 임재 → 새로운 생명의 탄생'이라는, 타자가 내 안에 들어와 나로 대체되는 과정에 해당한다. 즉 자아몰각이라는 무의식 혹은 무아 현상에 뒤이어 과감한 맞바꿈을 통해 전혀 새로운 타자인 신적 생명이 내 안에서 탄생하게 된다는 논리인 것이다. 인간이 무화가 되는 순간 타자인 하나님이 임재하는 것으로 보았을 때 존재적 신의 본질과 인간의 본질 사이에는 아무런 차이도 느낄 수 없게 되며, 이럴 경우 인간과 절대자 양자 사이에 놓여 있는 간격은 자연스럽게 철폐될 수밖에 없다. 따라서 이영헌, 박봉배, 이세형 등이 생명의 역환의 의미를 단지 문맥상에 등장하는 삶의 역환에 근거하여 합일의 차원이 아닌 성화의 차원인 것으로 울타리를 치는 시도에는 논리적으로 무리가 있다.

이용도의 생명의 역환 사상과 관련하여 그를 합일을 주장하는 신비주의자로 간주하지 않으려는 흥미로운 해석 하나를 살펴보기로 하자. 이용도를 변호하는 입장을 취하는 최남규는 「오직 성령내주로 살고 간 성령인」이라는 소논문에서 이용도가 언급한 '피주사'에 대해 'inner-dwelling', 즉 내주(內住)와 같은 의미라고 해석했다.[92] 그러나 최남규는 자신의 다른 소논문에서는 내주의 개념을 스코필드(Cyrus I. Scofield)와 선다

---

92) 최남규, 「오직 성령내주로 살고 간 성령인(성령 내주론적 입장에서의 고찰)」, 『이용도 연구 40년』, 24쪽.

싱의 사상에 나타나는 'influx(入流)'와 동일한 의미로 간주함으로써 오히려 그의 주장은 아이러니하게도 '피주사=influx'라는 접신적(接神的) 사고로 등식화하는 허점을 보여준다. 심지어 그는 박형룡이 교의신학 제2권 〔神論〕에서 언급한 '내주'의 개념을 근거로 제시하여 자의적으로 내주를 'influx'로 해석하는 오류를 범했다.[93] 그는 분명히 성령의 내주가 입류를 전제한다는 소신을 스스로 밝힌 셈이다. 최남규의 이러한 해석은 오히려 이용도의 '유니티'로서의 합일사상을 더욱 강하게 뒷받침해주는 논거가 된다.

2) 무(無)와 공(空) 사상

(1) 노자의 『도덕경(道德經)』에 입각하여 해석하려는 견해

이용도의 무와 공 사상을 동양적인 사유 구조로 이해하려는 대표적인 학자로서 이세형을 들 수 있다. 그는 노자의 『도덕경』을 토대로 하늘과 땅이 가르치는 무화 혹은 무위(無爲)의 정신을 도입하여 이용도의 영성을 분석했다. 그는 이용도의 무화 혹은 공화 사상이 예수님께 주인의 자리를 내어주고 자신은 도구로 쓰임 받는 차원을 의미한다고 주장했다. 즉 신앙의 주체는 자신에게서 예수님에게로, 그리고 예수님의 생명에로

---

93) 최남규, 「합리적 이용도가 초합리적 용도 목사가 된 내재적 원인」, 『이용도 연구 40년』, 193-194쪽.

옮겨지고, 이러한 생명에 접함으로써 예수님의 사람이자 예수님의 도구가 된다는 것이다.[94] 이세형 외에도 흔히 이용도의 신앙과 관련하여 동양적 혹은 한국적 영성을 주제로 연구하거나 이 방면에 고무적인 의미를 부여하려는 학자들은 그가 동양적 영성을 추구했다는 점을 들어 그의 영성을 서구신학으로 논하기보다는 동양적 사유 구조로 접근해야 한다고 촉구한다. 가령 최인식,[95] 정희수,[96] 이정배[97]와 같은 학자들을 들 수 있다.

그러나 이러한 동양적 사유 구조로서 이용도의 무와 공 사상을 연구하려는 시도가 정당한가에 대해 필자는 다음과 같이 다섯 가지로 문제를 제기한다.

첫째, 이용도의 사상을 어떤 툴(tool)로써 이해할 것인가에 대한 문제이다. 즉 신학인가 아니면 노자 사상인가의 문제이다. 이용도는 감리교 협성신학교에서 영문학을 전공했지만 나름대로 신학의 기초를 다졌고 목사안수를 받았다. 만일 이용도의 무와 공 사상을 동양적 사고 구조인 노자의 『도덕경』을 통한 자연친화적이며 자기무화적인 것이었다고 단정해버린다면 그가 목사안수를 받기 위해 협성신학교에서 습득한 신학적 기초와 소양은 어떤 가치를 지니는지 의문이다. 혹 이용도가 노자 사상의 틀에 기독교 사상을 도입하여 종교적 혹은 철학적 혼합주의(syncretism)를 시도하려 했다면 이를 뒷받침할 만한 명백한 근거도 제시해야 할 것이다.

---

94) 이세형, 「시무언 이용도 목사의 예수론」, 190-192쪽.

95) 최인식, 「시무언 이용도 목사의 예수론 – 논평과 제안」, 218쪽.

96) 정희수, 「누혈의 신학과 한국적 영성」, 편집위원회(편), 『이용도의 생애 · 신학 · 영성』, 310쪽. 정희수는 '無'의 노장적인 지혜와 대승불교적인 '空'이 바탕을 이루는 동양적인 해석을 십자가의 삶에 접목시켰다고 했다.

97) 이정배, 「동양적 영성과 조선적 기독교의 모색」, 30쪽, 45쪽 이하.

둘째, 이용도의 유교 경전이나 노자 사상에 대한 학문적인 수준의 문제이다. 그의 이력이나 서신, 일기 등에 기록된 고백 등을 감안하면 그는 양전백처럼 유교적 소양이 깊지 않았으며 길선주처럼 소년기 혹은 청년기에 유학이나 도학 혹은 타종교에 심취했던 인물도 아니었다. 그는 노자의 『도덕경』이나 유교경전의 사서삼경에 통달했을 정도로 한학을 깊이 있게 섭렵한 적도 없다.[98] 오히려 이용도가 어려서부터 전도부인이었던 모친 양마리아의 깊은 영적 감화를 받으며 성장했던 신앙내력[99]으로 미루어본다면 그의 종교 사상은 유학 혹은 타 분야의 학문보다는 기본적으로 기독교의 신앙과 신학에 뿌리를 두고 있었다고 보아야 할 것이다.

셋째, 이용도의 예수 그리스도에 관한 이해는 기본적으로 성경에 기초한 것이었으며, 공관복음과 요한복음에 근거하여 예수주의를 표방했다. 그런데 그의 예수 그리스도를 이해하는 원천이 무화무위(無化無爲)의 노자 사상에 있다는 단서가 어디에 있는지 그가 남긴 1차 자료에 근거하여 밝혀야 할 것이다. 이용도가 노자의 사상에 영향을 받았는지 또 그 사상이 본질적으로 동일한 것인지 사상적 연결고리를 밝히지 않은 채 심증만으로 동일하다고 주장한다면 이는 논리적 비약이 될 수밖에 없다. 그의 1929년도 일기에 두 줄 정도 노자의 글이 소개되어 있기는 하지만 내용상으로 미루어보아 무화무위의 사상적 영향을 끼쳤다고 간주할 만한 대목은 아니라고 사료된다.[100] 혹 그에게서 엿볼 수 있는 노자 사상과 유

---

98) 김수천은 이용도가 협성신학교에서 수강할 때 최병헌 목사가 동양종교를 비롯한 비교종교학을 강의했다는 점을 들어 노자 사상에 접했을 것으로 추측했으나 이용도 스스로 노자 사상을 접했다는 고백을 한 적이 없다. 김수천, 「이용도 목사의 자연에 대한 영성과 성 프란시스코(St. Francis of Assisi)의 창조 영성 비교 연구」, 『역사신학논총』(2007년 12월), 75쪽.

99) cf. 『이용도전』, 18-21쪽. Victor Wellington Peters, 「시무언(是無言), 한국 기독교 신비주의자」, 박종수 역, 17-30쪽.

100) cf. 『이용도 일기』, 69쪽. 1929년 일기보유(日記補遺)에 기록.

사한 사유(思惟)가 있다면 이는 한국인이 보편적으로 지닌 공통적인 심성 정도로 보아도 그다지 문제될 것은 없으리라 본다.

넷째, 이용도에게 나타나는 무아의 경지와 노자의 무 사상이 어떻게 서로 조화를 이룰 수 있느냐의 문제이다. 노자의 사상은 공자 이래 인위적으로 학설을 고정하거나 행동의 규범을 마련하며 완성된 형식으로서의 예(禮)를 제시한 데 대하여 이의를 제기했다는 데 핵심이 있다. 노자는 인위적인 노력을 무용한 것으로 보아 인위도덕(人爲道德)을 반대하고 무위자연(無爲自然)을 주장했던 것이지, 결코 타자(神)와의 신비로운 연합 혹은 합일을 이루기 위한 의도로 무와 공을 주장했던 것이 아니다. 이 점에 있어서 노자와 이용도의 무와 공의 개념은 상관성을 논할 수 없으며 동상이몽(同床異夢) 격이라고 보아야 한다.

다섯째, 이용도가 추구하려 했던 동양적 영성이라는 것이 노자의 노선과 서로 일치되고 상합(相合)하는가에 대한 의문이다. 이용도는 서양적 기독교를 실패로 단정하고 동양적 기독교를 '정적(靜的)', '영', '내세적', '신비', '내적' 등의 개념에서 찾으려 했던 것은 사실이다.[101] 그러나 실제로 이러한 용어들이 노자의 사상에서 연원되었다고 단정할 만한 결정적인 단서는 없으며, 오히려 나열된 용어상으로만 본다면 성경과 친화적인 성격을 갖는 동양의 용어들로 보는 것이 자연스럽다.

---

101) 『이용도 저술집』, 209쪽. 語錄(2). cf. 안수강, 「이용도(李龍道)의 민족사랑 고찰」, 35-36쪽. 고려할 만한 견해로서, 이재정은 '정적'이라는 면과 관련하여 오히려 이용도가 「신앙-기도-사랑의 동적인 praxis의 信學」을 전해주었다고 평가함으로써 '정적' 차원과는 입장을 달리한다. 이재정, 「21세기를 향한 한국교회의 과제」, 이용도신앙과사상연구회(편), 『이용도 목사의 영성과 예수운동』, 146쪽.

(2) 자아몰각, 무아 차원에 적용할 수 있는 사례들

필자는 이용도의 무와 공 사상을 문자 그대로 자아몰각 혹은 무아 차원에 적용해도 무리가 없다는 근거로서 다음 두 가지 경우를 사례로 들어 제시하고자 한다.

첫째, 이용도는 원산계 신비주의자 유명화의 신탁을 주님께서 주시는 말씀으로 인정하고 수용했다는 점에 주목해야 한다. 많은 신학자들은 이 사실과 관련하여 목사인 이용도와 접신녀 유명화의 신앙을 같은 지평에서 논할 수 없다며 이 문제의 핵심을 비껴가려고 한다. 물론 이용도와 유명화의 신앙이 동질일 수는 없다는 점은 필자도 십분 주지하고 있는 사실이다. 그런데 최석주가 원산에서 이용도를 만나 대담을 나눈 후 그 내용을 『기독신보』에 게재한 기사를 살펴보면 이용도는 유명화의 예언을 신탁으로 인정하고 수용했다는 사실이 분명하게 드러난다. 문제는 유명화가 신탁을 발하는 과정에 한동안 유명화 자신은 존재하지 않는 무의식 상태가 지속되어 무아의 경지에 이르는, 소위 무속세계에서 논할법한 접신과 입류 현상이 개입되어 있다는 점에 있다. 이때 유명화가 무아지경에서 토해내는 모든 메시지는 이유를 불문하고 신적인 권위를 지니는 것으로 간주된다. 다음 글은 '무의식 상태', '입신 상태', '발언'은 '자아몰각 → 입류 → 주님의 말씀'으로 구형된 접신 논리의 순차적인 도식을 보여준다.

리 목사(이용도 목사 – 필자 주)는 그의 경험한 바 친를('친히'의 오자인 듯 – 필자 주) 이야기해 주었다. (중략) 이제 이 문제의 중심이 되는 자매 유명화 씨의 이야기를 간명히 적어보면 이러하다.

一. 기도하는 중에 三四차로 내지 十여차 느끼다가 한숨을 쉬게 됨

二. 이때는 유명화 자기는 없는 무의식 상태에 들어감

三. 여러 가지로 발언을 하니 이 상태 즉 입신상태 중에는 모든 말슴
   이 모다 주께서 친히 날아나심이라 함

四. 그 말에는 모든 불의와 악이 없고 또 거짓이 없고 또 과거를 알
   고 현재를 알고 미래를 안다 함

伍. 다시 그 입신상태(入神狀態)에서 버서나면 평시와 같은 한 개 겸
   손한 자가 됨

六. 입신상태는 극히 평온할 때도 잇고 사랑하는 어버이가 그 자녀를
   대하는 것 같은 때도 잇으나 시시로는 분노와 권위로서 날아남

(중략) 이와 같은 상태를 모다 하느님 친히 하시는 일이오 말슴은 곳
주님이시라고 믿는 것이 그들(이용도를 포함한 사람들 - 필자 주)의 신앙이
다.[102]

　　이용도의 측근 이호빈은 1932년에 이용도에게 유명화는 입류신을
받았기에 선다 싱이나 스웨덴보르그를 능가하는 인물이라고 소개했으
며, 학계에서는 같은 해 9월에 이용도가 신탁을 토해내던 유명화 앞에서
"주여!"라고 고백했던 일이 이용도가 몰락하게 된 결정적인 사건이었다
고 회자된다.[103]

---

102) 최석주, 「「새 생명」의 발상지?(1)」, 『기독신보』 1933년 3월 15일, 제6면.

103) cf. 김인서, 「용도교회 내막조사 발표(2)」, 『신앙생활』(1934년 4월), 26쪽; 임인철, 「예수교회
　　사략(1)」, 『예수』 복간 제10호(1992년 겨울), 42쪽. 이후 이용도는 유명화의 신탁 사건과 관
　　련하여 최석주와의 대화에서 자신은 유명화를 신의 본체인 것으로 간주하여 경배했던 것이
　　아니라 단지 말씀 앞에 경배했을 뿐이었다고 해명했다. 이는 이용도가 입류녀 유명화가 한 예

둘째, 이용도의 측근이자 친구였던 선교사 피터스의 증언에 의하면 이용도는 자신이 인도하는 부흥집회 중에 성도들이 몸을 부르르 떨면서 정신을 잃고 실신하는 장면을 성령의 초자연적 역사로 용납했다는 점으로 미루어 이러한 장면을 무속신앙의 무아지경, 즉 자아몰각 상태에서 나타나는 무와 공 사상에 연계해볼 수 있다. 특히 이러한 현상은 그가 인도하는 생애 마지막 부흥집회들에서 두드러지게 나타났다.

> 설교가 끝난 후 흔히 그렇듯이, 모든 사람들이 통성으로 함께 기도하는 시간이 있다. 이렇게 모두 기도하고 있을 때 시무언은 교인들에게 안식을 주는 내용보다는, 그들의 감정을 고조시켜 울게 했다. 그러면 교인들은 몇 시간 동안 교회 바닥에 주저앉아 손으로 땅을 치면서 울며 소리를 지르고 몸을 부르르 떨면서 실신을 하곤 했다. 시무언은 이 모든 행위를 성령의 역사로 받아들였기 때문에 이를 저지하려고 하지 않았다. 이런 분위기에는 뜻하지 않는 함정이 있기 마련이다. (중략) 그는 너무나 쉽게 초자연적인 힘을 받아들였기 때문에 거룩한 능력뿐만 아니라 사탄의 능력까지도 그를 방문할 수 있는 여지를 남겨두었다. 바로 이 점을 그의 영악한 적인 사탄이 노린 것이다. 사탄은 특유한 방식으로 시무언을 속이려 했다.[104]

피터스는 늘 이용도를 아끼고 감싸주던 절친한 벗이었지만 이용도가 생애 말기에 주도한 이러한 양태의 부흥집회에 대해서만큼은 하나님

___

언을 직접계시로 인정하여 수용했다는 의미가 된다. 최석주, 「「새 생명」의 발상지?(2)」, 『기독신보』 1933년 3월 22일, 제6면.

104) Victor Wellington Peters, 「시무언(是無言), 한국 기독교 신비주의자」, 박종수 역, 84-85쪽.

의 운동이 아니라 사탄이 개입한 양상이었고, 건강이 악화된 상황에서 시무언이 영악한 사탄의 유혹에 넘어갔다고 깊이 유감을 표명했을 정도였다.[105] 이정배가 모친 양마리아의 신앙과 관련하여 무속적 엑스타시의 코드가 당시 교회들의 영향 하에서 기독교적으로 바뀐 것으로 이해할 수 있다며 이용도가 이러한 모친의 종교성에 깊이 매료되었다[106]고 본 점도 일면 논리적으로 이용도의 신앙양태를 합일사상의 무아지경, 자아몰각 상태에 연결지어볼 만한 견해라고 볼 수 있다.

소결

이용도의 생명의 역환과 관련된 언급들은 신비주의의 전형적인 합일사상 도식과 일치한다.

첫째, 그의 역환에 대한 이해는 무화가 된 인간에게 질적으로 전혀 다른 외적인 생명, 즉 신적인 생명이 새롭게 임재하여 내주함으로써 헤테로스와 카이노스의 상태를 충족하는 새로운 생명이 도출된다는 논리를 갖는다.

둘째, 여러 학자들이 주장한 대로 이용도의 역환사상은 일면 신앙생활이 변화되어 거룩해져야 한다는 성화의 차원에서 논의될 수도 있을 것이다. 그러나 문제는 역환과 관련하여 구사된 신비주의 특유의 전형적인 용어들과 논리체계, 도식, 그리고 그가 섭렵한 신비주의에 관한 지적 깊

---

105) Victor Wellington Peters, 「시무언(是無言), 한국 기독교 신비주의자」, 박종수 역, 93-94쪽.
106) 이정배, 「동양적 영성과 조선적 기독교의 모색」, 30쪽.

이로 미루어볼 때 단순하게 성화 차원에서 조명하기에는 지나치게 그 한계선을 넘어서 있다.

셋째, 신비주의의 역환사상인 무화와 절대자의 임재 그리고 새로운 생명이 나타난다는 도식이 신비주의의 사고와 우연히 일치하는 것뿐이라고 합리화할 수도 없다.

따라서 이용도는 어떤 경로로든지 간에 이미 깊이 있게 신비주의 체제를 수용했고 스스로 합일사상을 익숙하게 체득했다는 것을 시사해준다.

4
성적 메타포에 나타난 합일사상

1) 성애(聖愛)인가 성애(性愛)인가의 문제

성적 메타포를 통해 나타나는 이용도의 합일사상을 살펴보자. 그의 그리스도와의 합일사상은 신랑과 신부 사이 밀회(密會)의 성애(性愛)로 고조되어 그리스도를 일념으로 열망하는 차원으로 승화되어가는 특징이 나타난다.

이용도는 자신의 일기 혹은 서신에서 특유의 성적 메타포를 통해 그리스도와 자신의 사이를 부부관계로 엮어내거나 그리스도를 애인으로 묘사했다. 다음 인용문에서 '염념사지', '사랑', '내전', '애의 지성소', '포옹', '눈물', '장미꽃', '최대 애인', '생명', '신랑, 신부', '침방', '사괴임', '신방' 등의 용어는 그의 성적 은유를 선명하게 보여준다.

그대는 주야로 염념사지(念念思之)하여 주님의 사랑을 찾고 찾으라!

그리하여 저 – 깊은 사랑의 내전에까지 찾아 들어가라. 그곳은 한 번

들어간 자 나올래야 나올 수 없는 애(愛)의 지성소니라. 거기서 그대는 주의 정체를 포옹하리라. 그리고 천국을 노래하며 그 귀한 영광을 얻은 그대의 눈에는 감사의 눈물! 진주와 같이 솟아날 것이니라.[107]

뜰 안 한 모퉁이에 말없이 피었다가, 또한 그곳에서 고요히 지는 작은 장미꽃과 같이, 나도 고요히 그를 사랑하고 말없이 그를 위해 죽고 싶어라. 예수를 유일 최대 애인으로 삼고 언제든지 그만을 사랑하다가 그를 위해 이 생명을 바치고 싶어요.[108]

주는 신랑! 나는 신부. 주여 침방에서 사괴이는 사랑의 사괴임의 때를 허락하소서. 지금은 나의 신방에 잡인의 출입이 잦아서 주님과 고요히 사괴었을 사랑과 진리를 얻지 못하오니 나의 영은 무한히 피로하오이다. 오- 주여![109]

이용도의 이 성적 메타포 사상과 관련하여 그의 성애를 '성애(性愛)'로 보아야 하느냐 아니면 '성애(聖愛)'로 보아야 하느냐의 논쟁이 있다.

한숭홍은 이용도의 신비주의를 성애적(性愛的) 신비주의(nupital passionate mysticism)로 보려는 태도에 대해 이용도의 사상과 신학 전체를 밀의 종교[110]적 피학증(被虐症, masochism)으로 진단한 결과에서 비롯된 폐단이라고 지적

---

107) 『이용도 서간집』, 158쪽. 1932년 9월 24일 안성결에게 보낸 서신.
108) 『이용도 일기』, 157-158쪽. 1931년 12월 7일자 내용.
109) 『이용도 서간집』, 107쪽. 1932년 2월 초 이호빈에게 보낸 서신.
110) 밀의 종교의식에서 사제들과 입문자들은 드라마틱한 의식에 들어가 여러 가지 행위들을 통해 신들과의 결합을 이룬다. Gerhard Kittel(ed.), T. D. N. T.(IV), p. 805.

하며 성애(性愛)가 아닌 성애(聖愛)의 개념으로 이해해야 한다고 했다.[111] 필자는 한승홍의 견해는 논리적으로 근거가 빈약하다고 본다. 피학증은 가학증(加虐症, sadism)과는 상반되는 개념이다. 엄밀하게 말해서 피학증은 신체적 혹은 심리적 고통을 받음으로써 성적인 만족과 즐거움을 얻으려는 경향으로 신비종교에서는 죄에 대한 보상으로 피학증을 시행하기도 한다.[112] 이용도의 사상과 신앙을 피학증으로 진단함으로써 그의 성적 메타포를 성애(性愛)로 규정짓는 오류를 범했다고 보는 한승홍의 비판은 다분히 자의적이다. 왜냐하면 신비주의가 기독교에서 신과 인간의 본질적 일치나 융합이 아닌 고도의 인격적 일치를 말할 때는 피학증 차원과 관계없이도 성애나 결혼의 은유를 구사할 수 있기 때문이다. 민경배는 고난 받으시는 그리스도의 신비주의는 반드시 성적 신비주의(nupital mysticism)를 동반한다는 견해를 취했다.[113] 또한 성애적(性愛的) 성적 메타포는 한승홍이 주장한 피학증의 논리와는 상관없이 기도를 통한 신과의 대화의 차원에서도 충분히 포착해낼 수 있는 사안이기도 하다. 이 점에 대해서는 제5장 제5절, '기도관에 나타난 합일사상'에서 별도로 논할 것이다. 이용도의 사상과 신학을 굳이 피학증이라는 편향된 프리즘을 통해 파악하지 않더라도 고난 받으시는 그리스도 상 혹은 기도관을 통해서도 그의 성애적(性愛的) 신비주의를 충분히 분석해낼 수 있다. 또한 그리스도가 당한 고난을 이용도에게 굳이 피학증으로 전이(轉移)시켜 설명할 하등의 이유도

---

111) 한승홍, 『한국신학사상의 흐름(하)』, 243쪽, 249쪽.

112) 이윤상, 『상담심리학』(서울: 성광문화사, 1987), 290쪽. 웹스터 사전에서는 피학증을 뜻하는 'masochism'에 대해 신체적으로 혹은 다른 양상으로 지배를 받거나 부당한 대우를 받거나 해를 입음으로써 성적 만족을 얻는 경우, 혹은 신체적·정신적 고통을 당함으로써 즐거움을 얻는 경향을 의미하는 것으로 정의한다. David B. Guralnik(ed.), *Webster's New World Dictionary: Second College Edition*(Seoul: Koreaone Press, 1989), p. 871.

113) 민경배, 「한국종교의 신비주의적 요소」, 162쪽.

없다고 본다. 따라서 이용도의 성적 메타포를 성애적(性愛的) 신비주의로 평가하려는 주장들에 대해 일률적으로 밀의 종교적 피학증에 의한 진단이라는 잣대로 비판을 가해서는 안 된다.

"그대는 주야로 염념사지(念念思之)하여"로 시작된 첫 인용문에는, 민경배에 의하면 신랑 되신 그리스도의 사랑의 품에 안겨 그의 입술에 입 맞추는 순간을 노래하고 그의 떠나가심을 서러워하는 버나드(Bernard of Clairvaux)의 글귀가 재현되었으며 그리스도를 사모하는 정으로서 성애적(性愛的)인 신비성을 지닌다고 했다.[114] 민경배는 성적 메타포와 관련하여 이용도와 프란시스 라오스(Francis Rous)를 비교했는데 프란시스 라오스도 '신비적 결혼'이라는 문구를 구사함으로써 성애적(性愛的) 가락을 짙게 풍겼으나 이용도만큼의 에로티시즘으로 나아가지는 않았다고 평가하여[115] 이용도의 성애적(性愛的) 신비주의가 프란시스 라오스의 그것보다 훨씬 더 깊은 수준임을 보여준다고 강조했다. 김인수는 이용도의 일화(一化) 사상에서 그리스도의 사랑을 이성 간의 성애(性愛)로까지 전락시킨 문제점이 발견된다고 간파함으로써 민경배와 같은 입장을 취했다.[116] 변선환 역시 이용도가 마이스터 에크하르트와 중세 독일의 여성 신비주의자였던 메이틸트(Mechthild)처럼 '신과의 합일의 욕정' 차원인 성애적(性愛的) 표현을 했다고 분석했다.[117]

---

114) 민경배, 「한국종교의 신비주의적 요소」, 162쪽.

115) 민경배, 「영국 청교도혁명과 프란시스 라오스의 신비주의」, 『현대와 신학』 제15집, 88쪽.

116) 김인수, 『한국기독교회의 역사』, 427쪽, 431쪽.

117) 변선환, 「이용도와 마이스터 에크하르트」, 164쪽.

2) 성적 메타포의 세 양상:
인격적 일치, 초인격적 일치, 성속이원론

이용도의 성적 메타포에서 합일사상과 관련하여 드러나는 주목할 만한 양상은 크게 세 가지로 정리할 수 있다.

첫째, 성애적(性愛的) 표현에서 고도의 인격적 일치를 보여준다. 이때는 신랑과 신부 각자의 정체성(identity)이 독립적으로 분명하게 구분되어 묘사된다. 앞서 제1항, '성애(聖愛)인가 성애(性愛)인가의 문제'에 소개한 인용문들은 모두 이러한 범례에 해당한다. 이 경우 성애적(性愛的) 관계에서 '사괴임'이 어떤 의미를 갖느냐라는 문제를 제기할 수 있다. 왜냐하면 성적 메타포가 초래하는 신비적 위험성은 고도의 인격적 일치를 통해 절대자, 즉 신랑이신 예수 그리스도와의 대화를 빙자하여 직접계시를 정당화할 수도 있기 때문이다. 사괴임은 신부 측의 입장에서는 기도의 양상으로, 신랑 측의 입장에서는 신부 측을 향해 직접계시를 내려주는 모양새로 해석될 수도 있다. 이 점에 대해서는 제5장 제5절 3항, '합일의 경지에 이르는 성애적(性愛的) 기도'에서 별도로 논할 것이다.

둘째, 이용도가 그리스도의 영과 인간의 영과의 접촉을 성애(性愛)로 표현함에 있어 무와 공 사상, 나아가 초인격적 일치가 동반된다는 점이다. 신비적 무아의 경지에 빠질 때 자신의 존재 자체는 사라지기 마련이다.[118] 다음 인용문에 묘사된 그의 성적 메타포에는 그리스도를 받아들이기 위한 존재론적 무 사상인 '나의 존재조차 찾지 못할 지경'이 전제되어 있다. 이 경우 이 존재론적 무 사상이 '사괴임'과 연계되면 '자신의 無化

---

118) 신규호, 「시인 이용도론」, 17쪽.

→ 외부(他者)의 메시지 임재'라는 도식이 자연스럽게 성립될 수 있다. 왜냐하면 그리스도와 이용도의 신분상의 구분이 모호해짐으로써 신랑 신부 간 고도의 인격적 일치가 초월되고 마침내 본체적 · 존재적 · 본질적 일치에 도달하기 때문이다. 이때는 무화의 단계에 이른 인간에게 절대자의 음성이 본체적으로 임재하는 수준에까지 다다를 수 있다. 이 수준에 올라서게 되면 자연스럽게 '이용도의 음성＝그리스도의 음성(메시지의 동일화)'이라는 등식이 성립된다. 이 점에 대해서는 이미 제5장 제3절, '생명의 역환(易換)에 나타난 합일사상'에서도 상술한 바 있다. 다음 글에서 이용도는 성애적(性愛的) 신비를 무아의 경지에 적용시켰다. 그는 '존재조차 찾지 못할 지경'의 무아의 상태를 한껏 '애(愛)의 전광(電光)'과 '애의 뇌격'에 의해 야기되는 신비로운 현상으로 보았다.

> 그 영과 나의 영과의 접촉으로부터 일어나는 애(愛)의 전광(電光) 또 애의 뇌격이 나의 생명 전체를 영향 주게 하여야 한다. 곧 그것으로 말미암아 나의 전체가 움직여지고 나는 나의 존재조차 찾지 못할 지경에 들어가야 한다.[119]

셋째, 한 걸음 더 나아가 그의 성적 메타포의 또 다른 면모는 그리스도를 대면하기 위해 단호하게 세상을 초월하려는 성속이원론까지도 동반한다는 점이다. 즉 이 세상을 신랑과 신부 사이를 가로막는 불필요한 장해(障害) 요인으로 여겨 배척함으로써 신비주의가 취하는 특유한 초월성의 태도를 반영한다.[120] 민경배는 이용도의 신비주의에 있어서 "이 '애

---

119) 『이용도 서간집』, 112-113쪽. 1932년 4월 12일 김광우에게 보낸 서신.
120) 이용도가 추구한 삶은 현세와 내세를 단절하는 이원론적 생은 아니었다. 다만 신비주의의 성

착'은 계시나 구속의 섭리까지도 소외된다는 데 전통적인 신앙과의 거리를 볼 수 있을 것"[121]이라고 주장했다. 이용도의 성애(性愛)의 초점은 평소 그의 고백대로라면 사각(死殼)된 교리나 고목처럼 말라비틀어진 신조[122]도, 울긋불긋 치장을 해놓은 화려한 교회[123]도, 세상의 지식이나 재물[124]도 아닌 오직 예수님이었다. 이 모든 것은 예수 그리스도와 자신과의 사이를 격리시키는 걸림돌에 불과하다고 간주했기 때문에 과감하게 물리칠 수밖에 없었다. 부언하면 적용적인 차원에서 역사, 전통, 교리, 신조, 법 역시 그리스도를 유일한 대상으로 하는 애착에 걸림돌로 간주될 때는 초월할 수도 있다는 의미이다. 다음 글에서 이용도는 이 세상을 버리고 최소한의 필요한 것만을 갖추어야 할 정당한 이유로서 오직 그리스도와의 대면을 고백했다.

> 너를 찾으시려 주님은 산을 넘고 들을 건너오시지 않았느냐. 그래도 너는 그를 싫어버리고 그냥 울고만 있구나. 그의 품에 안기라. 그리고 세상을 다 버리라. 주님의 사랑의 유방을 잡으라. 무릎 위를, 가리울 수 있는 작은 옷 한 벌, 목을, 추길 수 있는 물 몇 방울, 그리고 지팡이 하나 이것만을, 땅 위에서 전 재산으로 소유한 자. 그리고 하나님 품에 안기워 다른 아무 것도 더 필요치 않은 자 저는 복 많은 자요 또 그가 주

향이 깊어지는 단계, 특히 합일의 경지에 이르는 단계에서는 완전하게 세상을 초월하려는 성속이원론적인 특성이 반영된다. cf. 안수강, 「이용도(李龍道)의 민족사랑 고찰」, 27-29쪽.

121) 민경배, 「이용도의 신비주의 연구(한 교회사적 고찰)」, 54-55쪽. 신비주의는 현세를 가치 없는 것으로 여겨 무시하고 현실에서는 금욕주의를 동반하려는 특징을 지닌다.

122) cf. 『이용도 서간집』, 104쪽. 1932년 2월 2일 평양 형제들에게 보낸 서신.

123) 『이용도전』, 72쪽. 1931년 3월 1일 재령동부교회에서의 설교.

124) 『이용도 서간집』, 161쪽. 1932년 11월 12일자 강정숙에게 보낸 서신.

의 은총을 받은 자니라.[125]

소결

　성적 메타포에 나타나는 이용도의 합일사상의 특징은 예수 그리스도와의 고도의 인격적 일치, 더 나아가 무와 공 사상에 입각한 존재적 합일, 그리고 세상을 초월하려는 성속이원론적 태도로 정리할 수 있다.

　첫째, 신랑과 신부의 신분이 구분되는 성애적(性愛的) 고도의 인격 일치 상태에서는 직접계시가 하달되는 차원을 생각해볼 수 있다.

　둘째, 진일보 자신의 존재조차 찾지 못할 초인격적 일치, 즉 존재적 합일의 경지에 몰입되는 경우에는 더욱 심각한 양상을 띠게 된다. 절대자의 메시지가 본체적으로 자신에게 내재되는 수준에 이를 수도 있다는 점이다.

　셋째, 그의 성적 메타포는 세상을 초월하여 오직 그리스도의 품에 안기려는, 신비주의의 전형적 특징인 성속이원론적 금욕주의까지도 동반한다.

---

125) 『이용도 일기』, 169쪽. 1932년 4월 18일자 내용.

5
기도관에 나타난 합일사상

1) 유기주의자(唯祈主義者)

　　합일사상을 논함에 있어 음성(메시지)의 동일화, 즉 신의 음성과 인간의 음성의 일치를 논하는 단계에서 항상 등장하는 논제로서 기도관이 있다. 이용도에게는 '容道熱', '龍道熱', '湧禱狂', '기도의 샘'[126] 등 다양한 별칭 수식어들이 붙여졌을 정도로 기도생활에 힘썼다. 변종호에 의하면 어머니 양마리아의 기도생활에 감화를 받은 이용도는 13세 때 예배당 종각에 올라가 여러 시간, 혹은 철야하며 기도를 올렸을 정도로 어린 시절부터 기도를 체질화하는 훈련을 받았다.[127]

　　먼저 한국교회에 기도가 부족하다는 점을 질타하는 그의 일기 내용을 살펴보자. 그는 기도가 없기 때문에 교회가 신비한 은혜에 접하지 못했다고 진단했다. 그는 당시 장감을 막론하고 교회의 영성에 대해 정지

---

126) 『이용도전』, 237쪽.

127) 『이용도전』, 19쪽.

가 가련하다고 혹평했는데 그 이유가 기도를 모르는 데서 연유했다고 보았다.

> 가련한 일이다. 장로교에도 이렇게 기도가 없었던가. 아 - 한국의 교회는 장감을 막론하고 그 정지가 가련하였구나. 저희가 기도를 몰랐으니 어디 가서 신비한 은혜에 접할 기회가 있었으랴! 오 - 주여 저희들에게 기도를 가르쳐 주옵소서.[128]

기도와 관련하여 그의 교회를 향한 비판은 일기, 서신, 저술집 등에서 빈번하게 과격한 표현들로 묘사되어 나타난다. 그에게 있어서는 기도 없는 설교는 '날강도(날講道)'요, 기도가 없는 교회는 '죽은 교회'요, 기도 없이는 신앙도 없으며, 그의 판단대로라면 당대는 기도가 없음으로 인하여 갈라진 논바닥처럼 성도들의 영(靈)이 메말라 타들어가는 시대였다.

> 기도하고서 하는 說教는 익은 설교요 기도 안하고서 하는 講道는 날강도니라.[129]

> 외모는 화려하다마는 내용은 쇠잔한 감이 든다(평양 중앙교회 - 필자 주). 기도가 없는 교회는 죽은 교회다. 그 영이 냉냉함이여 인사와 치례에는 능하나 참 믿음에는 미흡하였구나. 아 - 교만, 완악한 세대여 주의 앞에 겸비치 않도다.[130]

---

128) 『이용도 일기』, 105쪽. 1931년 1월 13일자 내용.
129) 『이용도 일기』, 83쪽. 1930년 1월 23일자 내용.
130) 『이용도 일기』, 88쪽. 1930년 2월 27일자 내용.

밤 청년회 기독교 강좌(평양 모처 - 필자 주)에서는 신앙과 기도 - 기도를
빼면 신앙이 없고 신앙이 없이는 기독교가 없다고 말하다.[131]

기도가 없을 때, 기도가 없을 때 나의 靈이 마르는 때입니다. 가뭄이
오래면 논과 밭 그 바닥은 갈라지고 터지는 것처럼 기도의 가뭄이 오래
도록 나의 마음 밭은 폭삭 폭삭 먼지가 일 뿐 아니라 갈라지고 터지어
나의 靈은 아픔을 느끼고 있습니다(문맥상으로 보아 당시 평양 성도들의 영성을
비판하는 내용임 - 필자 주).[132]

이용도의 일거수일투족을 늘 지척(咫尺)에서 지켜보았고 그를 위해
살았으며 마치 그의 분신과도 같았던 변종호의 표현에 의하면 그는 '유
기주의자(唯祈主義者)'요 '유도주의자(唯禱主義者)'였으며,[133] '기도광(祈禱狂)'
이자 '기도만능주의자(祈禱萬能主義者)'였다.[134] 그는 기도의 생활을 철저하
게 용기의 생활이요 위로의 생활이자 거룩한 생활의 신조로 삼았다.[135]
그는 이미 사역 초기 통천교회와 양양에서의 마귀 격퇴 체험[136]을 통하
여 기도의 능력을 확신하고 있었으며, 그의 열정적인 기도생활은 1930년
3월 이후 평양기도단이 결성되는 뒷받침이 되기도 했다.[137]

---

131) 『이용도 일기』, 120쪽. 1931년 2월 4일자 내용.
132) 변종호(편), 『용도신학(龍道信學)』(서울: 장안문화사, 1993), 95-96쪽. 이하 각주에서는 『용
도신학』으로 기술한다.
133) 『이용도 저술집』, 254쪽.
134) 『이용도 저술집』, 256쪽.
135) 『용도신학』, 93-94쪽.
136) 『이용도전』, 36-38쪽, 65-66쪽.
137) 평양기도단은 이용도의 직접적인 영향으로 평양 서문밖교회를 중심으로 결성되었으며 이 기
도단의 첫 사업으로 발행된 잡지가 김인서의 『신앙생활』이었다. 『이용도전』, 113-114쪽. cf.

2) 수동적 · 동적 · 열광적 기도

이용도의 측근들에 의하면 그는 설교 준비 없이도 강단에 서면 자기도 깨달아 알 수 없는 신비로운 경지의 메시지를 토해냈으며, 하나님께서 계시로 말씀을 주시지 않는다고 판단될 때는 지체하지 않고 강단에서 내려오기도 했다.

변종호는 『이용도 목사전』의 부록편에 이용도의 기도의 성격과 열정을 회상하며 다음과 같이 정리했다.

① 기도를 드려보아 주님의 지시에 의해서만 어느 곳의 집회에 가고 안 가는 것을 결정함.
② 설교준비를 절대로 하지 않고 오직 기도만 하다가 강단에 나설 때에 주님께서 하라는 말씀만 함(설교 준비를 절대로 하지 않음).
③ 기도를 24시간 계속하기도 하고 집회 시에 공동기도를 계속해서 3 - 4시간 하기도 함.
④ 기도나 전도를 위해서 조반을 저녁에 먹기도 하고 주님과 사귀노라고 몇 날 동안 밥을 안 먹기도 함.
⑤ 회중이 잔뜩 모인 중에 기도만 몇 시간 드리기도 함.
⑥ 容道熱＝龍道[138]에게 성신이 임하여서 나타나는 병상, 새 술에 취

임인철, 「예수교회 사략(I)」, 40쪽.

138) 이용도는 생의 후기에 '받아들일 용(容)' 자 쓰기를 좋아했는데, 주변에서도 그렇게 썼으며 피터스는 이용도의 이름을 'Admit-the-Truth'라고 기록했다. Victor Wellington Peters, 「한국교회의 신비가 시무언(是無言)」, 안성균 역, 『예수』(1989년 겨울), 46쪽. 김인서는 이용도가 입류녀(入流女, 유명화)의 신탁을 잘못 믿어 개명(改名)했다고 주장했다. 김인서, 「기독신보사에 문(問)함」, 『신앙생활』(1937년 6월), 23쪽.

한 것을 의미. 龍道10聖神＝龍道熱

⑦ 湧禱狂＝용도를 정신병자 미치광이 아편장이라고 한 것은 그 몸
은 기도 덩어리로서 기도가 쏟아져 나올 뿐이었음으로 그를 '기
도의 샘', '신경이 기도 편으로 돌아버린 자'라 하고 容道的 정신
이상을 용기광이라 함.

⑧ 용도의 기도는 성신의 불이었으므로 (중략) 그 기도의 열에 녹아
쓰러지고 녹아지고.

⑨ 용도는 새 종교를 세웠으니 그것은 頌禱敎이었다. 一生을 오직
찬송, 기도, 설교로서만 살고 (중략) 그는 그 生과 그 死로서 頌禱
敎라는 異敎를 세운 것이다.[139]

이용도의 기도에는 두 가지 독특성이 있다. 수동적이며 동시에 열광
적이라는 점이다.

첫째, 그의 기도는 오직 주님의 지시에 순종하는 기도였다. 그리고
성령의 도구화, 장시간 엎드리는 기도, 식사를 거르는 기도였다는 점에
서 철저하게 그리스도의 의지에 종속되고자 하는 수동적 특징을 담는다.

둘째, '용도열', '병상', '새 술', '정신병자', '미치광이', '아편장이',
'기도 덩어리', '기도의 샘', '성신의 불' 등의 표현에 드러나듯이 동적이
며 열광적인 성격을 지녔다. 이는 정성구가 이용도 설교를 슐라이어마
허(Friedrich D. E. Schleiermacher) 식의 감정적이고 경험에 기초한 신비주의[140]라
고 평가한 것과도 의미가 상통한다고 볼 수 있다. 그의 기도가 열광적인

---

139) 변종호, 「용도식-이용도식 전도활동」, 『이용도전』, 236-238쪽. 필자가 기도에 관련된 내용만
을 발췌하여 정리했음.

140) 정성구, 『한국교회 설교사』, 190쪽.

성격을 지녔다는 점과 관련하여 녹스(R. A. Knox)의 논리에 주목할 필요가 있다. 녹스는 열광주의의 경우 기독교의 진리가 서고 붕괴되는 것은 신비가의 경험에 의한다고 했다.[141]

이용도의 기도에서 수동적 특징과 동적이며 열광적인 성격은 다음 3항에서 논할 '합일의 경지에 이르는 성애적(性愛的) 기도'와 밀접한 관련이 있다.

3) 합일의 경지에 이르는 성애적(性愛的) 기도

앞서 제5장 제4절, '성적 메타포에 나타난 합일사상'에서 언급한 바 있으나 성적 메타포와 기도관이 접맥될 수 있을 만한 몇몇 글을 살펴보자. 합일의 경지와 관련하여 이용도의 성애적 기도는 두 가지 특징을 지닌다.

첫째, 그의 성애적 기도는 직접계시와 연계되어 있다. 다음 글에서 주님의 음성은 '주의 말씀', '주의 얼굴'(대면), '말', '면회소', '상담실', '귓속말', '품', '애인', '기도', '밀실', '신부' 등 은유성 짙은 용어들과 접목되어 있다. 여기에서 주님의 음성 혹은 말씀은 성경으로 기록된 성문화된 말씀을 의미하는 것이 아니라 모두가 신랑으로부터 신부에게 은밀하게 대화 형태로 주어지는 직접계시로서의 메시지를 가리킨다.

---

141) R. A. Knox, *Enthusiasm* (New York: Oxford University Press, 1950), p. 581.

나는 주님의 신부요 주는 나의 신랑이시다. 나는 나의 주님 외에 다른 사람이 있는 것을 기뻐하지 않습니다. 주의 말씀이 제일 좋고 주의 얼굴이 가장 좋아요. 주의 말씀은 혹시 위엄 있게 날카로와도 그래도 세상 사람의 부드럽고 달콤한 말보다 좋아요. 세상 사람의 손에는 향기로움이 있고 주님의 손에는 채찍이 있어도 그래도 나는 주님의 품으로 들어가겠어요.[142]

성전은 주님과 나와의 특별 면회소요 상담실이었다. (중략) 거기서 주님으로 더불어 귓속말을 속삭이며 주의 품에 안길 때 (중략) 아- 성전은 나의 애인 주님을 조용히 만나는 면회실! 나는 거기서 내 신랑 예수님 품에 내 전신을 맡기노라.[143]

기도할 靈의 힘을 주시고 기도할 말을 주시옵소서. 나의 중심에 기도가 없으매 나의 영은 신랑과 만나는 밀실을 갖지 못하고 쫓겨난 신부와 같습니다. 오- 주여! 기도할 수 있게 해주옵소서.[144]

이용도의 기도는 주님께서 주시는 '계시' 자체에 큰 의미를 둔다. 그래서 그는 오직 주님의 음성을 듣고자 하는 열정에 사로잡혀 있었으며 자신을 낮추는 수동적인 자세를 취할 수밖에 없었다. 또한 그의 열정은 자연스럽게 신비주의 특유의 성적 메타포까지 동반했다. 성적 메타포에서 신부는 늘 신랑의 의지를 존중하고 따르는 수동적인 위치에 있기 마

---

142) 『이용도 일기』, 82쪽. 1930년 1월 19일자 내용.
143) 『이용도 일기』, 78쪽. 1930년 1월 17일자 내용.
144) 『용도신학』, 96쪽.

련이다.[145]

둘째, 이용도의 성애적 기도는 지고의 목적이 성애의 대상 자체에 있다는 점이다. 그의 기도에는 앞서 언급했듯이 유일한 성애의 대상으로서 그리스도만이 부각되는데, 민경배가 주장하는 소위 '일방성(one-sidedness)'의 논리와도 일치한다. 민경배는 그의 기도에 에로틱한 애착이 있고 하나님과 얼굴을 마주 대해 거기서 모든 것을 바쳐 오직 그 순간만을 위해 있고 싶어 하는 신비주의의 특유한 심각성과 일방성이 표현되고 있다고 진단했다.[146] 정확하게 표현한다면 '하나님의 얼굴'이라기보다는 '그리스도의 얼굴'이라고 명료화해야 할 것이다. 즉 이용도의 기도는 기도 그 자체가 목적이 아니며, 다만 그리스도와의 직접적 대면이라는 신비적 경험으로 인도하는 가장 적절한 수단이자 방편으로 자리매김되는 셈이다. 그에게 기도는 그리스도와의 에로틱한 대면을 고조하는 신비적 경험의 한 통로가 된다. 결국 그에게 적용된 '용도열', '정신병자', '아편쟁이', '미치광이' 등의 표현은 주님과의 상면(相面)을 지향하려는 신념을 담은 성스러운 명칭들이 된다. 다음에 소개할 서간집에 나타난 그의 고백은 이러한 신비주의의 특유성을 단적으로 보여주는 열쇠가 될 것이다. 특히 다음 글에서 '앙모', '우러러만 보는 생활', '순진한 영교', '사랑', '신부', '종자', '손', '입술', '접문(接吻, 입맞춤)' 등의 표현은 한결같이 주님과의 에로틱한 만남과 상면을 물씬 풍겨낸다. 기도 자체가 목적이 아니었다는 것은 "기도가 있든지 없든지", "기도에도 있지 아니하고"라는 표현에서 역력하게 드러난다.

---

145) 신비주의는 여성적인 종교의 형태로 열정적인 순종, 정서의 섬묘한 감수능력, 연약한 수동성의 특징을 지닌다. 민경배, 「한국의 신비주의사」, 193쪽.

146) 민경배, 「한국종교의 신비주의적 요소」, 165쪽.

여하간 욕망이나 기대가 있든지 없든지 기도가 있든지 없든 지 참회의 눈물이 있든지 없든지 우러러 보라. 쳐다만 보라. 이 앙모. 전부를 다- 바치고 다만 우러러만 보는 생활. 이는 가장 순진한 영교의 생활이니라. (중략) 오- 주의 사랑하는 신부요 또 그의 열렬한 종자여 그대는 이제는 편히 쉬라. (중략) 주의 사랑의 손이 그대를 만지시나니 주의 사랑의 입술이 그대를 접문(接吻)하시나니[147]

믿음이란 교리의 승인이나 신조의 묵인에 있지 아니하고 (중략) 기도에도 있지 아니하고 (중략) 하나님과 사람을 사랑하므로 죽음에서 나오는 것이어늘 어느 교만한 교회가 알맹이는 빼어버리고 무엇을 운하며 사랑이라 하는고![148]

소결

이용도가 주님께 올리는 기도는 거시적인 틀에서 두 가지 목적을 지향한다.

첫째, 그리스도로부터 자신에게 직접 내려오는 계시이다. 그의 기도는 주님의 계시를 수용하는 데 근본적인 목적을 두었으며 따라서 기도 자체는 이러한 목적을 성취하기 위한 수단으로서 하나의 방편 또는 채널 정도가 되는 셈이다.

---

147) 『이용도 서간집』, 55-56쪽. 1931년 3월 26일 K. T. Y.에게 보낸 서신.
148) 『이용도 서간집』, 67쪽. 1931년 10월 7일 이호빈에게 보낸 서신.

둘째, 그리스도와 얼굴을 대면하는 데 있다. 그의 기도는 그리스도의 얼굴을 마주 대하고자 하는 에로틱한 애착 자체에 뿌리를 내렸다.

이용도의 기도에서 '직접계시'와 '상면'의 수준은 그리스도와의 고도의 인격적 일치 또는 합일의 경지에 이르는 최종 단계이자 절정이라고 할 수 있다. 그의 기도가 철저하게 수동적이며, 동적이며, 열광적인 특징을 지닌 것도 오직 이 두 가지 큰 목적을 성취하기 위한 자연스러운 헌신 과정에 해당한다.

이용도의 기도관과 관련하여 주목할 점은 그의 기도는 성령의 감화와 역사가 개입될 여지가 없고, 성부 하나님을 대상으로 올려지는 기도가 아니라는 것이다. 오직 그리스도와 이용도 사이의 은밀한 '일대일의 만남'이자 밀회의 '밀실대화'로 장식될 뿐이다. 그리고 그가 그리스도로부터 받은 계시는 성도들을 대상으로 예배당에서 공적으로 선포되든 안 되든 관계없이 직접계시 자체로서 만족스러운 것으로 남는다.

6장

신비주의와
접목된
이용도의
신앙관

이 장 '신비주의와 접목된 이용도의 신앙관'은 한국개혁신학회 창립 20주년을 기념하는 학회지 특집호(제50호)에 게재되었던 논문이며 이 책의 집필 취지에 부합하도록 수정 보완 작업을 거쳤다. 안수강, 「이용도(李龍道)의 신비주의와 접목된 신앙 고찰」, 한국개혁신학회편집위원회(편), 『한국개혁신학의 진로』(한국개혁신학회, 2016년 5월), 629-662쪽.

이 용도의 신앙관은 앞서 제5장에서 고찰한 신비주의와 접목되어 나타난다. 일면 개혁적인 모습을 보여주는가 하면, 모호한 표현들로 인해 음미하기가 난해하며, 때로는 강렬한 신비주의 색채로 인해 자신의 신앙고백 진의마저 가려지는 폐해가 발견되기도 한다. 이러한 경향 때문에 장로교 보수진영의 신학자들은 신비주의가 지니는 특징들을 잣대로 삼아 이용도의 신앙고백에 심각한 문제가 있다며 이단성을 논한다. 정지련이 이용도의 사상을 평가할 때는 종교학적 해석의 범주를 무분별하게 틀로 적용할 수 없다는 소신을 제기한 것[1]도 바로 이 점을 간파했기 때문이었을 것이다.

이 장에서는 신비주의와 접목된 이용도의 신앙관을 고찰함에 있어 그의 신비주의 성향과의 접목이 두드러지고 자주 논쟁점으로 부각되는 교회관, 역사관, 구원관, 그리고 기독관 등을 중심으로 살펴보고자 한다. 특히 이 장에서의 연구는 장로교 보수진영 신학자들로부터 비판받는 그의 신앙관을 1차 자료들을 중심으로 심층 분석함으로써 신비주의 성향으로 인해 가려진 신앙고백의 본의(本意)를 밝힌다는 점에서도 의미가 있다.

---

1)   정지련, 「성령론적 관점에서 본 이용도의 신앙운동」, 122쪽.

1
교회관과 신비주의와의 접목

1) 한국교회에 대한 비판적 입장

(1) 한국교회에 대한 진단

한국교회에 대한 부정적인 진단은 제3장 제1절 3항, '형식화된 교회상과 신비주의 발흥과의 관계'에서 이대위(1924년), 최승만(1931년), 김인서(1933년) 등의 글을 통해 소개한 바 있다. 이용도의 설교에 드러난 혹평은 이들의 표현보다 훨씬 더 강렬하게 기술되고 때로는 원색적인 표현도 동원되었다. 따라서 당시 기성교회에서 이용도에 대해 표출한 반감은 상식선상에서 보더라도 필연적 반작용의 산물이기도 했다. 1932년 5월 장로교 평양노회장 남궁혁의 「훈시」[2]에서나 1932년 말 평양임시노회 직후

---

2) 남궁혁, 「훈시」, 『기독신보』 1932년 5월 25일, 제4면.

에 『기독신보』에 게재된 사설[3]에서도 이용도의 교회비판을 주요 골자로 부각시켜 한결같이 그를 무교회주의자로 단정 지은 것도 바로 이러한 적대감에서 비롯되었다. 그가 무교회주의자로 비판받았던 이유가 단순하게 무교회지로 알려진 『성서조선』을 구독했기 때문만은 아니었다는 말이다. 김인수는 이용도가 교회를 비판한 태도와 관련하여 기성교회를 전혀 희망이 없는 마귀의 집단과 같이 매도한 것은 성령의 역사가 기성교회에 있는 것 자체마저 부정하는 결과를 초래했다고 냉철하게 비판을 가할 정도이다.[4]

송길섭이 주장한 것처럼 선교사들이 주도하던 교회의 비정치화 작업에 따라 당시 교회는 내세적이며 현실을 회피하려는 신앙이 강했고 형식(形式)과 교권으로 양떼를 먹이던 침체된 시기였다.[5] 매사에 시비를 잘 분별하고 사리에 명백했던 이용도였기에[6] 현실교회에 대한 날선 비판은 더 한층 매서웠다. 그의 비판은 단순하게 교회라는 공적인 기관만을 지적하여 가해졌던 것이 아니라 교역자와 신도들, 더 나아가 재한(在韓) 선교사들도 예외는 아니었다. 그의 눈에 비친 타락한 목회자와 성도 상은 '교만한 목사',[7] '유대교의 대제사장들과 장로와 영수들',[8] '욕심만 채우는 교인',[9] '망할 신자들'[10]이었다. 또한 포괄적으로 그의 눈에 비친 교회

---

3) 「「이세벨」 무리를 삼가라」, 『기독신보』 1932년 12월 14일, 제1면.

4) 김인수, 『한국기독교회의 역사』, 430쪽.

5) 송길섭, 『한국 신학사상사』, 300쪽.

6) 『용도신학』, 123쪽; 이환신, 「용도 형님과 나」, 62쪽.

7) 『이용도 일기』, 146쪽. 1931년 8월 20일자 내용.

8) 『이용도전』, 84쪽.

9) 『이용도 일기』, 102쪽. 1931년 1월 10일자 내용.

10) 『이용도 일기』, 170쪽. 1932년 4월 19일자 내용.

상은 '시기 분쟁 분열 모살의 교회',[11] '신령한 은혜가 없는 교회',[12] '선구자가 없는 교회',[13] '기도를 모르는 교회',[14] '암흑시대',[15] '예수는 죽이고 그 옷만 나누는 현대교회'[16] 심지어는 '마귀 선전'[17]과 '예수가 피살되는 교회'[18]로까지 격하게 표현된다.

한국교회에 대한 부정적인 면모들은 그가 사역 초기에 자신의 호(號)를 개칭한 결단에서도 발견할 수 있을 정도로 심각한 문제였다. 이용도의 원래 호는 마음껏 노래하며 자유를 즐긴다는 의미를 담은 '심조(心鳥)'였다. 그러나 양양에서 마귀를 격퇴했던 체험이 문제가 되어 감리교단 본부로부터 제재조치를 당해 교회를 사임하고 경성 지방 순회목사로 파송을 받으면서 인간의 거리에 말 못할 사정이 많다는 점과 주님의 섭리를 말로는 다 형용할 수 없다는 점을 깨닫고 자신의 호를 심조에서 '시무언(是無言)'으로 바꾸었다.[19] 문자적인 의미로는 '말 없는 것이 옳다'는 뜻이다. 이용도는 1932년 4월 20일 김예진에게 보낸 서신에서 자신의 호를 소개했다. 이용도 자신의 설명에 의하면 이 호는 외부의 압력에 대응하지 않고 침묵한다는 의미도 있지만, 오직 무언으로써 자신의 사명을 다

---

11) 『이용도 일기』, 32쪽. 1927년 5월 2일자 내용.
12) 『이용도 일기』, 52쪽. 1929년 8월 28일자 내용. 이는 평안도 교회를 비판하는 표현이다.
13) 『이용도 일기』, 59-60쪽. 1929년 11월 10일자 내용. 이는 성신으로 거듭난 자가 없다는 의미를 담는 표현이다.
14) 『이용도 일기』, 105쪽. 1931년 1월 13일자 내용. 장로교와 감리교 두 교파 모두를 비판한 것임.
15) 『이용도 일기』, 108쪽. 1931년 1월 18일자 내용.
16) 『이용도 일기』, 91쪽. 1930년 4월 5일자 내용.
17) 『이용도 일기』, 87쪽. 1930년 2월 20일자 내용.
18) 『이용도 일기』, 87쪽. 1930년 2월 20일자 내용. 『이용도 일기』, 91쪽. 1930년 4월 5일자 내용.
19) 『이용도전』, 26-27쪽, 66쪽.

할 것이라는 투철한 의지가 반영되어 있다.

> 세상은 이제 할 수 있는 최선의 힘을 다 - 하여 협박할 것입니다. (중
> 략) 아주 몰리어서 산에서 집회하고 거리에서 외치게 되는 그 날이 오
> 면 주는 크게 영광을 받으시겠지요. 우리는 입을 봉하고 잠잠할 것입니
> 다. 시무언! 이 얼마나 좋은 말입니까 「말 없는 것이 옳다!」 세상이 하
> 는 대로 버려두고는 그냥 우리는 주께 돌진하여 사명만 다합시다.[20]

다음 인용문은 이용도가 당시 타락한 교회상을 직설적으로 겨냥한
대변적인 문장으로 널리 알려져 있다. 이용도의 한국교회에 대한 이러한
부정적인 진단은 이미 신학생 시절이었던 1927년부터 한결같이 표출되
고 있었다는 점에 주목해야 한다.

> 한국교회는 부흥되어야 하겠다. 한국교회에 - 없는 것: 기도, 개인
> 전도, 열심, 사랑, 용기, 감사, 찬송, 협동, 성경공부, 구도심, 봉사, 가
> 정기도. 있는 것: 잔말, 말질, 평론, 돈만 모으려는 생각, 게으름, 시비
> 투쟁, 비겁, 공포, 불평, 근심, 걱정, 분열, 연문학, 구금심, 탐욕, 이기,
> 가정 불안. 오늘 교회 사람들은 하나님을 따른다면서 성결이란 말은 듣
> 기도 싫어하고 죄의 소리를 듣기 좋아한다. 죄를 사랑하고 죄를 옹호한
> 다.[21]

오늘의 교회는 신앙 상으로 보아 깊은 잠 가운데 빠져 있다고 볼 수

---

20) 『이용도 서간집』, 114쪽. 1932년 4월 20일 김예진에게 보낸 편지.
21) 『이용도 일기』, 21쪽. 1927년 2월 9일자 내용.

밖에 없다. 잠을 잘 뿐만 아니라 시기 분쟁 분열 모살 등 극도에 달하였다. (중략) 한국교회는 점점 무력해 간다. 점점 속화해 간다.[22]

현대의 교인은 「괴이한 예수」를 요구하매 현대목사는 괴이한 예수를 전한다. 참 예수가 오시면 꼭 피살될 수밖에 없다. 참 예수는 저희들이 죽여버리고 말았구나. 그리고 죄의 요구대로 마귀를 예수와 같이 가장하여 가지고 선전하는구나.[23]

예수는 죽이고 그 옷만 나누는 현대교회야. 예수의 피도 버리고 살도 버리고 그 형식만 의식만 취하고 양양자득하는 현대교회의 무리여 예수를 믿는 본의가 어디 있었나요.[24]

이용도의 부정적인 진단은 비단 한국인 교역자나 성도들뿐만 아니라 선교사들의 교만한 마음까지도 일갈(一喝)하고 있었다.

아! 선교사들의 교만함이여 너희에게 화가 있으리로다. 겸비하여 배울 줄을 모르고 남을 인도하고 가르치는 자로만 자처하였으니 너희의 눈을 막아 의인을 보지 못하게 하였도다. 예수를 잡아 죽인 유대교의 대제사장과 장로와 영수들이 곧 너희들이었느니라.[25]

---

22) 『이용도 일기』, 32쪽. 1927년 5월 2일자 내용.
23) 『이용도 일기』, 87쪽. 1930년 2월 20일자 내용.
24) 『이용도 일기』, 91쪽. 1930년 4월 5일자 내용.
25) 『이용도전』, 84쪽. 1931년 3월 7일. 거창교회 집회.

그는 선교사들을 예수를 처형한 유대교 지도자들에 비유하여 노골적으로 비판했다. 그의 이러한 거침없는 태도는 그의 부흥운동이 한층 무르익어가던 시기인 1931년 3월 경남 거창집회에서부터 나타난다.

(2) 직업적인 부흥사와 제도에 대한 비판

이용도는 부흥사직과 목사직을 상업화하려는 세속화 풍조에 대항하여 이들에 대해 풍자적으로 '월급쟁이', '강도업자(講道業者)', '연설객'이라는 대담한 표현을 구사했는데 이는 '천직(天職)'의 개념이 아닌 '업(業)'으로서의 사고를 질타한 것이다.

주여 나에게 성령의 뜨거운 사랑의 은혜를 주옵소서. 그래야 주를 영광되게 할 수가 있겠나이다. 월급쟁이, 講道業者, 연설객의 지위에서 멀리해야 되겠나이다. 이것이 불친절한 나를 더욱 불친절하게 만드나이다.[26]

나는 부모와 처자와 친구와 제도와 조직의 종이 되어 있나이다. 저희의 종노릇을 하려고 애쓰고 있는 자식이로소이다. 그러므로 나는 주를 만나지 못하나이다.[27]

남의 포도원을 만지느라고 분주한, 오 - 가련한 꼴 부흥목사라는 직

---

26) 『이용도 일기』, 107쪽. 1931년 1월 17일자 내용.

27) 『이용도 일기』, 134쪽. 1931년 5월 7일자 내용.

업간판을 붙인 자 화가 있을진데 - 오 주여 나를 숨겨 주시옵소서[28]

직업윤리상 직업에서의 '직'은 신(神)이 불러 맡기셨다는 소명의식으로서의 천직의 의미가 부여되었으며 'vocation', 'profession', 'beruf' 등의 용어군으로 표기한다. 반면 '업'은 생업(生業)의 의미로서 수입을 목적으로 삼는 'occupation', 'business' 등의 용어군으로 기술하고 있다.[29] 이용도는 부흥사직과 목사직을 상업화하려는 맘몬이즘의 시류에 맞서 성스러운 교역자의 직무를 철저하게 돈벌이 '업'으로 전락시켰다고 비판을 가했다.

(3) 물량주의 비판

이용도 자신은 수도사적인 가난과 고행의 길을 살아갈 것을 천명했다.[30] 반면 영(榮)과 부(富)를 추구하며 전도와 부흥이 식어버린 당대의 교회에 대해서는 "화 있을진저 현대교회여!"라고 절규했다.

화 있을진저 현대교회여! 저희의 요구하는 예수는 영의 예수, 부의 예수, 고(高)의 예수였고 예수의 예수는 영의 예수, 빈의 예수, 비(卑)의 예수니라. 예수를 요구하느냐 하나님의 아들 예수를 찾으라. 사람의 예

---

28) 『이용도전』, 168쪽.

29) 장원종, 김동현, 이한구, 『직업과 윤리』(서울: 한국정신문화연구원, 1985), 37쪽; cf. 이장형, 안수강, 「『그리스도모범』에 나타난 기독교 사회윤리」, 『한국기독교신학논총』 제96집(2015년), 113쪽.

30) 『이용도 일기』, 71-72쪽. 1931년 1월 1일과 1월 3일자 내용.

수 너희가 만들어 세운 예수 말고![31]

　　한국교회에 모든 기관, 모든 사업은 굉장히 확대되는 모양인데 전도
와 부흥을 위하여는 아무런 열이 없다. 장, 감이 다 그렇다. 돈, 시간,
기타 많은 공을 드리지만 구령의 결과는 매우 적다.[32]

　　이용도가 요구하는 신령한 교회 상은 '영(靈)', '빈', '비', '하나님의
아들'로서의 예수 상이었고, '전도'와 '구령'에 정진하는 교회 상이었다.
그러나 정작 그의 눈에 비친 교회 상은 이와는 정반대로 '영(榮)', '부',
'고', '사람의 예수', '돈'을 추구하며 전도와 구령을 잊은 형상이었다.

(4) 무교회주의자로 지목됨

　　이용도는 교회의 본질적인 사명을 망각한 채 물량주의와 형식주의
로 퇴색해가던 한국교회에 대해 신랄하게 비판을 가했다. 부흥집회에서
이러한 소신을 담은 메시지는 성도들로부터 적극적인 반향을 불러일으
키는 선풍(旋風)이 되기도 했다.[33] 이용도의 부흥집회에 참석한 성도들은
교회를 비판하는 그의 대담한 태도에 전적으로 공감을 표하며 정적 카타
르시스를 체험했다. 그러나 그의 무절제한 발언은 당시 평안도와 황해도

---

31)　『이용도 일기』, 87쪽. 1931년 2월 20일자 내용.

32)　『이용도 일기』, 96쪽. 1930년 10월 30일자 내용.

33)　cf. 『이용도전』, 72쪽. 재령동부교회집회에 참석한 변종호의 고백 ; cf. 같은 문헌, 180쪽. 신양
　　리교회 집회에 참석한 차성심의 고백.

일대 서북지역 장로교 노회들로부터 무교회주의자라는 비판을 받게 되는 빌미가 되었다.

벽돌로 담을 쌓고 울긋불긋 장식을 해 놓은 것이 이것이 교회가 아니예요. 이 예배당을 다- 불질러버리고 잿더미 위에서라도 몸과 마음을 아주 바쳐 참된 예배를 드려야 그것이 교회올시다.[34]

신앙이나 사랑이란 하나도 없고 껍데기와 기관과 조직만 남아가지고서는 이것이 예수교회라고 전해서 남의 귀한 심령을 해하고 망치고 죽여버리는 것이 현대의 교회가 아닙니까.[35]

조직과 자유-조직은 인간을 기계화하고 자유는 인간을 신비화한다.[36]

위의 인용문 가운데 흔히 이용도를 무교회주의자로 단정하는 학자들은 주로 두 번째와 세 번째 인용문을 문제 삼는 것 같다. 김양흡은 이용도가 현실교회를 비판하는 가운데 한국교회는 신조와 조직은 있어도 예수 그리스도는 없다고 표현한 점을 들어 이용도를 무교회주의자라고 단정했다.[37] 한편 박영관은 조지 폭스(George Fox)의 퀘이커파(Quakers)가 유

---

34) 『이용도전』, 72-73쪽. 1931년 3월 1일 오전 10시경 재령동부교회에서의 설교 내용. 오랜 기간 병환으로 고생하던 변종호 청년은 이 설교를 듣고서 감화를 받아 실신할 지경이었다.

35) 『이용도전』, 72쪽.

36) 『이용도 일기』, 63쪽. 1929년 12월 14일자 내용.

37) 김양흡, 「한국교회 신비주의에 대한 역사적 고찰」, 『로고스($\lambda o \gamma o \varsigma$)』 33집(1987년), 총신대학 신학대학원, 194쪽.

형교회의 제도와 의식을 부인하고 직접 신과 교통하여 신의 지시를 따르는 등 무교회주의를 주장했다며 이용도 역시 형식적 조직과 제도 의식의 불요성을 주장한 만큼 폭스와 마찬가지로 무교회주의의 노선을 지향한 자라고 비판하고 당시 무교회주의자 김교신과 동일한 부류로 간주했다.[38] 그러나 필자의 소견으로, 이용도는 김양흡이나 박영관이 주장한 것처럼 결코 무교회주의자가 아니었다. 왜냐하면 그는 부흥회 기간 중 전국 교회를 순회하며 설교했고, "성전은 주님과의 특별 면회소요 상담실이며 거기서 신랑 되신 예수님의 품에 전신을 맡긴다"[39]라고 한 표현은 오히려 교회를 사모하는 열정의 발로(發露)에서 비롯되었다고 보아야 한다. 위의 인용문에서 "조직과 자유 – 조직은 인간을 기계화하고"는 뒤이어 기술된 "자유는 인간을 신비화한다"는 내용과 대비되어 있다. 이는 조직체로서의 교회를 부정한다는 뜻이 아니라 '조직을 위한 인간화'라는 주객이 전도된 병폐 현상을 지적하기 위한 의도를 담았다고 보아야 한다. 이용도의 관점에서 신비화되는 인간이야말로 그가 고대하는 참 신자 상이었다. 변종호는 이용도를 무교회주의자로 정죄하려는 태도에 이의를 제기했다. 그는 1931년 6월 8일부터 12일까지 평양남문밖교회에서 집회가 열렸을 때 이용도의 무교회주의 혐의를 책잡기 위해 참석했던 길선주 등 당대의 저명한 목사 7, 8명이 도리어 통회 자복하는 역사가 일어났다고 회고하기도 했다.[40]

물론 송길섭이 주장한 것처럼 기성교회에 대한 이용도의 단호하고도 세찬 비판은 일부 무교회주의자들과 맥락을 같이하는 공통분모가 있

---

38) 박영관, 『이단종파 비판(II)』, 52-53.

39) 『이용도 일기』, 78쪽. 1930년 1월 17일자 내용.

40) 『이용도전』, 92쪽. 1931년 평양 남문밖교회 집회.

다고 볼 수도 있다.[41] 이재정은 이용도의 교회관에 대해 기성교회를 부정하거나 배타적으로 배척하기 위한 의도라기보다는 교회의 혁신을 통하여 참다운 예수 정신을 실현해보자는 탈조직(non-institutional church)의 교회였으며 행위(praxis)의 교회를 주장했던 것이라 이해하여[42] 이용도의 입장을 변호하고자 했다. 필자의 소견으로는 이재정이 이용도의 교회관을 조명함에 있어 행위의 교회로 본 점은 정당하지만 탈조직 교회를 주장했다고 보는 견해는 재고해야 한다고 생각된다. 왜냐하면 이용도가 교회의 조직 자체를 비판한 적은 없었기 때문이다. 한편 박종수는 이용도에게 '반교권주의', '반제도주의'라는 용어를 적용시켰다.[43] 위의 인용문에서 문제 삼을 만한 표현인 '껍데기와 기관과 조직'이라는 언급은 교회의 타락상에 비추어 교회가 지녀야 할 본질적인 면모들을 상실한 모습을 빗댄 것일 뿐 결코 교회의 조직을 부정하는 표현이라고 단정해서는 안 된다.

다행히 이 사안과 관련하여 이용도가 직접 분명하게 밝힌 입장을 그의 서신에서 살펴볼 수 있다. 이용도는 1931년 8월 장로교 황해노회에서 교회훼방, 교역자 공격, 『성서조선』 선전 등의 사유를 들어 자신을 무교회주의자로 비판하고 금족령을 결의하자[44] 두 달 후 침통한 심정으로 김인서에게 서신을 보내 자신의 본심을 전하고자 했다. 그는 이 서신을 통해 자신은 '교회 안에 있는 자'요 자신이 속한 감리교파 상부에서 파송하

---

41) 송길섭, 『한국 신학사상사』, 304쪽.

42) 이재정, 「21세기를 향한 한국교회의 과제 – 이용도 목사의 신학의 새로운 조명」, 143쪽.

43) 박종수, 「논찬: 이재정 박사의 이용도 이해에 대한 논평」, 『이용도 목사의 영성과 예수운동』, 153쪽.

44) 『이용도전』, 101-102쪽. 황해노회에서는 여섯 가지 조목을 들어 이용도의 금족령을 선포했는데 여섯 번째 조항은 "그는 무교회주의자요 교회를 혼란케 하는 자이니 황해노회 지경 안에서는 청하지 말자"는 내용으로 기록되어 있다.

는 대로 항상 순종하여 따른다는 소신을 피력했다. 그는 교회의 질서체
계나 조직에 대해서도 의문을 제기하지 않았다며 자신에게 붙여진 '무교
회주의자'라는 혐의를 단호하게 일축했다.

> 황해노회의 나에 대한 처분설은 일변 놀랍고 일변 우습고 또 감사한
> 일이외다. 나의 무교회주의설에 있어 나는 변호하고 싶지 않습니다. 변
> 명할 여지조차 없지요. 교회 안에 있는 자는 벌써 무교회주의자는 아닐
> 줄 압니다. 나는 내 교파의 상부에서 파송하는 대로 순종하기로 하며
> 또 지금도 그대로 하는 사람입니다.[45]

결국 이용도는 자신이 부흥집회에서 교회의 타락상을 비판함으로써
본의 아니게 장로교 측 노회 인사들의 오해를 초래했던 것이라고 우회적
으로 해명한 셈이다. 그러나 그는 교회 타락상과 관련된 메시지를 선포
하는 과정에서 결코 넘어서는 안 될 한계선을 당차게 넘나들었다. 또한
그는 교회의 개혁을 위한 미래 지향적인 해결책들을 제시했던 것이 아니
라, 시니컬한 자세로 문제점들을 파헤쳐 일방적으로 비판만 토해냄으로
써 단지 성도들이 후련하게 느낄 수 있도록 정적 카타르시스만 부추겼다
는 비판을 면할 수는 없다.

---

45) 『이용도 서간집』, 78쪽. 1931년 10월 중 서신. 그 외 재령교회 훼방, 여신도와의 서신왕래, 소
등기도(消燈祈禱), 교직 공격, 김교신의 『성서조선』에 대한 이용도의 해명은 같은 책 78-81쪽
을 볼 것.

2) 신비주의와의 접목

이용도의 윤리관은 철저하게 신비주의 사상에 기초하여 영광의 그리스도가 아닌 고난의 그리스도와의 대면이 강조되면서 성속 이분법적인 관점이 두드러지게 부각된다. 그가 무교회주의자라는 혐의까지 받아가며 한국교회에 대해 부정적인 진단을 내리고 직업적인 부흥사와 제도에 대한 비판, 물량주의와 형식주의로 치닫는 양상 등을 고발한 것은 바로 이 성속이원론의 소신이 확고했기 때문이다. 정성구는 그의 윤리관을 가리켜 '수도원주의적 윤리'요 '금욕주의적 윤리'라고 간주했으며,[46] 예수교회 김영일은 "이용도는 너무 지나치게 靈肉의 二元論을 강조하여 육은 악함으로 피하거나 육신의 일을 무시하는 경향이 강하였다"고 지적했다. 그는 이용도의 "개혁의지가 고난 받는 예수와 민중의 일치를 접합하고자 하는 신비적 영성에 머물게 되고 내향적 신앙의 熱狂主義로 끝나고 있다"[47]고 정곡을 찔렀다.

이용도는 특별히 예수 그리스도의 겸손하신 성품에 주목했다. 그는 신앙의 초점을 그리스도께 맞추어야 한다고 강조하면서 세상에 속해 있는 것은 철저하게 배격해야 한다고 역설했다. 다음 인용문들을 통해 그의 심오한 성속이원론 사상을 포착할 수 있다.

> 고는 나의 선생 빈은 나의 애처 비는 나의 궁전[48]

---

46) 정성구, 『한국교회 설교사』, 199쪽.

47) 김영일, 「새교회운동」, 『예수』 속간 제5호(1987년 가을), 59-60쪽.

48) 『이용도 일기』, 100쪽. 1931년 1월 1일자 내용.

다 버리소서. 모두 끊어 버리소서. 자매의 모든 이상 모든 포부로부터 모든 인간적 설계와 방침까지를 다 버리소서. 모든 지식 자기의 심령 하나를 구할 능력이 없는 그 지식도 버리고 물질 인물들까지도 다 마음에서 끊어 버리어, 있으나 없는 자와 같이 가지지 못한 자와 같이 되소서. (중략) 자기의 심령을 구해 주지 못할 뿐만 아니라 도리어 지옥으로 끌고 들어가는 지와 정을 다 버리고 (중략) 그런 물질 인물에서 온전히 초월하고[49]

주를 따라 살려면 먼저 그와 같이 죽어야 될지니 곧 육신의 생각과 정욕과 사욕과 물욕까지 죽어야 할 것이니라. (중략) 세상과 육신을 대하여는 죽은 자 같이, 바보와 같이, 멍텅구리와 같이 되고[50]

육의 사람은 빵을 구하고 영의 사람은 진리를 요한다. 육의 사람은 높이 올라 세상의 권세와 영광을 요하되 영의 인은 땅에 엎드려 하나님을 요하며 (중략) 육의 사람은 교회의 지위(성전 꼭대기)를 탐하고 (중략) 영의 사람은 다만 하나님이 그에게 절대적 지상의 존재이심을 확신할 뿐이다.[51]

이용도는 신비주의의 성향에 입각하여 오직 주님만을 지향하기 위한 지고의 명분으로 사람과 물질을 초월하려는 일관된 태도를 취했다.

---

49) 『이용도 서간집』, 161-162쪽. 1932년 11월 12일자 강정숙에게 보낸 서신.
50) 『이용도 서간집』, 63쪽. 1931년 9월 23일자 이태순에게 보낸 서신.
51) 『이용도 일기』, 141쪽. 1931년 8월 12일자 내용.

그가 부흥운동에서 외친 '고(苦)'와 '빈(貧)'과 '비(卑)'의 모토는 바로 이러한 소신에서 비롯되었다.

2
역사관과 신비주의와의 접목

1) 역사관

(1) 신앙의 4시대와 그 의미

이용도는 신앙에는 4시대가 있고 각 시대에 걸맞은 대표자가 있다고 보았다. 그는 신앙의 4시대를 '교회시대', '수도시대', '신앙시대', '사랑시대'로 대별했다.

1. 교회시대 ― 교회의 의식제도 등 교리에 복종하는 때 ―「베드로」가 대표자
2. 수도시대 ― 아무리 의식을 지키고 교리대로 행한다고 하여도 여전히 자기 마음과 행실은 죄의 상태를 면치 못하여, 죄를 버리고 육을 멸하여, 금욕하여서 도를 이루려는 때 ―「야곱」이 대표자

3. 신앙시대 — 아무리 금욕 멸죄한대도 여전히 죄인 됨을 면치 못하는지라 자기가 성결해야만, 구원을 얻는다면 낙망할 수밖에 없으리라. (중략) 다만 믿음으로 의롭다 하심을 얻는다고 확신하는 때니 —「바울」이 그 대표자

4. 사랑시대 — 신앙만을 가지고도 오히려 불만족을 느끼게 되나니 이는 사랑이 없음을 자각함으로써이라 (중략) 이에 사랑에 들어가나니 이곳이 절정이라 여기서부터 영생이 시작되는 것이다 —「요한」이 그 대표자[52]

이용도가 말하는 신앙의 4시대는 수도시대의 대표자 야곱 외에는 각기 대표자의 생존 시기 및 활동 시대가 동시대(베드로, 바울, 요한)인 점으로 미루어 서로 독립적이라거나 시대 간의 단절을 의미하는 것으로 보이지는 않는다. 오히려 공시적(共時的)이고 상호 보완적이며 '1시대 → 2시대 → 3시대 → 4시대'라는 도식은 논리적 순서로서 점진적인 발전단계를 가리킨다. 그러나 제4시대인 사랑시대에서 언급한 "불만족을 느끼게 되나니"라는 표현은 제3시대인 신앙시대의 칭의사상을 중시하는 개혁교리를 비판하는 의미를 담는 것인지에 대해 자칫 논쟁점을 유발할 수도 있는 민감한 사안이 될 수 있다. 이와 관련하여 박봉배는 이용도의 '사랑'은 분명히 신비주의적 성격의 것으로 지양(止揚)되어 있다며 그가 교회시대와 사도시대를 비판하고 있는 것은 개신교 목사로서 당연하다고 할 것이나 신앙유일주의(信仰唯一主義)의 개혁교리를 비판한 점에 대해서는 재고해야 할 사안이라고 지적했다.[53] 그러나 박봉배의 견해와 달리 한숭홍은 이

---

52) 『이용도 일기』, 119쪽. 1931년 1월 28일자 내용.
53) 박봉배, 「이용도의 신비주의와 그 윤리성」, 127쪽.

대목이 이용도가 신앙유일주의의 개신교 신앙론을 부정한 것이 아니라 오히려 신앙의 본질을 좀 더 성경적으로 보완한 것으로 간주해야 한다며 '믿음＝신앙＋사랑'[54]이라는 공식을 함축한다고 의미를 부여했다.

필자는 한숭홍의 견해가 타당하다고 보며 박봉배의 해석은 4시대를 통시적(通時的)으로 이해한 데서 비롯된 견해라고 생각한다. 가령 이용도는 사랑시대와 관련하여 사도 요한을 대표자로 설정했으면서도 회개, 사죄, 구원, 믿음의 상관성을 칭의사상의 범주 안에서 생각했다. 아래의 내용은 이용도가 신앙의 4시대를 언급한 지 불과 이틀 뒤의 일기에 기술한 것인데, 제4시대의 대표자인 사랑의 사도 요한에게서 제3시대의 신앙시대에 해당하는 칭의사상을 찾았다는 점에 주목해야 한다. 그는 "요한복음은 믿음으로 구원을 얻는다 함을 보였다"고 했다.

　　속죄의 경험을 얻어야 되느냐? 그렇지 않고도 직접 영생할 수 있느냐? 공관복음적으로 보면 회개와 사죄로 구원을 얻을 수 있음을 말하였고, 요한복음은 믿음으로 구원을 얻는다 함을 보였다. 信하자니, 거기에는 회개가 없을 수 없고 사죄가 없을 수 없도다.[55]

그의 신비주의 성향을 고찰해가는 과정에서 좀 더 살펴볼 기회가 있겠지만, 일면 박봉배의 견해에도 주목해야 할 필요성이 있다. 이용도가 교회시대, 수도시대, 신앙시대, 사랑시대의 진전을 점진적·발전적 차원에서 유기적 관련성이 있다고 보면서도 실상 적용적인 면을 고려하면 지나치게 사랑시대에만 비중을 둠으로써 교회시대와 수도시대 그리고 신

---

54)　한숭홍, 『한국신학사상의 흐름(하)』, 247-248쪽.
55)　『이용도 일기』, 119-120쪽. 1931년 1월 30일자 내용.

앙시대는 상대적으로 소홀하게 대하는 면이 농후하기 때문이다. 그의 이러한 태도는 주로 사랑시대만을 부각시킬 뿐 다른 시대에 대해서는 지나쳐보는 듯한 느낌이 들 정도이다. 이러한 양상은 후일 그가 기성교회로부터 권징을 받아 내몰리는 자들을 무조건 포용하고 수용함으로써 새롭게 예수교회 설립을 선포하는 대의명분으로 삼았던 처신과도 밀접하게 관련된다. 이 점에 대해서는 제7장 제2절 3항, '사랑시대의 포용적 사랑과의 접목'에서 별도로 살펴볼 것이다.

(2) 새 영(靈)의 양식

앞서 논한 신앙의 4시대와 아울러 '새 영의 양식'을 논하는 대목에서는 이용도가 전통적인 교리관을 중요시하지 않고 오히려 이를 초월하려는 신비주의적 성향을 보여준다.

> 16세기의 개혁 이후, 오늘에 이르기까지의 4세기 간 사람들의 신앙은 개혁자의 종교체험 이상의 진보가 있음을 알지 못한다. (중략) 개혁자들의 신앙! 이는 저희들에게는 생명이 되어 있었으며 세상을 정복할 듯한 힘이 되어 있었던 것이다. (중략) 그러나 그 후 4세기를 지난 오늘 인류의 영적 생명은 다른 새 양식을 요구하게 되었다. 또 그때 개혁자들의 성서관 속죄관으로서 오늘의 세계를 정복하기에는 세상이 너무 변하여 버렸다. 그래서 오늘의 세계를 정복하기 위하여는 오늘의 세계정세에 상응한 폭탄(복음)이 필요한 것이다. (중략) 사람들은 더 근본적인 것 그리고 또 새 영의 양식을 섭취함으로써만 다시 생기를 얻으며 산

활동을 할 수 있을 것이다. 나는 그 영의 운동 그 생명의 활약이 마치 신약시대와 같음이 있기를 20세기의 오늘날에도 기대하는 바이다.[56]

위의 인용문에 나타난 이용도의 주장은 다음 몇 가지로 정리할 수 있다.

첫째, 인간에 의해 주도되고 수립된 전통은 일단 시대적으로 한계점을 지닐 수밖에 없다는 것이다. 이용도의 지적은 새로운 시대에는 그 정황에 적합한 새로운 양식을 설정해야 한다는 지극히 실용적이며 현실적인 태도를 지향했다. 이용도의 이러한 사고에 대해 '영적 실용주의(spiritual pragmatism)'라고 표현할 수 있을법하다.

둘째, 시대가 변화됨에 따라 이에 걸맞게 '새 영의 양식'을 섭취해야 한다는 주장은 결코 이전의 양식을 완전히 제거하고 새로운 것으로 대체해야 한다는 것을 의미하지는 않는다. 그럼에도 불구하고 새 영의 양식에 비해 이전의 양식은 상대적으로 지나치게 약화되어 있다.

셋째, 이용도의 이러한 태도는 당대의 타락상을 극복하고 신약시대의 영성으로 회귀하려는 데 집중되었다. 물론 그가 위의 인용문에서 표현한 '생명의 활약'은 투철하게 예수주의라는 모토에 응축되어 있으며 신약시대의 영성으로 복귀할 때 생명의 활약상인 예수주의를 구현할 수 있다는 의미를 함축한다.

넷째, 그러나 종교개혁자들의 성경관과 속죄관에 대해서는 상대적으로 경시하는 자세를 취함으로써 신비주의자들이 그랬던 것처럼 교리와 신학 그리고 전통을 초월하려는 성향을 드러낸다. 이러한 태도는 후

---

56) 『이용도 일기』, 108-109쪽. 1931년 1월 18일자 내용.

일 그가 기성교회에서 분립하여 새롭게 예수교회를 설립하고자 하는 사상적 명분이 될 수 있었다.

2) 신비주의와의 접목

우선, 이용도의 역사관은 개혁주의 신학을 표방하는 보수신학자들의 입장에서 보면 난제가 아닐 수 없다. 그는 철저하게 예수주의 신앙을 표방한다는 명분을 전면에 내세워 교리, 신학, 전통이 예수주의 신앙을 지향하는 데 거침돌로 작용한다면 얼마든지 포기할 수 있다는 입장을 취하기 때문이다. 이 점에 대해서는 이미 제5장 제4절, '성적 메타포에 나타난 합일사상'을 고찰할 때도 짚어본 내용이다. 그는 이러한 사고에 입각해 있었기 때문에 기성교회가 신뢰하던 교리 자체에 대해서도 '말라 빠진 신조',[57] '死殼된 교리', '고목된 신조'[58]라는 표현을 물 흐르듯 쉽게 구사할 수 있었다. 그는 "세상을 어찌 사회학에 물으며 기독교를 어찌 신학에 물으랴"[59]고 반문했으며, 하나님은 연구의 대상이 아니고 오직 신앙의 대상일 뿐이며 기독교 교리도 학리적이 아니고 오직 신앙할 말씀뿐[60]이라고 했다. 또한 '眞한 知는 感'이라며 영계를 아는 일과 하나님을 아는 일은 두뇌작용의 연구로 하는 것이 아니라 영(靈)의 감(感)으로 하는 것

---

57) 『이용도 일기』, 134쪽. 1931년 5월 7일자 내용.

58) 『이용도 서간집』, 104쪽. 1932년 2월 2일자 평양 형제들에게 보낸 서신.

59) 『이용도 서간집』, 113쪽. 1932년 4월 12일자 김광우에게 보낸 서신.

60) 1932년 1월 23일 오후 2시 명촌교회에서의 설교. 『이용도 목사 설교집(一)』, 17쪽; 『이용도 저술집』, 212쪽.

이라는 입장을 취했다.[61]

이용도는 단호하게 성경관 혹은 속죄관으로는 오늘의 세계를 정복할 수 없다고 토설했다. 이는 현 세대에서 개혁자들의 전통적인 사상은 이미 한계점이 드러난 이상 그것만으로는 실효성이 통하지 않는 시대요 어떤 의미에서는 현저하게 새로운 수준의 압도적인 사상, 즉 '새 영의 양식'을 수립하는 일이 요청된다는 의미로까지 해석될 수 있다. 다만 이용도가 사랑시대의 대표자인 사도 요한에게서 개혁자들의 중심사상인 칭의교리를 발견한 것은 신앙을 통해야 궁극적으로 예수주의를 구현할 수 있다는 점을 숙고했기 때문이었을 수도 있다. 이용도의 역사관에 분명하게 나타나는 것은, 신학과 교리를 철저하게 하위 단계에 종속시키는 사랑시대의 '예수주의'와 '무차별 사랑의 정신'을 '새 영의 양식'으로 천명했다는 것이다. 이용도의 이러한 태도와 관련하여 정성구는 이용도에게는 교리가 없고 오직 슐라이어마허 식의 감정주의(感情主義) 또는 체험주의(體驗主義)가 기초되어 있을 뿐이라고 비판했으며,[62] 민경배 역시 이와 맥락을 같이하여 이용도의 신비적 경건에 대한 과열과 비신학적 신앙에 대한 입장을 논박했다.[63]

둘째, 이용도의 역사관 중 사랑시대에서 부각되는 정신으로서 모든 것을 포용하려는 '만유를 포용하는 사랑의 정신'을 들 수 있다. 박봉배는 이용도가 말하는 사랑을 윤리성을 초월하는 만물을 포용하는 신비주의적인 사랑[64]이라고 간파했다. 다시 말해서 이용도가 주장하는 제4시대,

---

61) 『이용도 일기』, 121쪽. 1931년 2월 8일자 내용.

62) 정성구, 『한국교회 설교사』, 203쪽, 208쪽.

63) 민경배, 「이용도의 신비주의에 대한 형태론적 연구」, 36쪽.

64) 박봉배, 「이용도의 신비주의와 그 윤리성」, 127쪽.

즉 사랑시대를 신비주의에 입각한 시대라고 파악한 셈이다. 박봉배가 이용도의 사랑의 정신을 신비주의적인 관점에서 파악한 것은 지극히 정당하다. 사실 그의 만물을 포용하려는 사랑의 정신은 평양 강신극 사건에서 정죄 된 한준명과 유명화, 이유신, 이조근 등 그의 동료들, 그리고 이후 예수교회가 설립되기 전 기성교회에서 권징을 당해 제명 출교 조치되는 많은 성도들을 아무런 조건 없이 수용한 태도에서 구체적으로 적용되었다. 그는 '미치광이', '이단자', '무교회주의자', '위험분자'라는 홍패(紅牌)를 찬 자', 무슨 이름이던지 주의 것이라면 다 기꺼이 수용할 수 있다는 입장을 취했다.[65] 이 점에 대해서는 제7장 제2절, '예수교회 설립과 이용도 신앙과의 접목'에서 별도로 살펴볼 것이다.

---

65) 『이용도 서간집』, 155쪽. 1932년 9월 22일. 이종현에게 보낸 서신.

3
구원관과 신비주의와의 접목

1) 구원관

이용도는 지나치게 고난의 그리스도관(제5장 제1절, '고난의 그리스도관에 나타난 합일사상' 참고)을 부각시키는 바람에 상대적으로 칭의사상이 희석되거나 가려지는 결과를 초래했다. 앞서 살펴본 것처럼 "신앙만을 가지고도 오히려 불만족을 느끼게 되나니 이는 사랑이 없음을 자각함으로써이다"라는 표현은 넌지시 칭의교리를 평가절하하는 것으로 비칠 수도 있다.

민경배는 이용도의 속죄관과 관련하여 그는 예수의 본질을 어떤 성질, 즉 '우시아(οὐσία)'로 파악하지 않고 아픔으로 보고서 신성과 속죄와는 관계없이 다만 아픔, 십자가, 굴욕에 모든 신비와 해결이 있는 것으로 보았다고 이해했으며 그에게는 부활이 전혀 표현되지 않고 있다고 주장했다.[66] 이용도는 그리스도의 고난에 신비적으로 동참함으로써 그와 융합

---

66) 민경배, 「이용도의 신비주의 연구(한 교회사적 고찰)」, 50쪽.

하고 난 다음에는 구원이라든가 영생을 특별히 생각하지 않았다는 것이다.[67] 또한 민경배는 이용도의 속죄관에는 그리스도의 유일회성적인 주성(主性)과 계시가 고백되어 있지 않다고 단정했다.[68] 정성구는 이용도의 눈물은 그리스도의 속죄의 은혜에 감격한 것이 아니라 그리스도의 고난과 아픔에 대한 무한한 연민과 동정이었던 것으로 평가하면서 그에게 십자가의 도리가 없다는 점, 속죄론적인 차원이 없다는 점, 부활이 없다는 점을 들어 십자가도 부활도 없는 기독교를 만들었다고 비판함으로써[69] 민경배와 같은 입장을 취했다. 반면 최인식은 이용도에게 십자가가 없었던 것이 아니라 교리적으로 체계화된 십자가가 없었을 뿐이며, 속죄론적 차원이 없었던 것이 아니라 그리스도의 죽음의 의미를 언어화하지 않았을 뿐이라고 반박했다.[70] 최인식은 반박은 했지만 이용도의 원자료를 통해 논리적으로 논박하지 않았다는 점에서 아쉬움이 남는다. 그는 부활이든 성경, 바울, 삼위일체, 아니 그것이 신앙에 가장 본질적인 것이라 하더라도 죽어가는 교회를 살리는 생명력을 줄 수 없는 것이라면 이용도에게는 일차적으로 중요한 사안이 아니었다고 이해함으로써 장로교 보수 신학자들이 흔히 문제 삼는 이용도의 신앙 변증에 대해서는 그다지 관심을 보여주지 않는 것 같다.

필자는 이용도의 구원관을 살펴봄에 있어 그가 지속적으로 비판받아온 주요 논지들과 관련하여 만족설(滿足說)의 문제, 유일회적(唯一回的) 대속의 문제, 속죄-이신득의(以信得義) 문제 등으로 구분하여 이용도의 신

---

67) 민경배, 「이용도의 신비주의에 대한 형태론적 연구」, 31쪽.
68) 민경배, 『교회와 민족』(서울: 대한기독교출판사, 1981), 298쪽.
69) 정성구, 『한국교회 설교사』, 206–208쪽.
70) 최인식, 「시무언 이용도 목사의 예수론 – 논평과 제안」, 223–224쪽.

앙이 어떤 양상으로 고백되어 나타나는지 고찰하고자 한다.

(1) 만족설(satisfaction theory)의 문제

만족설의 의미는 유일한 중보자이신 예수 그리스도의 단회적 죽음으로써 성부 하나님의 공의의 속성을 만족시켜드렸다는 데 핵심이 있다. 이용도는 자신의 일기에 오랫동안 한국교회 강단에서도 무분별하게 인용되고 회자되는 한 예화를 기록해두었다. 유의해야 할 점으로서 이 예화는 만족설과 관련하여 그리스도의 단회적 죽음을 부인하는 듯한 오해를 초래할 만한 비유가 될 수도 있다는 점에 유념해야 한다.

> 자식의 행악함으로 아버지는 가슴이 아프다. 너 왜 내 가슴에 이렇게 못을 박니 하고 아버지는 신음을 한다. 아버지는 너무도 가슴이 아프고 자식은 너무도 강퍅하여 깨닫지 못하매 벽에 사진을 걸고 자식이 죄를 지을 때마다 가슴에 못을 박아 보여 줍니다. 하루에 몇 개 씩 박습니다. (중략) 전신에 못이요 아버지의 본 형상은 찾아볼 수가 없었다. 그때야 자식은 대성통곡하였습니다. 오 내 아버지는 어디로 가셨나. 나는 못을 박아 죽여 버렸구나 하며 울었다.[71]

문자적으로 분석한다면 위의 글에 기술된 '못'은 공의로우신 성부 하나님의 심판에 의해 박힌 것이 아니라 죄를 지을 때마다 그 죄를 범한

---

71) 『이용도 일기』, 79쪽. 1930년 1월 18일자 내용.

인간이 주체가 되어 박은 것이다. 따라서 성부의 진노에 의한 단회적 형벌 집행, 즉 유일회적 대속의 죽음이라는 개념이 사라지고 만다. 따라서 이러한 예화는 자칫 만족설의 의미가 부재하다는 오해를 살 수도 있다. 그러나 이용도의 입장에서 이 예화에 등장하는 '아버지'는 예수 그리스도 자신이며 '아들'은 죄를 범하는 성도를 가리킨다는 점에 주목해야 한다. 이 점은 다음 인용문을 통해 분명하게 드러난다.

> 주님은 그 수족에 뿐만 아니라 그 가슴에 수 만 개의 못이 박혀 있습니다. 이는 우리가 죄 하나를 지을 때마다 박아 놓곤 한 것입니다. 오- 이 무리가 매일 몇 백 개 씩 박았으니 주의 가슴이 얼마나 아프시겠습니까. 날마다 몇 번이나 주의 가슴에 못을 박은 오- 이 죄인들 어이할고. (중략) 이제 우리는 주 앞에 가서 통회 자복하자. 주를 못 박은 죄를 자복하자. 주는 미쁘시사 우리가 죄를 고하면 다 용서하신다. 보혈로써 씻어주신다. 남기지 말고 다 고하세요. 주는 다 씻어 주십니다. 그 후에는 시원합니다.[72]

위의 글에서 주를 못 박은 '죄'는 일상생활에서 반복되는 자범죄를 의미하며, 주님을 못 박았다는 것은 성도들이 범죄 함으로써 그리스도의 마음을 아프시게 해드렸다는 것을 가리킨다. '보혈'은 못을 박을 때마다 또다시 반복적으로 흘려야 하는 피가 아니라 이미 2천 년 전 십자가상의 죽음을 통해 흘려주신 그 피라는 것이 분명하다. 문장 가운데 "매일 몇 백 개 씩 박았으니 주의 가슴이 얼마나 아프시겠습니까"라는 표현은 성

---

72) 『이용도 일기』, 80-81쪽. 1930년 1월 18일자 내용.

부의 공의의 속성을 만족시켜드리기 위해 그리스도의 고난이 되풀이되어야 한다는 것이 아니라 죄를 범할 때마다 그리스도께서 그로 인해 깊이 슬퍼하신다는 감정을 묘사한 것이라고 보아야 한다. 따라서 위의 인용문을 만족설과 관련하여 문제 삼을 수는 없다.

(2) 유일회적 대속의 문제

죄를 범할 때마다 박히는 못의 수가 늘어만 간다는 전항(前項)의 분석을 통해 이용도가 그리스도의 유일회적 대속을 부정한 것이 아니라는 점은 어느 정도 논했다. 그러나 이용도가 교역자들을 신랄하게 비판한 문제의 설교를 검토해야 할 필요가 있다. 유일회적 대속과 관련하여 이용도를 비판적으로 평가하는 학자들은 흔히 다음 문장들을 문제 삼곤 한다. 다음 인용문들이 십자가의 유일회적 대속사건을 부인하고 시간과 공간을 초월하여 반복적 현상이 되어야 한다는 의미를 담고 있는지 살펴보자.

> 하나님과 접촉할 생각은 않고 목사만 따라 다니는 신자, 부흥회 시간에만 잠깐 회개하고 예배당 문밖을 나서면 또 그냥 그 꼴이 되는 신자 — 화를 면할 길이 없습니다. 양을 먹일 생각은 하지 않고 굶기고 말려만 주며 주님을 예배하자고 하면서 주님을 다시금 십자가에 못 박는 교역자도 화를 피할 길이 없을 것입니다.[73]

---

73) 『이용도 저술집』, 249쪽. 1931년 3월 17일 중앙교회에서의 설교. 제목:「예수의 설교」.

모든 인간은 지금까지 많은 의인의 살을 먹고 피를 마시었다. 모든
선지자들의 피와 살을 먹었고 세례 요한의 피와 살을 먹었으며 예수의
살과 피를 먹었도다. (중략) 오- 평양아 너는 일찍 토마스의 피와 살을
먹었노라. 의인들은 피와 살로 새 언약의 표를 삼았도다. 이것을 먹고
마시고 영생을 믿어라. 그렇지 않으면 멸망하리라. 의인들의 피와 살은
염가의 것이 아니니라.[74]

민경배의 견해와 마찬가지로 이상윤 역시 "그리스도의 피와 살"이
명기된 위의 일기("모든 인간은 지금까지 ……")에 근거하여 이용도가 유일회성
을 부정한 것으로 보았다. 이상윤은 일기에 기록된 이 문장이 회개가 없
는 곳에 예수의 피가 다시 요구된다는 의미를 담았다고 분석했다.[75] 정성
구 역시 민경배의 글을 옹호하는 입장에서 인용하여 소개함으로써 민경
배의 판단에 동의하는 것으로 보인다.[76] 그러나 송길섭은 회개가 없는 곳
에 예수의 피를 다시 흘리지 않으면 안 된다는 그의 설교가 청중의 통회
를 자아내는 외침인 것으로 보아 속죄사역의 유일회성을 부인하는 것으
로 간주하지는 않았다.[77]

문자적으로만 분석한다면 유일회성을 부정한다고 이해한 민경배와
이상윤의 해석이 타당하다고 볼 수 있지만, 필자는 이 문장에서 이용도
가 무엇을 말하고 싶었는지 함축적인 의미를 찾아내는 작업이 선행되어
야 한다고 본다. 문제는 이 설교문이 단순하게 그리스도의 반복되는 고

---

74) 『이용도 일기』, 136쪽. 1931년 6월 18일자 내용.
75) 이상윤, 「이용도 목사, 그 인간과 역정(II)」, 『기독교사상』(1984년 7월), 159쪽.
76) 정성구, 『한국교회 설교사』, 206-207쪽.
77) 송길섭, 「한국교회의 개혁자 이용도」, 『이용도 관계문헌집』, 216쪽.

난을 의미하는 것인가 하는 점이다. 그런데 1931년 8월 평안북도 선천읍 집회 중 그의 일기에 기록된 내용 중에 위의 설교문과 매우 유사한 문맥이 발견된다. 그는 이 피를 자기 자신에게 적용시켰다.

> 宣川! 그 이름은 이미 높은 바 있었다마는 그 실은 이 모양이었으니 한 일을 보아 百사를 가히 짐작할지라! 이는 사업으로의 이름이요 수효로의 이름이었고 신앙으로서의 이름이 아니었구나! 아! 이 굳고 교만한 선천이여, 목사로부터 평신도까지 다 생명이 죽지 않았는가? 내 마음 심히 괴롭도다. 선천의 사람들아 너희가 나의 피와 살을 마실 만하도다. (중략) 주여 저희에게 생명이 되도록 나를 新造하여 나의 고기를 저희에게 던져주소서. (중략) 오 주여 나를 죽이시어서라도 저희에게 새 생명을 주시옵소서.[78]

위의 글에서는 완악하고 교만한 모습이 죽어 있는 자의 실상이라고 전제되어 있다. 그래서 이용도는 죽어 있는 이들에게 새 생명을 주기 위해 자신의 살과 피를 던져주겠노라고 했다. 필자의 판단으로는 이상의 문장들을 통일성 있게 고찰해보면 그리스도의 죽으심과 관련된 문장들이 그리스도의 반복적 죽음을 가리킨다고 단정할 수 없다. 그 이유는 다음과 같다.

첫째, 예수 그리스도의 피가 의인, 선지자, 토마스 그리고 이용도 자신의 피와 병행 기록되어 있어 십자가상의 죽음을 통한 대속적 죽음과는 완전히 차원이 다르다는 점이다. 만일 예수가 흘리는 피를 반복적인 죽

---

78) 『이용도전』, 95쪽. 1931년 8월 선천읍 집회.

음으로 해석하려면 토마스와 이용도의 죽음 역시 대속을 위한 그리스도의 십자가상의 죽음과 동등한 가치와 의미를 지녀야 한다. 또한 토마스와 이용도의 죽음도 마찬가지로 반복적이라야 한다. 그럴 경우 토마스와 이용도의 피는 중보자이신 예수의 보혈과 동등한 위치를 점한다는 모순을 범하게 된다.

둘째, 이용도가 문장 가운데 언급하는 세례 요한이나 토마스의 죽음이 죄를 대속하기 위한 죽음이 아니라, 이용도 자신도 익히 알고 있었듯이 순교의 죽음이었다는 점을 고려한다면 위의 문맥 속에 나타나는 그리스도의 죽음이라는 표현 역시 대속을 위해 다시 당하셔야 하는 반복적인 죽음이라고 단정할 수 없다.

셋째, 문맥에 드러난 대로 완악함과 교만함을 버리고 신앙인다운 생을 영위할 것을 촉구했다는 점에서 성화의 차원을 호소한 것으로 보는 것이 자연스럽다. 따라서 계속해서 흘려지는 예수의 피란 성부의 공의를 만족시키기 위해 반복적으로 골고다 형장에서 집행되는 대속적 죽음의 차원을 의미하는 것으로 이해해서는 안 된다. 오히려 예수의 피는 의인, 선지자, 토마스 그리고 이용도 같은 사역자들의 피와 더불어 성도들을 거룩한 삶으로 인도하기 위해 감내하는 수고와 헌신의 차원에서 이해해야 한다.

(3) 속죄-이신득의 문제

예수 그리스도의 죽으심만이 유일한 대속의 원리라는 사실은 개혁주의 신학의 전통적인 구원교리이다. 그런데 이용도의 신앙고백에 속죄의 개념이 부재하다고 보는 견해가 있다.

앞서 소개했듯이 민경배는 이용도의 속죄관이 예수의 본질을 어떤 성질로 보지 않고 단지 아픔으로 보았다고 했다. 그는 신성(神性)과 속죄와는 관계없이 다만 예수의 고난에 모든 신비와 해결이 있다고 해석했으며,[79] 성부와 성자 사이의 구속사적 연관이 전혀 없다고 평가했다.[80] 또한 이용도는 그리스도를 만나 그에게 미쳐 한 몸이 되는 그 자체에 의미를 두었던 것이었을 뿐 그리스도를 통해 영복을 누린다든가 죄사함의 은총에 인도된다는 점에 대해 점잖은 냉소까지 보냈다고 평가했다.[81] 정성구 역시 민경배의 주장에 동의하여 이용도의 눈물은 그리스도의 속죄의 은혜에 감격한 것이 아니라 그리스도의 고난을 동정하며 동참하기를 원했던 것이라고 보았다.[82] 한편 박영관은 이용도가 신앙원리를 예수를 통한 감화력에 둠으로써 십자가상의 죽음을 하나의 사표(師表)적인 것으로 여겨 예수 그리스도를 도덕적인 혹은 윤리적인 국면에서만 바라보았을 뿐이라고 했다.[83]

이용도의 대속사상에 의문을 제기할 만한 문장으로서 1931년 6월 18일자 일기에 기록된 내용을 들 수 있다.

예수의 말씀과 같이 그 행하심이 진실함과 거룩함을 보고 저희는 회개할 만은 하였지만 저희의 교만한 마음은 예수의 전도와 이적에는 구

79) 민경배, 「이용도의 신비주의 연구(한 교회사적 고찰)」, 50쪽.

80) 민경배, 『교회와 민족』, 298쪽; 민경배, 「이용도의 신비주의 연구(한 교회사적 고찰)」, 60쪽.

81) 민경배, 「이용도의 신비주의 연구(한 교회사적 고찰)」, 54쪽.

82) 정성구, 『한국교회 설교사』, 208쪽.

83) 박영관, 『이단종파 비판(II)』, 51쪽.

원되지 않을 것임을 깨달으셨다. 그리하여 마침내 자기가 죽지 않으면 안될 것을 각오하셨다. 저희들이 나의 살을 찢고 나의 피를 흘린 후가 아니었으면 아니될 것이었으매 (중략) 예수의 살과 피를 보기 전에 저희 가 회개하고 믿었더면 좋았을 것을 (중략) 십자가에서 살을 찢기우시고 피를 흘리우신 이후에야 오순절 다락방에서 회개하고 예수의 사람들이 되었다.[84]

위의 문장을 분석해보면 적어도 보는 관점에 따라 지적받을 만한 두 가지 난제가 내재되어 있다.

첫째, 예수 그리스도께서 죽으심의 과정이 있기 전에 인간 측에서 회개하는 결단이 선행(先行)되었더라면 대속의 죽음 없이도 사죄(赦罪)가 베풀어질 수 있었다는 해석이 가능하다. 그렇다면 그리스도의 죽으심은 단지 회개를 촉구하기 위한 도덕적 행위의 극단적 표현이었다는 유니테 리언(Unitarian) 식의 구원관으로 전락하고 말 것이다.

둘째, 위의 사항과 연계되는 내용으로서 하나님의 구원의 방편이 그 리스도의 대속 외에도 다양한 다른 방편이 있을 수도 있다는 가설 설정 이 가능하다. 위의 문장에 기술된 내용만 보더라도 가능성 있는 구원의 방편은 예수의 전도와 이적 그리고 예수의 죽으심을 보기 전에 미리 회 개하고 믿음을 갖는 일 등으로 정리할 수 있을 것이다.

그러나 주목해야 할 것은 이용도의 구원관에는 이처럼 다소 허술한 듯한 표현이 드러난다는 점에서 허점을 포착해낼 수도 있지만 그의 신앙 에는 대속관과 칭의관이 분명하게 반영되어 나타난다는 것이다. 우선, 이

---

84) 『이용도 일기』, 136쪽. 1931년 6월 18일자 내용.

용도에게 예수 그리스도의 죽으심은 이타적 사랑의 최선의 표현 방식으로서 남김없이 "다 쏟아 나누어주었다"는 데서 지고의 의미를 갖는다.

> 하늘에서의 사랑, 예수께로부터의 사랑은 (중략) 자기는 죽고 남을 살리는 것이다. 자기의 생명을 끊어서 남의 생명을 연장시켜 주는 것이다. 자기가 벗어서 남을 입히고 자기는 주리고 남을 먹인다. 이것이 지상에 처음으로 나타난 새 사랑의 원칙이다. 예수는 그 사랑을 알리기 위해서 십자가에 죽으시며 겉옷도 주고 속옷도 주고 손의 피 발의 피 다 뽑아 주고 중심 – 심장에 고인 피와 물까지 다 쏟아 나누어 주었다. (중략) 다 이루었다고 하신 후 예수는 속옷 겉옷 다 뺏기고 몸의 피와 살도 다 뺏기고 알몸뚱이만 남았다.[85]

그런데 이용도는 이타적 사랑을 베푸신 예수를 자신과 어떻게 관련 짓는가? 이용도는 요한복음 17장 3절[86]에 근거하여 예수는 의인이요 자신은 죄인임을 깨닫는, 이른바 예수를 아는 인격적 지식에 자신을 관련지었으며 지식과 영생을 유기적인 관계성 속에서 파악했다. 또한 사죄의 의미를 죄가 제거된다는 것으로 간주하지 않았다는 점으로 미루어볼 때 그는 분명히 사죄의 개념을 용서라는 차원에서 이해했다고 보아야 한다.

> 주님께서 「너와 함께 낙원으로 가리라」고 하신 것은 그가 범한 강도의 죄가 없어져서 그런 것이 아니다. 오직 주님을 알았다는 한 가지 사

---

85) 『이용도 저술집』, 241-242쪽. 설교제목 "피의 설교".
86) "영생은 곧 유일하신 참 하나님과 그가 보내신 자 예수 그리스도를 아는 것이니이다"(요한복음 17:3)

실 때문이었으니 누구나 주님을 바로 알기만 하면 그 순간이 곧 영생의 순간이 되는 것입니다(요17장3~). 간단합니다. 한 강도와 같이 나는 죄인이라는 것과 주님은 의인이라는 것만 알고 믿으면 구원을 얻는 것입니다. (중략) 의인선지자 예수님은 불쌍하고 억울한 고통을 당하지 않을 수 없는 것이었습니다.[87]

이용도의 예수를 아는 지식이란 영지주의자들이 논하는 구원의 지식과는 완전히 차원이 다르다. 그에게 예수를 아는 지식은 분명히 육체로 오신 그리스도의 대속의 죽으심에 기초해 있다. 아래의 글에서 이용도는 '구원'과 '유기(遺棄)'의 근거를 '신앙'의 유무에서 판단했고, 신앙이란 예수 그리스도의 보혈을 믿고 의지하는 것이라고 고백했으며, '믿음'과 '죄사함'의 관계를 상호 인과관계로 엮어냈다.

참으로 속죄를 얻지 못한 자는 죽엄을 두려워하며 그리스도를 얻지 못한 자 또한 죽엄을 두려워합니다. 不信者에게는 지옥밖에 없고 믿는 자에게는 天國문이 열리어 있읍니다. 그러니 지옥으로 향할 것이냐 천국문으로 향할 것이냐는 信의 유무에 있는 것입니다. 신앙은 예수의 살과 피로 행세하여지는 것임에 믿는다는 일은 예수의 보혈을 믿고 의지하고 마시는 것입니다. 예수의 피와 성신의 감화만이 우리로 신앙 생활을 하게 하며 천국으로 가게 하나니 우리는 믿어야겠습니다. 십자가는 죄보다 크고 강한 것입니다.[88]

---

87) 『이용도 저술집』, 247-248쪽. 1931년 3월 17일 중앙교회에서의 설교. 설교제목 "예수의 설교".
88) 『이용도 목사 설교집(一)』, 23쪽. 설교제목 "죽음과 심판".

예수님의 속죄가 만인을 다 의롭게 하신다는 것은 참으로 오묘한 진리요 기적입니다. 크나 적으나 죄를 짓지 않음이 없는 만인이 오직 주님을 믿기만 하면 죄사함을 얻는다는 사실! 이 얼마나 위대하고 엄청난 축복의 사실입니까? 찬송 121 (열창) (내 주의 보혈은)[89]

이용도가 이해하는 예수 그리스도의 보혈은 분명히 대속사상에 근거하고 있다.

예수를 바라보자! 말구유에서 골고다까지 – 강림, 기도, 죄를 대신 지심, 골고다의 정사[90]

오늘 나의 눈으로 20여명이 참으로 구원 얻는 것을 보게 하심 감사하나이다. 다 흡족한 은혜, 죄 사함의 확실한 증거를 받게 하심 감사하옵니다. (중략) 33세의 한창 청년인 예수는 불쌍하게도 사형을 당하셨습니다. 갖은 수치와 욕을 다 당하셨습니다. 가시관 끔찍한 가시관을 쓰셨습니다. 이는 사람 손이 저 의인 예수를 십자가에 못 박은 것이 아니라 죄가 주를 못 박은 것입니다. 주는 죄 때문에 오셨습니다. 죄가 아니라면 오실 까닭도 없는 것입니다. 죄를 위하여 싸우시다가 죄 때문에 (인간) 사형을 당하셨습니다. 우리 죄로 우리가 죽을 것을 주께서 대신 죽임을 당하셨습니다. 우리가 죽을 일에 주가 피를 흘리셨습니다. (중략) 예수님은 우리 죽음에 대신 피를 흘리셨고 우리는 그 피로 살게

---

89) 『이용도 목사 설교집(一)』, 21쪽.

90) 『이용도 일기』, 43-44쪽. 1929년 1월 3일자 내용.

<u>되었습니다. 주는 사형을 당하시고 우리는 ······ [91]</u>

위의 인용문에 기록된 1930년 1월 18일자 일기("오늘 나의 눈으로 ······")
에서는 예수님의 성육신을 오직 인간의 죄 때문이라고 주지함으로써 오
시안더(Osiander)의 견해를 일축한 칼뱅의 정통신앙[92]과 맥락을 같이했다.
문장 가운데 "우리 죄로 우리가 죽을 것을 주께서 대신 죽임을 당하셨습
니다. 우리가 죽을 일에 주가 피를 흘리셨습니다"라는 고백은 예수님의
대속사역의 진수를 명백하게 보여준다.

2) 신비주의와의 접목

민경배 · 정성구 · 박영관 등은 이용도의 구원론과 관련하여 이용도
가 예수 그리스도의 속죄론을 대속 차원에서 이해하지 못했던 것으로 평
가했다. 특히 만족설, 유일회적 대속, 속죄 – 이신득의 사상 등에 심각한
문제가 있다고 보았다. 그러나 필자의 생각은 다르다. 이용도는 이신득
의 원리에 입각하여 전통적 구원관을 이해했고 고백했다. 그의 서간집이
나 저술집 등에는 종종 '십자가 공로',[93] '속죄제물',[94] '예수만이 구주',[95]

---

91) 『이용도 일기』, 78-79쪽. 1930년 1월 18일자 내용. 밑줄 처리는 필자가 한 것임.
92) John Calvin, *Institutes of the Christian Religion1*, II. 12. 5.
93) 『이용도 서간집』, 43쪽. 1931년 3월 이태순에게 보낸 편지.
94) 『이용도 서간집』, 83쪽. 1931년 11월 초, 이태순에게 보낸 편지.
95) 『용도신학』, 24쪽.

'예수의 피 공로',[96] '희생'[97] 등 구원관에 연결 지을 수 있는 전형적인 신학용어들이 구사되어 있다.

그러나 그의 일기와 서간집, 저술집 등에 예수의 구원사역과 관련된 핵심적 복음의 진수가 극히 부분적으로 설명되어 있다는 점, 그리고 신비주의 성향을 띤 고난의 그리스도관이 지나치게 강조됨으로써 정상적인 구원관이 가려져 외견상으로는 속죄론이 부재하는 것처럼 비칠 수도 있다. 이용도는 예수님의 사역을 조명함에 있어 자신의 신비주의 성향 때문에 자연스럽게 고난의 그리스도관에 초점을 맞추었고, 상대적으로 대속사역에 대해서는 빈약하게 조명한 것이 사실이다. 민경배·정성구·박영관 등이 이용도에게 속죄론이 부재하다고 분석했던 것도 그의 저술 전반에 속죄론이 기승전결(起承轉結) 방식으로 완전하게 기술되지 않았고 더군다나 피, 죽음, 십자가, 고난, 금욕 등의 의미가 대속과 속죄의 차원보다는 주로 고난당하는 그리스도 상으로 경도되는 바람에 신비주의자로서의 면모만이 두드러져 초래된 오해라고 본다. 이들 학자는 이용도의 구원관과 관련하여 신비주의라는 이론적 틀 안에 나타나는 전형적인 문제점들만을 분석하고 지적해내는 바람에 흐릿하게 나타난 그의 구원관을 놓친 셈이다. 심지어 이용도에게서 이단이라고 정죄할 수 있는 요소를 거의 발견할 수 없다고 단언한 박봉배조차 심판하고 구원하고 통제하는 그리스도의 모습이 불분명하다고 지적했을 정도이다.[98] 필자는 이용도가 신비주의 성향을 지녔고 비록 고난당하는 그리스도 상이 지나치게 부각되었음에도 불구하고 정통신앙에 비추어볼 때 구원관에서

---

96) 『이용도 저술집』, 228쪽. 광성 정의여고 연합집회.
97) 『이용도 저술집』, 208쪽.
98) 박봉배, 「이용도의 신비주의와 그 윤리성」, 130쪽, 136쪽.

만족설, 유일회적 대속관, 속죄 – 이신득의 사상 등에는 문제가 없다고
본다.

4
기독관과 신비주의와의 접목

1) 기독관

(1) 성육신의 유일회성 문제

성육신이 단회적이냐 아니면 반복적이냐의 문제는 극단적 신비주의자들의 세계에서는 그다지 낯선 문제가 아닐 수도 있다. 일부 학자들은 성육신의 '유일회성 부정'을 고스란히 이용도에게 적용한다. 민경배에 의하면 이용도는 이천 년 전에 오셨던 그리스도의 유일회적인 구속의의의를 상실했다고 했으며, 한 번밖에 오시지 않았던 역사성을 잃어버린 채 우리의 경건과 믿음의 한 모범으로 전락시켰다고 했다.[99] 또한 그는 이용도에게는 성육신의 신학이 결여되어 있고 기독론조차 없다고 확

---

99) 민경배, 「한국종교의 신비주의적 요소」, 162쪽.

언했다.[100] 이렇듯 민경배는 이용도가 그리스도의 유일회적 성육신을 부인했다는 점을 문제로 제기함으로써 하나님의 아들은 사람이 되어 다시 당신 속에 탄생하지 않으면 안 된다고 말한 독일의 신비주의자 뵈메(J. Böhme)의 사상과 같은 맥락에서 파악하는 것 같다.[101] 또한 그는 이용도의 이러한 사상이 모라비아(Moravia)의 경건주의자들과 조금도 다를 바 없으며 역사적 기독교가 이러한 신비주의 때문에 위협을 받았다고 경계했다.[102] 만일 민경배의 주장대로라면 이러한 평가는 에크하르트의 사상과도 밀접하게 연계될 수 있다. 에크하르트는 "영혼 속에 끊임없는 아버지의 출생이며 유출인 동일유일자(the same one)는 오늘도 태어나시며 시간 안에서 인간본성이 태어난다"[103]는 이른바 '영혼 속의 신의 탄생'이라는 신비스러운 표현을 구사했다.

필자의 소견으로 이용도는 예수 그리스도의 역사적 초림이 단회적이라는 사실 자체를 부인한 것은 아니었다. 그러나 그리스도의 오심과 관련하여 서간집과 일기에 기술된 표현들을 문자적 해석 방식만을 적용하여 분석할 경우 그의 논지 가운데 오해를 야기할 만한 단서들이 여러 곳에서 발견되는 것은 사실이다. 그는 1930년 성탄 전날인 12월 24일 김광우에게 보낸 서신에서 그리스도의 탄생과 관련된 '성탄의 新經驗', '마음구유', '新生' 등의 용어들을 구사하여 문자적으로는 그리스도의 유일회적 역사로서의 초림을 부정하고 반복적 강림에 의미를 두는 듯한 문장을 엮어 표현했다.

---

100) 민경배, 『교회와 민족』, 298쪽.
101) J. Böhme, *The Threefold Life of Man*, Ch. iii, p. 31. 민경배, 「한국의 신비주의사」, 191쪽에서 재인용.
102) 민경배, 「한국의 신비주의사」, 208쪽.
103) 노종해, 『중세 기독교 신비신학사상 연구』, 95쪽 재인용.

성탄의 신 경험이 仁兄(김광우-필자 주)의 중심에 - 베들레헴 더럽고
좁고 험한 구유에 강림하신 주님이 그렇게 형님의『마음구유』위에 신
생하시어 그 위에 좌처를 정하시기 바랍니다.[104]

위의 인용문을 단지 문자적으로만 해석한다면 '성탄의 신 경험', '마
음구유', '신생' 등의 용어군은 분명히 민경배의 주장을 뒷받침하는 타당
한 단서가 될 수도 있다. 그러나 이용도의 이 표현이 시적으로 묘사되었
다는 점을 고려할 때 단순하게 문자적 해석만 적용할 수는 없다. 예수 그
리스도의 오심과 관련하여 1930년 12월 24일 김광우에게 보낸 위의 서
신과 이보다 3년 전인 1927년 12월 24일 일기에 기록된 내용이 묘하게
도 일치한다. 그리고 그가 번역한 장년공과 제51과(제목: "크리스마스")의 내
용과 함께 대조해보면 문자적 해석만 적용할 수 없다는 사실이 더욱 분
명하게 드러난다. 이와 관련하여 그의 일기와 공과에 기술된 내용을 소
개하면 다음과 같다.

베들레헴의 작고 추한 말구유를 허물치 않으시고 거기 나신 예수님
이시여 나의 작고 추한 마음구유에 탄생하시어 좌정하시옵소서. 내다
보니 눈 얼음이 더걱거리고 찬 바람만 횡횡하며 지나갑니다.[105] (1927년
12월 24일 일기)

만왕의 왕이오 만민의 구주이신 예수는 마침내 탄생하셨다. (중략)
헤롯의 마음속에도 예수를 용납할 자리가 없었다. (중략) 가룟 유다의

---

104)『이용도 서간집』, 36쪽. 1930년 12월 24일 김광우에게 보낸 서신.
105)『이용도 일기』, 40쪽. 1927년 12월 24일자 내용.

심중에도 예수의 거처하실 자리가 남아있지 아니하였다. 우리 영의 크리스마스는 왔다. 예수의 영은 우리 심중에서 거처할 자리를 찾고 계시지 않는가? 우리 마음속의 더럽고 편협한 것이 베들레헴 구유만도 못하여도 예수를 위하여 내어놓지 않으려는가? 겸비하신 주님께서는 허물치 않으시고 오실 것이다. 그 때에 우리 마음에는 참된 크리스마스가 있을 것이다.[106](저술집 공과 제51과)

앞서의 인용문("성탄의 신 경험이 ……")과 위의 두 인용문은 모두 성탄절과 관련하여 작성된 일기, 서신 혹은 성탄절 주일학교 교육을 위해 번역 출판된 공과에 기술된 내용이었다는 점에서 이용도가 표현한 '신생'은 성탄절 절기와 관련되어 있다는 점을 알 수 있다. 이 문장들을 통일성 있게 해석해보면 성탄절을 맞이하면서 청결한 마음으로 주의 오심을 기념하는 대목이라는 사실이 명백해진다. 공과의 문장 가운데 '영의 크리스마스'는 주께서 신자의 청결한 마음에 임재하시는 장면을 묘사한 것일 뿐이지 예수의 반복적인 육체적 탄생을 의미하는 것으로 보는 것은 억측이다.

이외에도 이용도는 예수님께서 나귀를 타고 예루살렘에 들어오시는 장면 역시 영적 입성으로 그려내어 시적으로 표현한 적이 있다.

자매여! 그대는 주를 모시고 다니는 나귀가 되라. 주께서 그대를 타시리로다. 왕위에 오르실 때 그대를 타시리로다. 왕위에 오르실 때 그대를 타시리로다. 그러나 그대의 육에 돌아갈 영광은 여전히 마른 풀과

---

106) 『이용도 저술집』, 192-193쪽. 장년공과 제51과. "크리스마스"(누가복음 2:1-20).

채찍임을 잊지 말아라.[107]

아- 그 두려운 밤은 지나갔다. 이제 평화의 나라는 온다. 왕은 등극
하신다. 아 - 과연 아침 같은 나라요 햇빛 같은 임금이시다. (중략) 그
왕은 어린 왕이라. 금 면류관을 쓰시고 평화롭게 웃으시며 나아오신다.
고요한 나라다. 잔잔한 나라다.[108]

위에 묘사된 예루살렘 입성 장면들이 결코 예수님의 반복적인 예루
살렘 입성을 가리킨다고 볼 수는 없다. 어디까지나 이천 년 전 예수님의
예루살렘 입성을 시적인 기법으로 묘사해낸 것뿐이다. 마찬가지로 앞서
성탄절 신생을 표현한 인용문들 역시 예수의 반복적인 탄생을 의미하는
것이 아니라 성탄절의 의미를 문학적 소질을 발휘하여 시상(詩想)에 담아
냈다고 보아야 한다.

(2) 삼위일체 신관의 문제

민경배는 이용도에게 예수에 대한 애모(愛慕)가 전혀 삼위일체론적으
로 이해되어 있지 않다고 보았다. 보내신 성부 하나님과 보내심을 받은
성자 사이의 구속사적 연관이 전혀 없기 때문에 예루살렘에서 죽은 예수
라는 개념 이외에는 성부가 들어와 차지할 여지가 전혀 없고 따라서 선

---

107) 『이용도 서간집』, 41쪽. 1931년 3월 K. T. Y.에게 보낸 서신.
108) 『이용도 일기』, 128쪽. 1931년 3월 9일자 내용.

교의 부재(不在)를 의미한다고까지 평가했다.[109] 이는 이용도가 아들을 보내신 성부와 죽기 위해 세상에 오신 성자, 그리고 구원의 적용을 위한 성령의 사역을 구속의 경륜으로 파악해내지 못했다는 의미가 된다. 정성구역시 이용도의 신관에 대해 이단성이라는 극단적인 표현까지 구사해가며 그의 이단성이 성부·성자·성령의 인격성을 부인한 데 있다고 보았다.[110]

이용도의 삼위일체관을 연구하기에 적절한 자료로서는 변종호의 노력에 의하여 편집 구성된 『용도신학』 1, 2, 3장이 있다. 이 저서에는 순차적으로 제1장 '하나님', 제2장 '예수(그리스도)', 제3장 '주', '주님'에 대한 신학(信學)이 전개되어 있다. 그렇지만 1, 2, 3장의 내용은 변종호가 이용도의 일기나 서간집을 중심으로 성부(제1장), 성자(제2장, 제3장)와 관련된 내용들을 발췌 정리한 것이며 성령과 관련해서는 별도의 장이 할애되어 있지도 않다. 더군다나 1, 2, 3장이 변종호가 이용도의 원자료에서 인위적으로 발췌하여 편집한 내용인 만큼 전후 문맥상 통일성이 결여되어 있고, 상호 별개의 내용들로 편집되어 있어 각 위(位) 간의 상관성을 고찰하여 삼위일체 개념을 분석해내기는 어렵다. 더군다나 성육신과 관련해서는 명백한 설명이 나타나 있지 않다. 이용도 자신의 1차 문헌(『이용도 목사 일기』, 『이용도 목사 서간집』)에서조차 '삼위일체'라는 용어구사는 전무하며, 『이용도 목사 연구반세기』에 성부, 성자, 성령의 사역을 설명한 대목이 나오기는 하지만[111] 이는 1차 자료가 아니라 어디까지나 변종호 자신의 해석일 따름이다.

---

109) 민경배, 『교회와 민족』, 298쪽; 민경배, 「이용도의 신비주의 연구(한 교회사적 고찰)」, 60쪽.

110) 정성구, 『한국교회 설교사』, 208쪽.

111) 『이용도 연구반세기』, 64쪽.

그렇다면 이용도의 신학(神學)에는 삼위일체론이 전혀 부재하다는 말인가? 민경배가 지적한 것처럼 이용도에게는 보내신 자(성부)와 보내심을 받은 자(성자)와의 관계나 구속사적인 연관, 그리고 선교의 개념이 부재하는가? 물론 전술한 것처럼 그의 삼위일체관이 너무 빈약하고 허술하다는 점에서 그의 신관을 용이하게 파악하기란 쉽지 않다. 그럼에도 불구하고 필자는 다음 네 가지 관점에서 민경배의 견해에 이의를 제기한다.

우선, 이용도에게는 그리스도의 죽음의 의미에 대한 이해가 분명하게 나타나 있다는 점이다. 앞서 구원관의 '(3) 속죄 – 이신득의 문제'에서 고찰한 바에 의하면 이용도는 대속의 관점을 예수 그리스도의 보혈에 근거하여 이해했다. 그는 예수의 오심을 인간의 죄 때문이라고 확신했고, 인간의 죄를 대신하여 예수님께서 죽임을 당했다는 문장을 적확(的確)하게 구사하여 대속사상의 진수를 분명하게 관철했다.

둘째, 성부와 성자의 호칭과 관련하여 두 위격을 표현하는 용어 구분이 명확하게 구사되었다는 점이다. 『용도신학』 제1장에는 하나님이 기도의 대상이자[112] 인간이 따라야 할 대상으로 나타나며[113] 여호와라는 이름으로 기술되어 있다.[114] 또한 하나님께 대해 '獨一이심' 그리고 '참되심'이라는 기술을 통해[115] 신의 속성을 표현해주었으며 '하나님과 예수', '하나님과 그리스도', '아버지와 아들',[116] '하나님과 저(예수–필자 주)'[117]라

---

112) 『용도신학』, 11쪽.

113) 『용도신학』, 12쪽.

114) 『용도신학』, 12쪽.

115) 『용도신학』, 13쪽. 이용도는 '하나님'이라는 칭호를 '유일하신'과 '참이신'의 두 형용사가 수식하며 이는 무한한 제목이자 장엄한 사실이라고 했다. 『이용도 일기』, 121-122쪽.

116) 『용도신학』, 13쪽.

117) 『용도신학』, 18쪽.

는 기술 방식으로 두 호칭을 등위접속사 '와(and)'로 묶어 표기함으로써 성부와 성자를 분명하게 구별된 인격체로 묘사했다.

셋째, 이용도의 저서 전반에 걸쳐 성령의 칭호는 성부와 성자에 비해 매우 드물게 나타나기는 하지만, 성령을 다른 위(位)의 고유한 인격체로 이해했다. 성령의 호칭에서 『용도신학』에 나타나는 '성령'[118] 외에도 그의 설교집에는 '그리스도의 영',[119] '성신'[120] 등의 호칭으로도 나타나며 존재론적으로 모두 성부와 성자와는 구별된 인격체로 기술되어 있다. 특히 구원관과 연관해서는 "예수의 피와 성신의 감화만이 우리로 신앙생활을 하게 하며 천국으로 가게 하나니 우리는 믿어야겠습니다"[121]라는 문장에 나타나듯이 비록 짤막한 표현이긴 하지만 성신(성령)을 성도들의 신앙생활을 이끌어주시는 고유한 위격(位格)으로 설명했다.

넷째, 이용도에게 선교의 개념이 부재했다고 보는 것도 무리이다. 다만 그의 일기나 서간집에 선교관이 비중 있게 구사되지 않았을 뿐 그의 사고에는 선교의 개념과 의의가 자리 잡고 있었다. 1927년 2월 9일자 일기에는 한국교회의 부흥의 필요성을 논하며 한국교회가 실천하지 못하는 시급한 현안 12가지 중 '개인전도'를 '기도'에 이어 두 번째에 위치시켜 기술했다.[122] 1930년 10월 30일자 일기에서는 장·감 양 교단의 전도와 구령사역이 미미한 점에 대해 개탄하기도 했다.[123]

---

118) 『용도신학』, 16쪽.

119) 『이용도 목사 설교집(一)』, 10쪽.

120) 『이용도 목사 설교집(一)』, 6쪽, 23쪽.

121) 『이용도 목사 설교집(一)』, 23쪽. 설교제목 "죽음과 심판".

122) 『이용도 일기』, 21쪽. 1927년 2월 9일자 내용.

123) 『이용도 일기』, 96쪽. 1930년 10월 30일자 내용.

2) 신비주의와의 접목

비록 이용도가 남긴 문헌에서 삼위일체론이라는 명문화된 신학용어
는 발견할 수 없지만 일기와 서간집 그리고 설교집 등에 나타난 성부, 성
자, 성령의 호칭이나 각 위(位) 사역의 성격에 대한 진술들을 종합해볼 때
삼위일체론이 부재했다고 비판해서는 안 된다. 단지 그가 조직신학이라는
학문적인 수준에서 삼위일체론을 체계적으로 전개하지 못했을 뿐이다.

또 한 가지 지적할 만한 사안이라면 이용도에게 삼위일체론이 있
었지만 어떤 의미에서 그의 신론은 삼위일체론이라기보다는 기독론으
로 대변될 수 있을 정도로 성자의 사역, 그것도 신성보다는 인성 위주의
사역으로 기울어졌다는 점에서 신학의 허술한 면이 있다. 이러한 사고
는 그의 신비주의 성향과도 매우 밀접한 관계가 있다. 삼위 신관과 관련
하여 이용도의 신앙은 삼위를 총체적으로 조명하려는 노력보다는 변종
호가 설명했듯이 '예수주의(한님주의)'에서 절정을 이룬다. 그에 의하면 그
리스도에 대한 이용도의 열정은 오직 그리스도에게 미치고, 오직 그리스
도를 위해 죽는 '유주의생활(唯主意生活)', '신앙본업론(信仰本業論)', '유기주
의(唯祈主義)', '오직만이즘', '일애주의(一愛主義)', '한님主義', '광순주의(狂
殉主義)', 신앙 · 기도 · 사랑에 미치는 '삼광주의(三狂主義)', '예수主義', '님
內生', '님內死主義', '전헌생활(全獻生活)'이었다.[124] 이용도 신앙의 초점은
오직 예수였고,[125] 그의 삶의 모습은 '예수쟁이'[126]이자 예수를 위한 '망

---

124) 『이용도 연구 40년』, 127-152쪽.

125) 『이용도 일기』, 12쪽.

126) 『이용도 일기』, 51쪽. 1929년 8월 23일자 내용.

함'[127])이요, 오로지 '첫째도 주님', '둘째도 주님', '셋째도 주님'[128])이었다. 다음 글은 그의 예수 유일주의 성격을 이해할 수 있는 대변적인 기술이 될 수 있다.

> 예수다! 우리의 신앙의 초점은 예수다! 소망에도 예수요 인내에도 예수요 기도에도 예수요 찬송에도 예수다. 떠들어도 예수요 잠잠하여도 예수뿐이다. 생시에도 예수! 꿈에도 예수! 그리고 잠꼬대에도 예수다! 먹어도 예수요 입어도 예수요 자도 예수요 일하여도 예수다! 그저 우리 생활의 중심 초점은 예수뿐이다. 오 - 예수는 곧 우리 모든 것의 모든 것이요 또 우리의 생명이다. (중략) 오 - 우리의 생명이신 예수여 (중략) 오 - 우리의 진리이신 예수여 (중략) 오 - 우리의 길이신 예수여 (중략) 오 - 우리의 길이요 진리요 생명이신 예수요![129])

이용도는 함축적인 차원에서는 삼위일체론을 이해하고 있었지만 그의 신론 기저에는 항상 예수주의(한님주의)로 대변되는 제2위(位)의 기독론이 부각될 수밖에 없었다. 그것도 성자의 신성보다는 고난당하시는 인자론(人子論)에 초점이 맞추어졌고, 상대적으로 성부와 성령의 위상이 약화되는 불균형이 초래되었다. 이용도의 신관을 고찰할 때는 항상 이 점을 깊이 고려하여 접근해야 한다.

---

127) 『이용도 일기』, 56쪽. 1929년 9월 10일자 내용.
128) 『이용도 서간집』, 24쪽. 1930년 봄 박정수에게 보낸 서신.
129) 『이용도 서간집』, 118-119쪽. 1932년 4월 19일 평양 형제들에게 보낸 서신.

소결

    필자는 이용도의 신앙관을 분석함에 있어 그의 신비주의와 깊은 연관성이 있는 영역들, 특히 비판의 논점으로 부각되는 내용들을 중점적으로 살폈고 그의 신앙관과 신비주의와 접목될 수 있는 논점들을 고찰해보았다.

    우선, 교회관에서 이용도는 당시 장로교 황해노회나 평양노회로부터 무교회주의자라고까지 의심을 받았을 정도로 한국교회를 지탄하는 입장을 취했고, 직업적인 부흥사와 제도에 대해, 그리고 물량주의와 형식주의로 치닫는 양상에 대해 강도 높게 비판했다. 이러한 사고는 그의 윤리관이 신비주의 사상에 기초한 성속이원론에 입각해 있었다는 점과 밀접한 관련을 갖는다. 이용도는 아무런 대안 없이 집회를 통해 교회를 자유분방하게 성토했다는 점에 문제가 있었던 것이지 교회의 조직을 부인했던 무교회주의자 김교신과 동일한 노선을 취한 인사로 간주해서는 안 된다.

    둘째, 이용도의 역사관에는 교회시대, 수도시대, 신앙시대, 사랑시대의 유기적 연관성과 본질적이며 점진적인 발전이 함축되어 있다. 그러나 적용적인 차원에서는 지나치게 사랑시대에 비중을 둠으로써 교리, 신학, 법 그리고 전통을 초월하려는 경향까지도 드러난다는 점에서 문제가 있다. 그의 신앙의 목표와 초점은 시공을 초월하여 절대자 예수 그리스도를 지향하고 있었기 때문에 교리를 절대자와 대면하는 일에 걸림돌로 작용하는 것으로 간주하여 '말라빠진 신조'이며 '死殼된 교리'이자 '고목된 신조'라고까지 폄하했다. 여기에서 한 걸음 더 나아가 개혁자들의 칭의관이나 성경관으로서는 그리스도와의 대면이라는 지고의 이상을 성취할 수 없기 때문에 '예수주의'와 '포용적 사랑'으로서의 '새 靈의 양식'이 필요하다는 지론을 폈다.

셋째, 이용도의 구원관은 장로교의 보수성이 강한 학자들에 의해 속 죄론 부재라는 비판을 받기도 한다. 그러나 이러한 평가는 실제로 그에게 속죄론이 부재해서가 아니라 그의 저술에 속죄론이 매우 제한적으로 기술되어 있고 피, 죽음, 십자가, 금욕 등의 의미를 대속의 차원보다는 주로 고난당하시는 그리스도 상에 심층 적용한 데서 초래된 오해이다. 그의 구원관은 만족설, 유일회적 대속, 속죄－이신득의 사상 등 모든 관점에서 별 문제가 없다. 다만 그가 다양한 신앙고백 영역을 폭넓게 아우르지 못하고 주로 고난당하는 그리스도 상에 편중시킴으로써 자초한 결과라는 점에서 차라리 그의 신학이 성숙하지 못했다는 관점에서 약점을 짚어야 할 것이다.

넷째, 이용도의 신관은 학적인 수준에서 삼위일체론을 논리적으로 전개하지 못했을 뿐 부재하지 않은 것은 아니었다. 다만 그의 신론은 삼위일체론이라기보다는 신비주의 성향에서 비롯된 예수주의(한님주의)에서 절정을 이루어 지나치게 기독론에 편중되는 한계점을 보여주었다.

7장

장

이용도와
예수교회
설립

이 장의 제1절, '예수교회 설립과정'과 제3절, '예수교회 설립 취지와 이용도 신앙과의 접목'은 『역사신학논총』 제29집에, 제4절 '원산계 교리와 이용도 신앙과의 비교'는 『한국기독교신학논총』 제103집에 게재되었으며 이 책의 집필 취지에 부합하도록 내용을 수정 보완했다. 안수강, 「1930년대 초 '예수교회' 설립사 소고」, 『역사신학논총』 제29집(2016년), 8-50쪽; 안수강, 「'예수교회'(Jesus Church) 신학 분석」, 『한국기독교신학논총』 제103집(2017년), 145-168쪽.

1
예수교회 설립과정

　　이용도와 원산의 신비주의자 유명화와의 만남은 1934년 『신앙생활』
에 세 차례에 걸쳐 연재된 김인서의 글 「용도교회 내막조사 발표」(1, 2, 3)
를 통해 자세히 접할 수 있다. 1927년경 원산 감리교회에서는 소위 '고
등기계(高等機械)'라고 불리던 입류녀 유명화가 입신(入神) 체험을 주장하며
예수 친림(親臨)을 가장하여 강신극을 자행했다. 먼저 한준명, 백남주가
유명화에게 미혹되어 합류했고, 이호빈은 이용도에게 서신을 보내어 주
께서 유명화에게 직접 친림하셨다고 주장하면서 만나볼 것을 권유했다.
이러한 일련의 과정을 거쳐 한준명, 백남주, 이호빈, 이용도, 이종현 등
이 차례로 유명화와 교제를 나누었다. 이와 맞물려 이용도가 이들이 회
집하는 평양 집회에 한준명을 소개한 일과 연이어 발생한 평양 집회 강
신극 사건, 평양임시노회 소집, 『기독신보』의 단죄 기사, 안주노회의 정
죄, 이용도 목사직 휴직 조치 등을 거치면서 이용도는 기성교회들로부터
내몰리는 처지에 놓였다. 마침내 이용도, 백남주, 이종현 등은 새로운 교
단을 설립할 것을 결단하고 1933년 6월 3일 공식적으로 새로운 교단 예

수교회 창립을 선포했다.

1) 배경

예수교회 설립과 관련하여 이용도가 주동적인 역할을 담당했는지 아니면 전혀 관련이 없었는지에 대한 논쟁은 지금도 여전하다. 이 논쟁의 극단적인 대립양상은 예수교회 측과 이용도의 최측근 인물 변종호 사이의 전혀 상반된 해석과 관점의 차이에서 분명하게 드러난다. 필자는 예수교회 초기 역사를 고찰함에 있어 원산 입류녀 유명화의 등장부터 예수교회 설립에 이르기까지 가능한 한 연대순으로 고찰해가며 이용도와 평양, 원산계와의 주요 가교점들을 고찰할 것이다.

(1) 유명화와 이용도 주변 인물들의 교분

1920년대 스웨덴보르기아니즘이 침투할 무렵, 1927년경 원산 감리교회에서는 입신 체험을 주장하던 여성 유명화가 예수 친림을 가장하여 예언활동을 전개했다.[1]

유명화 측에 합류하게 될 백남주, 한준명, 박승걸 등은 1930년대에 들어서면서부터 친밀하게 서로 교분을 나누던 사이였다. 백남주

---

1)　이영헌, 『한국기독교사』, 185쪽.

는 1902년 함남 갑산군 출신으로 1930년 평양신학교를 졸업했으나 장로교에서 목사안수를 받지 못하고 이용도가 세상을 떠나기 한 달 전인 1933년 9월 9일 그에게 예수교회 소속 목사로 안수를 받았다.[2] 그는 헬라어와 히브리어를 익혔고 요한복음을 연구했으며 원산 마르다 윌슨 여자신학원(Martha Wilson Memorial Women's Theological Training School) 교수로 재직하면서 수도원식 신학산기도소를 설립했다.[3] 전택부에 의하면 당시 백남주의 강의를 듣기 위해 참석한 사람들은 그 지방의 기도꾼들이자 안변, 통천, 덕원, 문천 등지의 토박이 신자들, 그리고 마르다 윌슨 여자신학원 학생들과 우수한 청년들이었다.[4]

백남주는 1930년 말 간도에서 원산으로 와서 '어학의 천재'라는 별명이 붙은 한준명과 친분을 나누었으며, 만보산사건(萬寶山事件)[5] 이후에는 간도로부터 원산에 도착한 박승걸과도 합류가 이루어지면서 이들은 자주 만나 성경을 원어로 읽으며 신학을 연구했다. 이들은 1932년 가을, 신비주의 이단사상을 담은 백남주의 저서 『새 생명의 길』이라는 소책자를 발행하여 교계로부터 비판을 받았다.[6] 원산 지방에서 스웨덴보르그 연구에 심취하여 이 책을 읽은 전택부의 증언에 의하면 예수님은 마리아의 태를 빌려 출생하셨으나 사람의 피는 한 방울도 받지 않았다는 것, 예수님의 탄생 일자가 1월 3일이라는 등 예수님과 직접 대화를 나누었다는

---

2) 임인철, 「예수교회 사략(I)」, 46쪽.

3) 전택부, 『한국교회 발전사』, 228쪽, 245쪽.

4) 전택부, 『토박이 신앙산맥』(서울: 대한기독교출판사, 1977), 205쪽.

5) 1931년 7월 길림성(吉林省) 장춘현(長春縣) 만보산 지역에서 일제의 간계로 중국 농민들과 일본에 고용된 한국인 관계수로공사 노동자들 사이에 벌어진 유혈사태. 이 여파로 서울, 원산, 평양에서 중국 화교들이 살해당했다. cf. 안수강, 『길선주 목사의 말세론 연구』(서울: 예영커뮤니케이션, 2008), 86쪽.

6) 임인철, 「예수교회 사략(I)」, 46쪽.

계시의 내용이 기록되어 있었다고 했다.[7] 『새 생명의 길』은 본래 백남주가 저술한 책으로 스웨덴보르그의 신학사상을 답습한 것이며 이 책에 대해서는 제4절, '원산계 교리와 이용도 신앙과의 비교'에서 별도로 소개할 것이다.

그러면 이들은 어떤 동기로 유명화라는 여성과 만남을 가졌는가? 이 여인은 한준명의 집과 서로 이웃하여 살았기 때문에[8] 이들 네 사람은 별 무리 없이 교제를 나눌 수 있었으며, 피차 스웨덴보르그의 사상에 접해 있었기 때문에[9] 사상적 교류 또한 원만했으리라 본다. 당시 스웨덴보르그와 선다 싱의 신비주의 관련 서적들이 국내에 소개되어 한창 유행하던 때였으므로 이들은 이 책들을 탐독하며 감동을 받았고 차츰 신비주의에 물들어갔다.[10] 임인철은 이용도 역시 평양 강신극 사건 이전인 1931년 여름과 가을경 이미 두 차례에 걸쳐 이들과 교분을 가진 행적이 있다고 보았다.[11] 계속해서 살펴보겠지만 이용도가 서북지역 장로교 노회들로부터 당한 연이은 제약과 금족령은 원산계 신비주의자들인 유명화, 백남주, 한준명, 박승걸 등의 만남과 매우 깊은 관련이 있다.

7) 전택부, 『한국교회 발전사』, 228쪽, 245쪽; 김인서, 「기독신보사에 문(問)함」, 『신앙생활』 (1937년 6월), 24쪽.

8) 임인철, 「예수교회 사략(I)」, 42쪽.

9) 전택부, 『한국교회 발전사』, 228쪽.

10) 김인수, 『한국기독교회의 역사』, 432쪽.

11) 임인철, 「예수교회 사략(I)」, 42쪽; cf. 『이용도 숭모문집』, 38-42쪽.

(2) 장로교 노회들의 금족령과 제재 조치

1930년 3월경 평양에는 이용도가 인도한 부흥회 여파로 기도에 뜻을 품은 사람들이 모였는데 김예진, 김용진, 김익선, 김영선, 김지영, 이조근, 김인서 등이 주요 구성원들이었다.[12] 이른바 평양기도단이 결성되었다. 이들 공동체는 평양에서 조직되었고 이 지역이 활동의 중심지였기 때문에 흔히 '평양기도단'으로 불린다. 변종호에 의하면 후일 김인서가 주도하여 발행한 『신앙생활』 역시 이들 단원들이 중심이 되어 발행한 월간 신학 잡지였다.[13]

그러나 평양기도단이 결성된 지 1년 반쯤 지난 1931년 8월경 이용도의 부흥회 사역은 장로교 황해노회 측이 금족령을 내리면서 제재를 받게 되었다. 당시 황해노회는 이용도는 ① 재령교회를 훼방한다, ② 여신도들과 서신 거래를 자주 한다, ③ 불을 끄고 기도한다, ④ 교역자를 공격한다, ⑤ 『성서조선』이라는 잡지를 선전한다, ⑥ 무교회주의자[14]라는 여섯 가지 사유를 들어 이용도에게 금족령을 내렸다. 설상가상으로 이용도는 금족령이 내려진 지 한두 달 후 서울 아현성결교회에서 부흥집회를 인도하던 중 10월 1일 밤에 강제로 축출당하는 수모를 당했는데, "악한 교회가 강단에서 교리와 신조를 설명하고 그것을 자랑으로 삼되 그리

---

12) 『이용도 서간집』, 222쪽. 1931년 1월 23일 김예진이 이용도에게 보낸 서신. 이 명단에는 누락되어 있지만 임인철은 후일 예수교회 창립 공동 발기인 중 이종현을 평양기도단의 중심인물이라 했고, 백남주를 원산의 대표적인 인물로, 이종현을 평양의 대표적인 인물로 보았다. 임인철, 「예수교회 창립선언문 이해」, 『예수』 복간 제9호(1991년 겨울), 34쪽.

13) 변종호는 이 월간지의 의의가 "이용도는 말로 외치고 『신앙생활』은 글로써 전국을 복음화하자"는 데 있었다고 했다. 『이용도전』, 113-114쪽.

14) 『이용도전』, 101-102쪽. 이에 대한 이용도의 해명과 반론은 102-105쪽을 볼 것: cf. 『이용도 서간집』, 78-81쪽.

스도의 마음은 잊어버렸구나!"[15]라는 탄식에서 그의 비통한 심경을 읽을 수 있다. 부흥회 도중 왜 축출되었는지는 내막이 알려지지 않았지만 그가 교리와 신조를 언급한 것으로 보아 이 사건은 신학사상과 관련된 내용이었을 가능성이 짙다.

이러한 우여곡절을 겪은 지 반년 후인 1932년 4월 7일에는 장로교 평양노회에서도 채필근과 남궁혁 등이 제안한 기도제한법이 통과되었다. 노회에서는 ① 타 교파 강사 초청 시에는 규정된 수속을 취할 것, ② 조용히 기도하고 떠들지 말 것, ③ 무인가 단체를 해산할 것 등이 결의되었고[16] 이 내용은 사실상 이용도의 집회 및 그의 부흥회 여파로 결성된 평양기도단과 직접적으로 관련된 사안들이었다. 이로부터 한 달 후쯤인 5월, 당시 평양노회장이던 남궁혁이 '신앙생활의 객관적 규범방면'을 강조하며 이를 무시하는 신비주의를 겨냥하여 노회 산하 각 지교회에 「훈시」를 내린 것[17]도 철저하게 이용도의 신비주의를 차단하려는 의도에서였다. 계속하여 6월 초 이용도가 김 모 목사로부터 "너의 신앙이 틀렸다. 너의 설교 내용이 틀렸다"[18]라며 신앙과 설교에 나타난 문제점들을 호되게 질책 받았던 일도 이용도의 입장으로서는 큰 충격이 아닐 수 없었다. 변종호는 김 모 목사가 한국에서 첫째 아니면 둘째 가는 유명한 부흥목사라고 표현했는데, 필자의 소견으로는 아마도 1920년대 초엽을 풍미(風靡)한 김익두 목사를 의미하는 것 같다.

---

15) 『이용도 서간집』, 67쪽. 이용도가 부흥집회 일정 중 축출된 것은 교리상의 문제였을 것으로 생각된다. 변종호는 이 사건의 내막을 모른다고 기록했다. cf. 같은 책 223쪽. 1931년 10월 4일 변종호가 이용도에게 보낸 서신.

16) 『이용도전』, 120쪽.

17) 남궁혁, 「훈시」, 『기독신보』 1932년 5월 25일, 제4면.

18) 『이용도전』, 120-121쪽.

이러한 일련의 사건이 일어난 지 불과 3개월 후인 1932년 9월경에는 이용도의 말년을 파국으로 몰아넣는 결정적인 사건이 발생했다. 유명화와의 만남, 그리고 그녀가 이용도에게 내린 신탁이 문제였다. 이러한 동기의 결정적인 연결고리로 등장한 인물은 이환신과 더불어 삼이형제(三李兄弟)로 불리던 이용도의 절친 이호빈이었다. 이호빈은 이용도에게 서신을 보내 유명화를 주님께서 친림하신 선지자라고 극찬했다.

> 主께서 스웨덴 붐의게와 선다 싱의게는 間接 나타나섯지만 劉明花의게는 直接親臨하섯습니다. 主(入流神)씌서 우리 朝鮮에 이러케 親臨하시니 이는 朝鮮至大의 榮光이외다. 主가 白兄(백남주-필자 주)의게는 英語와 헬나語로 가라치심니다. 速히 내 命令대로 나서라 함니다.[19]

이호빈은 이용도가 속히 내방하여 유명화를 만나볼 것을 촉구했고 이용도는 그해 9월 유명화를 만나 신탁을 들은 후 그녀 앞에서 "주여!"[20]라는 고백으로 응대했다. 이 사건이 교계에 큰 파장을 불러일으키자 이용도는 같은 달 22일 서둘러 김인서에게 서신을 보내 그 경위를 해명했다. 그는 원산 정형은 시비를 판정할 수 없으며 '선악(善惡)이 개오사(皆吳師)'라는 학생으로서의 '비(卑)' 입장을 취하여 말씀을 들었던 것[21]이라며 오히려 유명화를 두둔하는 듯한 애매한 태도를 취했다. 유명화를 직접 대면하여 살펴보았던 피터스 선교사에 의하면 그녀의 메시지는 분명히 성령의 계시라고 볼 수 없을 정도로 진부한 것들이었고 더구나 나중에

---

19) 김인서, 「용도교회 내막조사 발표(2)」, 『신앙생활』(1934년 4월), 26쪽.
20) 임인철, 「예수교회 사략(1)」, 42쪽.
21) 『이용도 서간집』, 159-160쪽. 1932년 9월 22일 김인서에게 보낸 서신.

그녀가 전한 예언들이 거짓으로 판명 났다고 했다.[22]

이용도에게 1932년 말미는 몰락의 급경사에 해당하는 시기였다. 10월 7일에는 장로교 평양노회에서도 금족령을 내려 그의 부흥사역 주무대였던 서북지역에서의 활동[23]은 치명적인 타격을 입게 되었다. 이용도 사후 5년 후인 1938년도 통계에 의하면 한국교회 신도 수는 총 50만이었는데 그중에서 35만이 장로교 소속이었고 35만 중에서도 80%가 미국북장로교 선교부의 온상지였던 평안도에 집중 분포되어 있었다.[24] 이러한 통계수치는 감리교 목사였던 이용도의 부흥회 활동무대와 연관 지어볼 때 시사하는 바가 크다. 장로교의 입장으로서는 서북지역에 침투하는 신비주의 현상을 결코 좌시할 수 없었다. 1932년 4월에 선포된 기도제한법, 평양노회장 남궁혁의「훈시」와 아울러 같은 해 10월의 금족령 사유들, 즉 이용도는 거짓말쟁이, 대접받기를 좋아하는 자, 파괴주의자, 질서를 혼란시키는 자, 이용도로 인한 본 교회 목사 푸대접[25] 등의 비판과 아울러 10월 말에 발생한 한준명, 이유신 등의 평양 강신극 사건은 그를 파국으로 몰아넣는 쐐기가 되고 말았다.

그런데 예수교회 설립과 관련하여 특별히 주목할 점은 평양기도단의 행적이다. 평양노회의 금족령과 강신극 사건으로 인해 활동무대를 잃어버린 평양기도단은 김예진, 김지영, 나학주, 이종현 등의 집에서 기도회 모임을 지속했고, 평양 소재 선행상회 다락방을 빌려 기도처로 사용

22) Victor Wellington Peters, 「이용도 목사를 기억하며」, 이용도신앙과사상연구회(편), 『이용도 목사의 영성과 예수운동』, 109쪽.

23) 『이용도전』, 135쪽.

24) 민경배, 「한국교회와 민족주의 운동: 그 계보의 상관성」, 『동방학지』 제27집(1981년), 210쪽.

25) 『이용도전』, 128쪽.

했는데 그 규모는 50명에서 60명에 이르렀다.[26] 바로 이들 단원 중 상당수가 후일 예수교회가 설립될 때 이용도를 따르는 평양계의 기본 구성원들이 되었을 뿐만 아니라 이후 300명에서 400명의 열심 있는 신자들을 확보하는 기반세력이 되었다.[27] 기도단원들 중 이종현은 1933년 6월 3일 이용도, 백남주와 더불어 「예수교회창립선언」에 예수교회 설립 공동 발기인 대표자로 이름을 올렸다.[28]

(3) 평양 강신극 사건과 이용도의 목사직 휴직 처분

유명화, 백남주, 한준명, 박승걸 등의 교류가 한층 두터워진 상황에서 이미 유명화와 안면이 있던 이용도는 한준명에게 소개장을 써주어 원산계 인사들이 주최하는 평양 강신극 집회에 파송했다.[29] 이용도는 이러한 신중하지 못한 처신으로 인해 생의 몰락을 자초했다. 1933년 3월호 『신앙생활』에는 이 소개장으로 인해 화를 입은 이용도에 대해 애석해하며 비통한 심정으로 기화(奇禍)를 모면할 것을 촉구하는 마지막 동정어린 글이 실려 있다.

李 牧師(이용도 – 필자 주)가 問題의 人(평양강신극 사건의 한준명 – 필자 주)을 輕忽히 紹介혼 것은 過失이 아니라 할 수 업다. (중략) 靑年傳導者여!(이

---

26) 임인철, 「예수교회 사략(1)」, 41쪽.

27) 김인서, 「용도교회 내막조사 발표(1)」, 『신앙생활』(1934년 3월), 31쪽.

28) 이용도, 백남주, 이종현, 「예수교회창립선언」, 『예수』 창간호(1934년 1월), 27쪽 ; 『기독신보』 1937년 3월 10일, 제7면.

29) 김인서, 「용도교회 내막조사 발표(1)」, 31쪽.

용도-필자 주) 奇禍의 무덤에서 이러나 나오라. 渴한 靈들이 울면서 기
다리지 아니하는가.[30]

이 무렵 이용도는 평양기도단이 장로교 측으로부터 물의를 일으키
는 집단으로 지목 받고 있었던 점을 의식하여 단원의 일원이었던 김지영
에게 평양기도단을 해체할 것을 지시했으며 이 일에 반대하는 모(某)는
내보내라는 지침을 내리기도 했다.[31] 이로 보아 이용도는 자신의 처신에
신중을 기하고 나름대로 문제를 수습하기 위해 노력했다고 볼 수 있다.

한준명은 '고등기계' 유명화에 이어 '차등기계(次等機械)'로 불리던 입
류자 이유신 여인과 더불어 10월 말경 평양 산정현교회 소속 집사 이조
근(이유신의 남편)의 집에서 3일 동안 강신극을 자행했다. 한준명은 유명화
의 교리와 명령을 일일이 설명해주고, 전부터 이상 상태에 빠져 있던 이
유신의 얼굴을 만지면서 입류강신극(入流降神劇)을 수행했다.[32] 이 강신극
행위 중에는 구타, 태혼, 자칭 '주(主)' 등의 불경스런 장면들이 연출되었
고 이 소식을 접한 장로교 평양노회는 스웨덴보르그 신비사상의 윤색(潤
色), 한준명 전도사가 그 주동자라는 점, 이용도 목사가 한준명을 소개했
다는 점, 목사 1인과 평양기도단원들이 관련되어 있는 점 등을 중대한 사
유로 들어 11월 28일 평양 서문밖교회에서 임시노회를 개최했다.[33] 이
임시노회에서는 먼저 사건을 조사한 정태희, 우호익, 송창근 등이 진상
을 설명하고 이들 관련자들의 소속을 파악한 후 한준명을 소개한 이용도

---

30) 「이용도 목사의 기화(奇禍)」, 『신앙생활』(1933년 3월), 33쪽.

31) 김인서, 「용도교회 내막조사 발표(1)」, 31쪽.

32) 김인서, 「용도교회 내막조사 발표(3)」, 23쪽.

33) 김인서, 「원산과 평양교회의 이단문제」, 『신앙생활』(1933년 1월), 29쪽. 한준명의 예언내용
에 대해서는 이 글 28면과 「용도교회 내막조사 발표(3)」, 24쪽을 참고할 것.

를 감리회 경성지방회에 문의할 것, 한준명을 함중노회에 문의할 것, 백남주를 함남노회와 성경학교 이사회에 물을 것, 황국주는 그의 소속 교회인 북간도 용정중앙교회에 조회할 것 등을 결의했다. 또한 강신극과 관련된 김경삼 목사에게는 1933년 4월 노회 때까지 시무를 중단하라는 중징계를 내렸다.[34] 『기독신보』는 이 임시노회 소식을 게재하고, 불과 한 주 후인 1932년 12월 14일에는 제1면 톱기사로 「「이세벨」 무리를 삼가라」는 사설을 게재하여 이용도와 한준명, 기도단, 황국주, 원산 여선지들을 두아디라 교회의 미혹자들인 이세벨당(요한계시록 2:18-20)으로 낙인찍었다.[35] 이러한 일련의 고통이 가중되는 상황에서 이용도는 1932년 12월 17일 김인서에게 보내는 서신을 통해 이는 교회를 사랑한다는 명분으로 사람을 죽이는 모순이라며 최태용, 김성실, 백남주, 한준명, 황국주, 김교신 등에 대해 깊은 연민의 정을 비쳤다.[36] 이로써 그동안 이용도가 부흥집회를 통해 가장 심혈을 기울여온 평양이었지만[37] 서북지역은 더 이상 그의 활동을 용납하지 않는 금족 영역이 되고 말았다.

급기야 사태의 추이를 우려하며 신중하게 지켜보던 감리교 경성교역자회마저 같은 해 12월 중에 서둘러 사문위원회를 소집했고, 이듬해 1933년 3월 중부연회에서 공식적으로 이용도의 목사직 휴직을 결의했다. 이로써 이용도는 목사안수[38]를 받은 때로부터 휴직 처분을 받기까지

---

34) 「평양임시노회 촬요」, 『기독신보』 1932년 12월 7일, 제1면.

35) 「「이세벨」 무리를 삼가라」, 『기독신보』 1932년 12월 14일, 제1면.

36) 『이용도 서간집』, 177-179쪽. 1932년 12월 17일 김인서에게 보낸 서신.

37) 『이용도전』, 135쪽.

38) 이용도는 1927년 신학교 재학 당시 통천(通川) 지역 교역자로 내정되어 있었으며 1930년 제13회 남감리교연회 회록에 70명의 교역자 중 62번째로 이름이 등재되어 있다. 이용도는 1930년 9월 28일 오전 11시경 경성(京城) 정동예배당에서 안수를 받았다. 第十三回 南監理會朝鮮 每年會會錄(主紀 1930年 9月 24日-30日), 20쪽, 29쪽, 38쪽을 볼 것.

감리교 소속 목사로서의 신분은 불과 2년 반 정도 유지한 셈이다. 감리교 동부·중부·서부 제2회 연합연회(1932년 3월) 회원 명부와 제3회 중부연회(1933년 3월) 회록에는 이용도의 이름이 정회원 목사로 등재되어 있으나 제3회 같은 중부연회 회록 '사무처리문답(事務處理問答)' 제19문답에는 짤막하게 목사직이 휴직 처리된 것으로 기록되어 있다.

十九問: 休職된 이가 누구뇨.
答: 李龍道 1人.[39]

1933년 3월 19일에 그의 부친 이덕흥에게 보내는 서신에서는 "평생 불초하던 소자"라고 애가 타는 문장을 기술하며 목사직을 내어놓게 된 참담한 심정을 토로했다.[40] 이렇듯 이용도는 1931년 8월부터 1933년 3월까지 불과 일 년 반 남짓 기간에 황해노회 금족령, 평양노회 기도제한법, 평양노회장 남궁혁의 「훈시」, 유명화의 신탁, 평양노회 금족령, 평양 강신극 사건, 평양기도단 해체, 평양노회 임시노회, 『기독신보』의 이세벨 무리 단죄, 감리교 사문위원회, 목사 휴직 조치 등 파란만장한 격동기를 거쳤다. 한준명의 평양 강신극 사건 이후 평양노회의 강경한 입장과 때를 같이하여 산정현교회는 이조근 집사 부부를 책벌하여 출교시켰고 많은 추종 신자들에게도 같은 권징이 내려졌다.[41] 출교당한 이들이 향할 곳은 어디였겠는가?

---

39) 基督教朝鮮監理會東部·中部·西部·第二回聯合年會會錄(主降生 1932年 3月 16日-22日)의 23쪽과 基督教朝鮮監理會中部年會第三回會錄(1933年 3月)의 17면과 29쪽을 볼 것.
40) 『이용도 서간집』, 194-195쪽. 3월 19일 부친 이덕흥에게 보낸 서신.
41) 임인철, 「예수교회 사략(1)」, 43쪽.

이제 평양계와 원산계의 접촉이 어느 정도 밝혀진 셈이 되었지만 이후에 소개되는 기성교회에서 내몰리는 자들의 탄원, 새 교회 설립 신탁을 빙자한 원산계 신비주의자들의 이용도 설득, 평양 소재 회중교회(會衆敎會)에서의 부흥회 개최 등은 예수교회 설립에서 이용도의 평양계와 원산계의 신비주의자들이 긴밀하게 손을 잡는 견고한 연결고리로 작용하게 된다.

2) 이용도 주변 인물들의 예수교회 설립 계획 추진

이조근·이유신의 아들 이정선의 증언에 의하면 1933년 1월 3일 새벽 3시 원산 광석동에는 신비로운 현상이 나타났다. 흰옷을 입고 철야기도로 모인 교인들이 "교회의 이름을 예수교회라 하여라"라는 음성을 들었다는 것이다.[42] 이에 근거하여 예수교회에서는 1월 3일을 그리스도의 성탄일로 지켜오고 있는데, 여기에는 소위 유명화의 "이놈들아 내가 何日에 탄생하엿는지 알고 십흐냐 一月 三日에 誕生하엿나니라"[43]라는 그리스도 대언설과 이에 반해 예수교회의 실세 백남주의 생일이 1월 3일이라는 데 연원이 있다는 변종호의 주장[44]이 서로 첨예하게 대립되어 있다.

이용도의 몰락 시점으로부터 그의 말년 예수교회 설립에 이르기까

---

42) 임인철, 「예수교회 사략(1)」, 43쪽, 50쪽. 1933년 1월 3일은 비공식적이긴 하지만 '예수교회'의 탄생일인 셈이다. 당시 이정선은 8세의 어린아이였다.

43) 김인서, 「용도교회 내막조사 발표(3)」, 22쪽.

44) 『이용도 연구 40년』, 162쪽.

지 유명화의 역할은 지대했다. 유명화는 예수의 친림이 조선에만 있는 광영이라고 자부하고 신탁을 빙자하여 백남주에게 교회를 분립할 것을 지시했으며 한준명, 박승걸 등에게 태혼을 예언하여 이들 소생이 삼대 성자(三大聖者)가 될 것이라는 신탁을 내렸다. 그리고 이용도에 대해서는 교단 분립 명령과 아울러 73세까지 생존할 것이라는 예언을 강경하게 토해내었다.[45]

한준명의 표현을 빌리면 당시 예수교회 설립을 계획하고 추진하던 인사들은 이용도가 부재한 상황에서 예수교회 선교본부를 예수교회 평양예배당에 두기로 의견을 수렴하고 이용도를 담임목사 겸 교단관리자로 내정할 것을 결의한 것으로 되어 있다.[46] 한준명이 교단 분립을 철저하게 하나님의 뜻으로 확신하고 있었다는 사실이 예수교회 기관지『예수』에도 명백하게 기술되어 있다.[47]

예수교회 설립을 추진하던 이들이 예배당 건물을 물색하던 중 마침 평양에 소재한 회중교회와 연대할 수 있는 동기가 있었다. 회중교회의 K 목사와 제직들이 이용도가 평양에 온다는 소문을 듣고 탐문한 끝에 이종현과 만나 상의하여 회중교회에서 공동으로 부흥회를 개최하기로 합의를 보았던 것이다.[48] 임인철의 주장에 의하면 1933년 2월에 개최된 이 부흥회는 내부적으로 예수교회 개척을 준비하는 일환이 되었고, 이용도

---

45) 김인서,「용도교회 내막조사 발표(3)」, 22-23쪽.

46) 한준명,「반세기를 회고하면서」, 15쪽.

47) 한준명,「예수의 정체(正體)가 들어나면!」,『예수』(1934년 5월), 15쪽.

48) 한준명,「예수의 정체(正體)가 들어나면!」, 15쪽. 내부수리와 새 자리는 예수교회에서 부담하기로 하고, 대문의 현판은 '회중교회' 그대로 두었으며, 내부에는 '예수'와 '교회' 사이에 붉은색 십자가 표시를 넣어 '예수+교회'라는 현판을 만들어 달았다. K 목사는 김건우 목사인 것으로 보인다. cf.『이용도전』, 179쪽.

역시 이때 회중교회에서 부흥회 강사로 활약했다고 했으며,[49] 이러한 내용은 한준명의 회고록 「반세기를 회고하면서」에도 기술되어 있다.[50] 부흥회는 회중교회 측에서 중단을 요청하기까지 장기화되었고 이후 예수교회는 평양여고 운동장의 남은 터에 벽돌집 새 예배당을 마련했는데, 그곳이 예수교회 평양 하수구리 예배당이 되었다. 또한 총회 기구 격에 해당하는 중앙선도원 역시 같은 장소에 설치되었다.[51]

3) 이용도와 예수교회 설립과의 가교

이 항에서는 예수교회 설립을 주도한 세력은 이용도 측이 아니라 본래 백남주를 중심으로 한 원산계 신비주의자들이었으며, 이용도를 중심으로 한 평양계는 뒤늦게 합류하는 모양새를 취했다는 점을 밝히고자 한다.

(1) 초기 설립 추진 단계: 동참하지 않음

예수교회 설립을 추진하는 인사들과 교단 분립을 반대하는 이용도의 신념이 팽팽하게 평행선을 달리고 있을 무렵 초기 예수교회 설립 계획과 이용도와의 관련을 추적해볼 수 있는 몇 가지 자료가 있다. 1933년

---

49) 임인철, 「예수교회 창립선언문 이해」, 34쪽.

50) 한준명, 「반세기를 회고하면서」, 16쪽.

51) 한준명, 「반세기를 회고하면서」, 16-17쪽.

3월 15일자부터 『기독신보』에 2회에 걸쳐 연재된 최석주의 글 「「새 생명」의 발상지?」, 이용도가 이호빈에게 보내는 서신, 김성실이 이용도에게 보낸 애절한 서신 두 통 등이 그것들이다.

당시 금강산의 은자(隱者)로 알려져 있던 김성실은 원산계 접신파 신비주의자들을 악령의 장난으로 단정하고 이용도에게 그들과의 교제를 속히 중단할 것을 촉구했지만 이용도는 끝내 김성실의 권고를 받아들이지 않았다. 김성실은 이용도 생전인 1933년 봄에 첫 번째 서신을 기록했으나(김지영에게 보냄) 정확한 날짜는 알 수 없으며, 두 번째 발송했던 서신과 더불어 이용도 사후 『신앙생활』 1934년 4월호와 5월호에 게재되었다.[52] 그런데 『기독신보』 3월 15일자로 발행된 최석주와의 대화(기사에서는 "리용도 목사의 전하는 말을 들어보아서는"이라고 했음) 내용을 보면 이용도는 당시 원산계 신비주의자들의 교리서였던 백남주의 저서 『새 생명의 길』에 대해 충분하게 알지 못한다는 입장을 밝혔다. 이는 그가 예수교회 설립이 진행되던 초기 단계에 합류하지 않고 있었다는 사실을 방증한다.

리 목사는 그의 경험한 바 친를('친림을'의 오자인 듯 – 필자 주) 이야기해 주엇다. 먼저 이야기는 백남주 씨에게서 시작되엿다. 그러나 목사는 아직까지도 자기는 백 선생의 신 생명의 도(『새 생명의 길』 – 필자 주)에 관하야는 충분히 아지 못한다 말슴하고[53]

그런데 이용도가 초기 예수교회 설립 추진 구성원들과 연통이 없었

---

52)　cf. 「금강산 은자 김성실 씨의 편지(第1信)」, 『신앙생활』(1934년 4월), 30–32쪽; 「금강산 김성실씨의 편지(第2信)」, 『신앙생활』(1934년 5월), 29–30쪽.

53)　최석주, 「「새 생명」의 발상지?(1)」, 『기독신보』 1933년 3월 15일, 제6면.

　이용도의 신비주의와 '예수교회' 설립사

다는 사실을 입증할 수 있을 만한 중요한 자료로서 이용도가 1933년 3월 26일 간도에 있던 이호빈에게 보낸 서신이 있다.

> 평양서는 아마 버림받은 무리들이 넷 회중교회집에 모이어 「예수교회」라는 간판을 걸고 수백 명의 무리가 밤낮으로 새 은사에 목욕하고 있는 모양이올시다. 물론 예수교회란 이름도 주님이 주신 것이겠지요. 앞으로 어찌 될지 적지 않은 일이 벌어졌으니까, 야단났습니다. 평양서야 교내 교외에서 큰 이야기 거리가 되어 있겠지요.[54]

위의 인용문 중에 소문으로 전해들은 듯 '아마' 버림받은 무리가 옛 회중교회 집에 모여 '예수교회라는 간판'을 걸었다고 어렴풋이 말한 점이나 예수교회라는 명칭에 대해서도 그다지 익숙하지 않게 표현한 대목은 이용도 자신이 예수교회 초기 설립 추진 과정에 동참하지 않고 있었다는 것을 시사해준다. 그가 편지를 쓴 3월 26일은 6월 3일 예수교회 설립이 선포되기 불과 두 달 전쯤이었다.

(2) 예수교회 설립 동참 이전의 행적

이용도가 예수교회 설립 추진 과정에 구체적으로 모습을 드러내기 전까지 그의 행적과 처신은 어떠했는지 살펴보자. 1933년 2월 2일 이용도가 평양을 향해 가던 날 아침 서울에서 P. Y. H.에게 보낸 서신에 의하

---

54) 『이용도 서간집』, 195쪽. 1933년 3월 26일 이호빈에게 보낸 서신.

면 2월 3일부터 평양에서 부흥집회를 개최한다는 내용이 기록되어 있다.

> 2월 3일부터 평양에서 성회가 열리겠습니다. 주 친히 깃발을 드시고
> 행군입성하고 승리 얻으시기를 위하여 기도 많이 해주소서.[55]

필자의 소견으로는 1933년 2월 3일부터 개최된 이 집회가 평양 회중교회에서의 연합부흥회를 의미하는 것으로 보인다. 임인철 역시 이 서신에 근거하여 이용도가 2월 초에 회중교회에서 부흥회를 인도한 것으로 보았다.[56] 변종호는 회중교회에서의 부흥회 규모를 매번 2천 명 이상 모이는 큰 집회라고 했으며 이 무리의 모임이 얼마 후에는 새 교회, 즉 예수교회 운동으로 발전해간 것으로 파악했다.[57]

예수교회 설립에 동참하기 이전 이용도의 주요 행적과 처신을 정리하면 다음과 같다.

첫째, 이용도는 1932년 10월 장로교 평양노회로부터 금족령이 내려지고 나서 얼마 후 자신을 추종하는 열두 사람으로부터 교회를 분립하여 따로 세울 것을 종용받은 적이 있는데, 이때 이용도를 설득하려 했던 중심인물은 아이러니하게도 김인서였던 것으로 전해진다. 변종호는 'K'라고 기록하여 익명 처리했으나 민경배는 김인서라고 밝혔다. 이때 이용도는 교회분리가 정당하지 못하다는 점을 내세워 K의 얼굴이 붉어질 정도로 완강한 태도를 취함으로써 이들의 권유를 일축했다.[58]

---

55) 『이용도 서간집』, 191쪽. 1933년 2월 2일 P. H. Y에게 보낸 서신; 『이용도 일기』, 184쪽.

56) 임인철, 「예수교회 창립선언문 이해」, 34쪽; 임인철, 「예수교회 사략(I)」, 44쪽.

57) 『이용도전』, 179쪽.

58) 『이용도전』, 194쪽; 민경배, 「이용도의 신비주의 연구(한 교회사적 고찰)」, 48쪽.

둘째, 이용도는 1933년 2월 초에 회중교회에서 부흥회를 인도했지만 향후 예수교회 설립을 염두에 두고서 강사직을 수락한 것은 아니었다. 물론 변종호의 판단대로라면 부흥집회에 참석한 무리 중 상당수가 이후 예수교회 설립에 동참한 것으로 볼 수도 있겠지만, 이용도가 이 부흥회를 인도한 본래적인 의도는 예수교회 설립을 예단(豫斷)하고 강사직을 받아들인 것이 아니라 평소대로 순수한 부흥집회 차원이었을 것이다.

셋째, 이용도는 1933년 2월 초 회중교회에서 부흥집회를 인도한 이후 거의 휴식을 취하지 않은 상태에서 연이어 같은 달 13일부터는 안주교회에서, 20일부터는 해주남본정교회에서 부흥집회를 인도했다. 특히 해주남본정교회 집회에서는 신발이 찢기고 청년들에게 폭행을 당해 이용도의 체력은 걸음을 옮길 수 없을 정도로 허약해졌으며, 이후 3월 감리교에서 목사직 휴직 처분을 내리던 시점까지도 서울 현저동 자택에서 줄곧 와병상태에 있었다.[59] 이 과정에서 이용도는 여전히 예수교회 설립과 관련하여 일체 동참 의사를 표명하지 않고 있었다.

넷째, 이용도가 3월 26일 이호빈에게 보낸 서신에 의하면 이용도는 예수교회의 설립 계획과 관련하여 어느 정도 소식을 접하고 있었다. 그러나 서신의 내용으로 미루어볼 때 그는 예수교회 설립에 대해 여전히 상세하게 내막을 파악하지는 못했던 것으로 보인다.[60]

다섯째, 이용도가 새로운 교회의 관리자로 들리는 아픔을 비통한 심정으로 토설한 것은 목사직 휴직령이 내려진 지 두 달이 지난 5월에 이르

---

59) 『이용도전』, 191-192쪽. 1933년 3월 26일자 일기에 "그동안 大命을 받아 평양, 안주, 해주 등지에 복음을 전하고 이제는 몸이 피곤하여 병석에 누웠다"고 기록되어 있다. 『이용도 일기』, 189쪽.

60) 『이용도 서간집』, 195쪽. 1933년 3월 26일 이호빈에게 보내는 서신.

러서였다. 이용도는 3월 목사직 휴직령이 내려진 이후 체력적 한계와 심적 부담으로 와병상태에 있었으며 그런 상황에서 원산계와의 교류도 그다지 활발하지는 못했을 것이다. 실제 와병상태로 투병 중이던 이용도는 4월 10일에야 간신히 몸을 추슬러 원산을 방문할 수 있었다. 변종호에 의하면 평양노회의 금족령이 내려지고 나서 이용도가 1차 교파분리를 권고 받았고, 이후 2차 교파분리를 강경하게 종용받은 것은 원산에 도착한 이후의 시점이었다.[61] 이용도가 한 달간 눈물로 기도한 후 교파분리 의사를 수용한 것으로 본다면[62] 그가 예수교회 설립에 본격적으로 동참한 시기는 빨라야 5월 초쯤으로 보아야 할 것이다. 예수교회 설립을 선포한 날짜가 6월 3일이라는 점을 감안하면 그가 설립 작업에 동참한 기간은 실제 한 달 정도에 불과한 셈이다. 사실 이용도는 1933년 4월 서선(西鮮: 평양계인 듯-필자 주) 지방 성도들이 법적 지위를 획득하기 위해 예수교회 설립을 촉구하는 포교계출(布敎屆出) 요청을 해왔을 때만 해도 "나는 旣前敎會의 門部的 革新을 要望할 뿐이러니"[63]라고 하여 여전히 분립에 반대하는 입장을 고수하고 있었다. 그렇다면 1933년 봄, 그가 이 요구를 수용하는 결단이 기술된 서신을 작성한 시기는 5월 초로 보아야 할 것이다.

아- 나의 이름이 신교회(예수교회-필자 주) 관리자로 들림의 아픔이여! 나를 찌르는 가시로다. 나는 땅 위에 이름을 남기기 원치 않았더니 이 어인 모순인고! 이것도 또한 주가 주시는 가시관이었던가! (중략)
오- 주여 할 수만 있으면 이 잔과 이 관을 나에게서 떠나게 하여 주시

---

61) 『이용도전』, 195쪽.
62) 『이용도전』, 195쪽.
63) 『예수』 창간호(1934년 1월), 27쪽. 박계주의 말에서 재인용.

옵소서. 오 - 그러나 주여 내 뜻대로 마옵시고 주님의 성의대로 하시옵소서. 아멘! 아멘, 아멘.[64]

변종호에 의하면 이 편지의 전문(全文)은 7면 분량이었으나 그중에 4면은 분실되고 3면만 남았다고 했다. 변종호는 이 일자 불기의 서신을 서간집에 편집할 때 5월 1일자 서신과 12일자 서신 사이에 편집해 넣었다. 그는 수신자를 이니셜 K. H. H.으로 표기했는데, 임인철은 「예수교회 사략(I)」에서 김희학이라고 밝혔다.[65]

(3) 예수교회 설립 동참 결단

앞서 살펴본 것처럼 이용도는 처음부터 예수교회 설립에 동참했던 것은 아니었고 이러한 동향에 일체 함구하고 있었으며 오히려 자신은 동참을 종용받을 때 거절하는 입장을 고수했다. 그러나 자신이 속한 감리교단에서 목사직을 박탈당하고 극한적으로 내몰리는 입장에 처하자 이용도는 다른 방도를 모색하지 못한 채 결국 신탁을 빙자한 사람들의 강권을 수용할 수밖에 없었다.

교회가 이 꼴이 된 이상에는 별 수가 없습니다. 목사님에 대한 무리한 압박과 박해는 더 심하여 질 것이고 악독한 현 교회는 목사님을 어느 강단에도 세우지 않을 터이온즉 이 기회에 분립하여 교회를 따로 세

---

64) 『이용도 서간집』, 209쪽. 1933년 봄 K. H. H.에게 보낸 서신.

65) 임인철, 「예수교회 사략(I)」, 46쪽.

우는 것이 양책일 것이올시다. (중략) 나(이용도-필자 주)를 배척하거나 때린다구 해서 내가 그들에게서 떠나거나 멀리할 수가 없습니다. 그들과 갈라서서 편히 살거나 내 무엇을 내세우는 것보다는 그 구박 그 배척 속에서 울면서라도 그들의 손을 붙잡기 힘써야겠고 또 나는 죽어도 그들의 손을 붙잡고 그들 앞에서 죽으려고 합니다.[66] (1차 교단 분립 종용에 대한 반응)

4월 10일 경에 원산에를 갔다. 그랬더니 기도의 동지들이 모여 전원 일치의 의견으로 권면한다. 「주께서 네게 이 일을 맡기시니 받으라」는 것이다. (중략) 용도 목사는 한 달 동안 고민하며 한 숨 쉬며 기도하며 통곡하였다. (중략) 이 일 만은 면케 하여 주옵소서. 제가 일생동안 목이 터지도록 외친 것이 「사랑하자 합하자」는 것이 아니었나이까 (중략) 이렇게 몸부림치며 애원, 애걸하고 있는 동안에 평양 방면에는 소속 교회에서 쫓겨나고 몰리워난 자가 약 5~6백 명 이상에 이르렀다. (중략) 아나의 이름이 새 교회 관리자로 들림의 아픔이여![67] (2차 교단 분립 종용에 대한 반응)

이용도는 새로운 교단 설립을 앞두고 처음에는 한결같이 자신을 추종하는 인사들의 권고에 반대하는 입장을 취했다. 그러나 기성교회에서 권징을 받아 제명 조치된 500~600명의 방황하는 교인들을 지켜보면서 한 달여간 고뇌를 거듭했고 마침내 이들과 새로운 교단을 개척하기로 마음을 굳혔다.

---

66) 『이용도전』, 193-194쪽.
67) 『이용도전』, 195-196쪽.

4) 예수교회 설립 선언 및 기관지 『예수』 창간

(1) 예수교회 설립 선언

1933년 6월 3일 이용도, 백남주, 이종현 세 사람을 발기인으로 하여 창립선언문이 발표되고, 6월 6일부터 8일까지 3일간에 걸쳐 예수교회 창립공의회가 개최되었다. 이때 각 지역대표는 39명이었고 참석한 인원은 총 116명이었으며, 총회장 격의 선도감 겸 포교관리자로 이용도가 선출되었다.

> 1933년 6월 6, 7, 8 - 3일간 평양부 신양리 십자루상에서 예수교회 창립공의회가 열려서 주의 뜻을 따라 예수교회를 설립하기로 결안되다. 각처에서 모인 대표자는 116명이요 선도감 포교관리자는 이용도 씨가 선거되고 예수교회헌장과 세칙(細則) 기초위원에는 이용도, 이호빈, 백남주 3씨가 선거되다.[68]

예수교회 설립 당시 모인 지역대표자들의 명단은 다음과 같다. 지역은 평양, 선교리, 원산, 문천, 안주, 해주, 순안, 명촌, 숙천, 상철, 적암, 금계, 오도산, 서울, 용강, 용매도 등이며 대체로 장로교의 보수성이 강한 서북지역에 편중되어 있다.

---

68) 『예수』 창간호(1934년 1월), 29쪽.

이종현, 김지영, 이조근, 한의정(이상 평양), 유봉렬, 박계주, 이태준
(이상 선교리), 한준명, 신치정, 백남주(이상 원산), 이용준, 전영기, 박승걸
(이상 문천), 김희학, 주선행, 최병수(이상 안주), 진찬, 양명적, 김경숙(이상
해주), 박선관(순안), 김택보, 김희섭(이상 명촌), 김인규, 안옥수(이상 숙천),
장두성, 임학봉(이상 상철), 김치순, 김은실(이상 적암), 안병행, 김순영(이
상 금계), 김덕수, 한응운(이상 오도산), 강숙경, 이정숙(이상 서울), 김태은,
호인수(이상 용강), 차준철, 홍용한(이상 용매도)[69]

예수교회가 설립된 이듬해 1934년 1월 기관지 『예수』가 창간 발행
되었다. 예수교회 창립공의회 이후 『예수』가 창간될 때까지 약 반년 동안
진행된 예수교회의 주요 역사를 발췌하여 정리하면 다음과 같다.

① 교회 설립 두 달이 지난 1933년 8월 중순에 교규를 첨부하여 포
교관리자 설치와 포교에 대한 신고를 당국에 제출했고, 이후 각
지역에 수십 개의 포교소가 설립되었다.[70] 그러나 이용도의 도장
이 찍힌 이 서류는 10월 2일에 포교관리자 이용도가 세상을 떠남
에 따라 인가받지 못한 채 10월 중순에 반각(返却)되어 나왔다.[71]

② 같은 해 9월 9일 신학생 양성을 위한 원산신학산이 설립되었고
수도감에는 백남주가 취임했으며, 이때 이용도의 집례로 백남주

---

69) 임인철, 「예수교회 사략(1)」, 51쪽.
70) 『예수』 창간호(1934년 1월), 29쪽.
71) 『이용도전』, 197쪽.

가 목사안수를 받았다.[72]

수도감: 백남주

교수: 백남주, 한준명, 박승걸

수도생: 남자 5명 여자 6명[73]

③ 1933년 9월 장로교 제22회 총회에서는 이용도를 포함하여 백남
주, 한준명, 이호빈, 황국주를 모두 이단으로 정죄하고 각 노회에
이를 통보하여 경계시키기로 가결했다.[74] 상황보고에서 장로교
평양노회는 이용도, 한준명, 백남주, 황국주 등에 대한 금족령에
대해 발표했고 안주노회는 일부 신자들이 이들을 추종한 사실을
보고했다.[75] 안주노회가 지목한 대상은 이용도와 예수교회를 가
리킨다.

④ 1933년 10월 2일 초대 선도감 이용도가 취임 4개월 만에 폐질환
으로 세상을 떠나자 10월 5일 예수교회 임시공의회가 원산신학
산에서 개최되어 이호빈을 후임 선도감으로 선출했으며 이 공의
회에서 교단 기관지를 발행하기로 결의했다.[76]

⑤ 1933년 11월 1일 평양부 하수구리 90번지 중앙선도원(中央宣道院)

---

72) 임인철, 「예수교회 사략(1)」, 45-46쪽.

73) 『예수』 창간호(1934년 1월), 29쪽.

74) 「죠션예수교장로회총회 뎨二十二회 회록」, 71쪽.

75) 「죠션예수교장로회총회 뎨二十二회 회록」, 108-109쪽.

76) 『예수』 창간호(1934년 1월), 29쪽.

에서 예수교회 설립 선포식을 거행하고 선도 사무를 시작했으며, 이용도 후임 제2대 선도감으로 이호빈이 선출되었다. 윤춘병에 의하면 이용도는 깊어진 폐병 3기 상태에서 지상생활의 마지막을 직감하고 있었으며, 이호빈과 면담한 자리에서 "교단은 형님이 맡으시고 신학교는 송창근과 이환신에게 맡기면 될 것입니다"[77]라는 유지를 남겼다고 한다.

이호빈이 제2대 선도감으로 선출된 이 임시공의회에서 새롭게 구성된 예수교회 임원진 명단은 다음과 같다.

선도감: 이호빈

총무국: 이종현, 박계주

전도국: 김지영, 진하룡

교육국: 한의정, 한승운

경리국: 이조근, 유붕렬[78]

⑥ 1933년 11월 19일부터 한 달 동안 평안남도 안주예배당에서 백남주를 강사로 청하여 성경학원을 개최했다.[79]

⑦ 1933년 12월 22일 조선총독부에 포교관리자 증명원을 제출했고 3개월 후인 1935년 3월 8일 조선총독부로부터 포교관리자 증

---

77) 윤춘병, 「우원(友園) 이호빈 목사의 신앙과 사상」, 『우원(友園)』 제1집(서울: 우원기념사업회, 1993), 33쪽. 이용도는 송창근이 미국에 유학할 때 자신의 전세금을 빼내 250원을 주었고 양복을 입혀주었다. 『이용도전』, 117쪽. 이용도는 기성교회에서 내몰리는 시점부터는 송창근과 교분이 없었던 것으로 보이며 송창근은 예수교회 설립과도 관련이 없다.

78) 『예수』 창간호(1934년 1월), 29쪽.

79) 『예수』 창간호(1934년 1월), 29쪽.

명(대표 이호빈)을 획득했다.[80]

해방 이전 예수교회의 교세는 교회 19개 처, 교인 1,921명이었다. 이용도의 선도감직을 계승한 이호빈은 해방 후 1946년 11월 현 강남 대학교 전신인 중앙신학원(中央神學院)을 개원했고 동란이 발발하기 전 한준명, 이조근, 이유신 등이 서울 흑석동에 한강예배당을 설립했다. 6·25동란으로 인해 북한지역에 기반을 둔 예수교회는 모두 와해되었지만 이호빈, 한준명 등을 중심으로 중앙신학교 졸업생들과 서울연합교회가 주축이 되어 예수교회 재건에 주력했다. 예수교회는 1974년 4월 4일 서울연합교회에서 예수교회공의회를 개최하여 교단 운영 체제를 갖추었다. 그러나 이후에도 군소 교단의 입지를 벗어나지 못한 채 2009년 서울, 인천, 광주, 미국 등지에 교인 200여 명만이 명맥을 유지하는 것으로 집계되었다. 예수교회공의회 산하 집행부서들로는 교육국, 재정국, 선교국, 사회국, 여성국, 기획국 등이 설치되어 있다.[81]

(2) 기관지 『예수』 창간

초대 선도감 이용도가 세상을 떠나자 10월 5일 예수교회는 원산신학산에서 임시공의회를 개최하고 이호빈을 제2대 선도감으로 선출했으

---

80) 안곡, 「예수교회 형성사 소고」, 『예수』 복간 제9호(1991년 겨울), 24쪽.

81) 「예수교회 약사, 연혁, 교세 현황」, 『예수』(1989년 겨울), 61–65쪽; 『예수』 창간호 통신란; 「예수교회 형성사 소고」, 23–33쪽; 「예수교회 사략(I)」, 39–52쪽; 『우원(友園)』 제1집 등을 참고함. 인터넷 http://terms.naver.com/entry.nhn?docId=2458236&cid=46647&categoryId=46647(한국민족문화대백과: 2018년 12월 19일 접속).

며 기관지를 발행하기로 결의했다. 이로부터 3개월 후인 1934년 1월에 기관지『예수』창간호가 약 30면 지면으로 발행되었으며 게재된 내용들을 제목별로 정리하면 다음과 같다. 창간호에 게재된 이용도의 글은 번역 작업한 어거스틴의『참회록』을 포함하여「예수, 기도, 생명에 접근하라」,「창립선언」(3인의 발기인 – 이용도, 백남주, 이종현)으로 모두 세 편이다.

"예수, 기도, 생명에 접근하라"(이용도), "생명의 예배"(한준명), "예배 드릴 적에"(백남주), "아모래도 나는"(나사로), "나래 펴는"(박계주), "감사 하니깐"(백남주), "예수 누구신고?"(김영선), "명상록"(박계주), "나도 얼 었건만"(삭개오), "예수 곁에는"(백인선), "그 가슴"(김정일), "예수면 그 만이지"(백남주), "참회록"(이용도), "바람길에, 좋은 소식"(백남주), "달 밤에"(포스), "카멜山에서"(카다라), "과연?"(백남주), "愛曲"(박계주), "나 도 왔서요"(이대운), "새 생명의 길"(서운), "그리스도를 본받어"(도마스), "굴속에서"(로사로), "민망"(마리아), "모주리"(곽옥임), "그뿐인가?"(이근 옥), "몇방울"(빛눈), "이해"(백남주), "光石", "썬다 싱"(박계주), "신학산 으로"(김효현), "싫을 걸"(전택룡), "心鳥"(박계주), "요한복음"(백남주), "창 립선언"(발기인 – 이용도, 백남주, 이종현), "粒粒"(백남주), "통신"(선도원) 등.[82]

예수교회 기관지『예수』는 월간지로서 1934년 1월 창간호로부터 1941년까지 일제의 종용으로 강제 폐간되기까지 8년 동안 모두 80여 호에 걸쳐 발행되었다. 1945년 해방을 맞았지만 남북분단에 이어 6·25동 란을 거치면서 평안도와 함경도를 중심으로 개척되었던 예수교회가 와

---

82) 『예수』창간호(1934년 1월). "목차" 참고.

해되었고 기관지마저 상당량 소실되었다. 이후 남한에서 예수교회를 재건한 인사들이 기관지를 회수하려고 했지만 절반에도 미치지 못하는 37권만 수집할 수 있었다.

예수교회공의회(의장 이영근)에서는 교회 설립 60주년을 기념하여 1993년 11월 1일 『예수』라는 서명으로 두 권의 영인본[83]으로 제작하여 발행했다.

---

83) 『예수1』에는 1934년 1월 창간호부터 1935년 12월호까지, 『예수2』에는 1936년 1월호부터 1940년 9월호까지 편성되었다.

2
예수교회 설립과 이용도 신앙과의 접목

예수교회 설립사와 관련하여 1933년 초부터 설립을 계획하고 준비하던 인사들의 노력이 어떠했는지도 중요하지만, 어차피 교회분리의 명분과 과업을 짊어진 핵심 인물이 이용도였다는 점에서 그의 역할과 위치는 더욱 중요하다. 그러면 협성신학교 신학생 시절부터 생애 마지막 해인 1933년 초에 이르기까지 교회분리에 대해 항상 부정적인 입장으로 일관했던 그가 왜 예수교회 설립에 동의하고 예수교회에서 대내외적으로 중추적인 위치를 점하게 되었는가? 더욱이 그의 신앙이 원산계 신비주의자들과는 확연하게 달랐음에도 백남주, 한준명 등과 선뜻 손을 잡을 수 있었는가?(이용도와 원산계의 신앙의 차이점은 제7장 제4절, '원산계 교리와 이용도 신앙과의 비교'를 참고할 것)

예수교회 내에서는 예수교회를 따로 세우라는 것이 하나님의 뜻이었다며 신탁 자체에 권위를 부여하고, 일체 다른 사유들에 대해서는 침묵하려 한다.[84] 그렇지만 이용도가 교회분리를 정당화하는 명분을 갖게 된 데는 나름대로 이용도 자신이 내세울 만한 신앙적 연유가 있었다. 이용도의 강직한 성품으로 미루어볼 때 기도제한법, 금족령, 감리교 사문위원회, 목사직 휴직 조치 등 단지 외적 압박이라는 이유만으로 교회분리의 명분을 정당화할 인물은 결코 아니었다. 필자는 앞서 고찰한 이용도의 신비주의 사상과 신앙에 근거하여 그가 예수교회 설립을 결단하게 된 내적 동인들을 다음과 같이 정리한다.

1) 직접계시론 사상과의 접목

이용도가 예수교회 설립을 결단하게 된 내적 동인으로서 직접계시론을 주장한 신앙관과 밀접한 관련이 있다. 변종호는 이용도가 교회를 분립했던 것은 그가 기도해본 결과 주님의 지시에 따라 결정한 일이었다고 변호하지만,[85] 이용도가 유명화의 신탁을 수용한 단서는 김인서의 증언뿐 아니라 최석주와 이용도 사이에 나눈 대화에도 명백하게 정황이 드러나 있다.

1933년 3월경 이용도가 사면초가(四面楚歌)의 곤란한 상황에 처해 있을 무렵 자신과 유명화와의 관계에 대해 최석주에게 해명할 기회가 있었다. 이용도가 최석주와 나눈 대화 내용은 3월 15일자 『기독신보』에 게재되었다. 공교롭게도 이 기사가 발표된 날은 감리교 중부연회로부터 이용

---

84) cf. 임인철, 「예수교회 사략(I)」, 43-44쪽.
85) 『이용도 연구 40년』, 121쪽.

도에게 목사직 휴직 조치가 내려진 날[86]이기도 했다. 이 기사에 의하면 이용도는 유명화의 신탁 문제와 관련하여 자신은 단지 말씀의 권위 앞에 경배했던 것이라고 입장을 변호했다.

> 명화라는 그 개인이 주도 아니요 하느님도 아니나 그를 통하야 나타
> 나시는 말씀 만으로 곳 주시라! 그러므로 그 말씀 앞에는 경배치 아니
> 할 수 없다.[87]

이용도는 유명화가 "이용도야 너는 주님의 교회를 위하여 좀 더 충성하고 좀 더 고생하여라"라고 했을 때 이 음성을 성령이 주시는 말씀으로 확신하고 유명화를 향해 "주여!"라고 화답한 적이 있다.[88] 김인서는 이용도의 이러한 태도에 대해 유명화의 입류언(入流言)을 잘못 믿고 원산 신비주의자들에게 가담했다고 보았는데, 그 당시 유명화가 이용도에게 신탁을 빙자하여 내린 지시가 김인서의 글 「용도교회 내막조사 발표(3)」 에 짤막하게 기술되어 있다.

> 龍道야! 너는 朝鮮 弟一의 내 使者이니 너는 無病하다. 七十三歲를
> 너와 함께 하리라. 너는 내 敎會를 따로 세워라. 이놈 네가 敎會를 分立
> 하지 안으면 나를 爲하야 十字架를 진다는 것이 무엇이냐.[89]

---

86) 「99 각 연회 성황리에 개최」, 『기독교세계』(1999년 4월), 64쪽.

87) 최석주, 「「새 생명」의 발상지?(2)」, 『기독신보』 1933년 3월 22일, 제6면.

88) 왕대일, 「동양적 영성과 유대적 영성」, 21쪽. 피터스는 이러한 정황들을 이용도의 전기에 묘사했다. Peters Victor Wellington, 「시무언(是無言), 한국 기독교 신비주의자」, 박종수 역, 85-86쪽.

89) 김인서, 「용도교회 내막조사 발표(3)」, 23쪽.

장로교 보수계열 신학자들은 이용도가 유명화 앞에서 화답한 이 "주여!"라는 고백에 대해 추호도 이용도를 변호하려는 관용을 보여주지 않는 것 같다. 이 신탁문제와 관련하여 김상일의 흥미로운 분석이 있다. 그는 소논문 「한국문화와 이용도의 영성」에서 입류신의 현상은 영합적 신비주의에 흔히 나타나는 현상이지만, 이 사건은 이용도의 초분별적 신비주의가 전분별적인 것을 수용할 여지가 있고 관류(貫流)되어 나타난 현상일 뿐이라고 하여 이용도의 처신에 문제가 없었다고 해석했다.[90] 그러나 당시 이 사건은 그 자체만으로도 상당히 난해성이 있었다는 데 주목해야 한다. 가령, 최석주는 이 대화를 기사화하면서도 '말씀'과 '유명화'를 구분하지 못하고 "주여!"를 외치는 사람도 있으리라는 점에 이용도 역시 공감했다며 최석주 스스로도 '말씀'과 '유명화'를 구분하는 심적 상태를 미묘한 것이라 하여[91] 난해하다는 입장을 표했던 만큼 당시 이용도에 대한 교계 인사들의 부정적인 시각을 고려해볼 때 입류녀 유명화 앞에서 고백한 "주여!"라는 호칭은 단순하게 넘어갈 문제가 아니었다.

이용도가 예수교회의 설립을 주님께서 내리신 명령인 것으로 인정하여 수용했던 것은 그가 익숙하게 체험하고 있던 직접계시론 사상과 밀접한 관련이 있다.

---

90) 김상일, 「한국문화와 이용도의 영성」, **84쪽**.
91) 최석주, 「「새 생명」의 발상지?(2)」, 『기독신보』 1933년 3월 22일, 제6면.

2) '비(卑)' 사상과의 접목

이용도가 예수교회 설립을 결심하게 된 사상적 동인으로서 그의 신비주의 성향에서 승화된 비 사상을 들 수 있다. 그의 비 사상은 '선악이 개오사'라 하여 누구에게든지 배우고자 하는 학도로서의 겸손한 열정과 연계된다. 변종호가 변호했듯이 그가 입류를 용인했다는 것은 오직 진리를 사모하고 주의 음성을 들어보려는 열광적 기도의 일념에서였다.[92]

이 비 사상과 관련하여 1932년 9월 22일 이용도가 김인서에게 보낸 서신에는 입류를 주장하던 원산신학산파에게서까지 피차 배운다는 고백이 기술되어 있다.

> 나의 선생 地帶를 떠나노라. 그리고 영원히 학생의 급으로 내려가노라. (중략) 나는 이제부터 교만한 선생이 아니로다. 다만 겸비한 학생이로다. 선악이 개오사라. 무식한 사람, 약한 사람, 선하고 귀한 사람, 다 나에게는 없어서 안 될 선생이로다. 내가 선인 지인에게 배움보다 악인에게서 배움이 더 많았느니라. 심조(心鳥)야 배우라. 열심히, 겸비한 마음으로, 배우라. 가르치려던 교만한 마음을 버리고 이제부터 겸비하게 무릎을 꿇고 배우라.[93]

> 원산정형(元山情形)은 저의 작은 지식으로나 부족한 경험으로는 시비를 판정할 수 없고 하여간 이쪽저쪽으로 저는 얻은 바 적지 않았소이다. 선악이 개오사라 원래 나는 배울 자요 가르치며 비판을 내릴 학자

---

92) 『이용도 연구 40년』, 89쪽.
93) 『이용도 일기』, 65쪽. 1929년 12월 19일자 내용.

나 논객이 못되오매 그냥 그 중에서 거둘 바만을 거두고 나머지는 나보다 더 지혜로우시고 더 능하신 주님께 맡기었나이다. (중략 – 변종호 편 원문에 '중략'이라고 기록됨) 형(김인서 – 필자 주)이여! 붓대에만 주력지 말고 밀실 영음에 귀를 기우리로서. 그래서 영의 감전이 있는 때 그대로 붓을 날리소서.[94]

위의 인용문에서 '나에게는 없어서 안 될 선생', '배움', '무릎을 꿇고', '선악이 개오사', '배울 자', '영음', '영의 감전' 등의 문구들은 이용도 입장으로서는 배우고자 하는 학도의 자세로서의 비(卑)와 최선의 열정을 표현한 것이다. 그가 유명화의 신탁을 수용하고 내몰리는 자들의 간청을 쉽사리 수용했던 태도 또한 비 사상의 면목을 보여준다.

3) 사랑시대의 '포용적 사랑'과의 접목

이용도가 예수교회를 설립하게 된 결단과 관련된 사상적 동인으로서 모든 것을 포용하고 아끼려는 신비주의적 사랑을 들 수 있다. 이용도는 말세에 읽어야 할 성경으로서 복음서 중에서도 특별히 요한복음을 추천하여 권했다. 제6장 제2절, '역사관과 신비주의와의 접목'에서 살펴보았듯이 제4시대를 '사랑시대'라고 부른 점에 그 연유가 있다. 그는 사랑의 사도 요한을 자신의 이상적인 모델로 삼았다.[95] 이용도는 자신의 시대

---

94) 『이용도 서간집』, 159–160쪽. 1932년 9월 22일 김인서에게 보낸 서신.

95) 『이용도 일기』, 119쪽. 1931년 1월 28일자 내용.

를 사랑이 없는 말세라고 간주했고,[96] 그래서 반드시 탐독해야 할 복음서가 요한복음이라고 했다.[97]

그의 모든 것을 포용하려는 초월적 신비주의 성향을 지닌 사랑은 미물 까마귀조차 사랑하는 사랑이요,[98] 짖어대는 개 앞에 쳐들었던 지팡이도 즉시 내려놓을 정도로 온유한 사랑이요,[99] 말고의 귀를 붙여주는 사랑이요,[100] 하나의 선을 인하여 아흔아홉의 악도 눈감아줄 수 있는 사랑이요,[101] 미치광이, 이단자, 위험분자까지도 용납하는 사랑이었으며,[102] 보편보다는 개개인을 끔찍이도 중시하는 사랑이었다.[103] 특히 보편보다는 한 사람 한 사람 개개인을 귀하게 보는 사랑이었기에 평양 강신극에 가담하여 교계에 물의를 일으켰던 한준명 개인을 두둔할 수 있었고 악신(惡神)에 접한 자, 홍패를 찬 자, 최태용, 김성실, 황국주, 김교신에게까지도 관대한 태도를 취할 수 있었던 것이다.

그러나 이용도의 이러한 이타적 사랑에 드러난 문제점은 공의까지도 초월하여 모든 것을 포용하려는 무차별적인 사랑에 있었다. 이러한 사고는 평양 강신극 사건에 연루된 한준명을 용납한 데서 생긴 부작용과 교회의 질서와 권징 문제를 거부하는 잘못된 결과를 초래했다. 강신

---

96) 이용도는 진리와 의가 마른 시대, 사랑이 식은 시대를 말세라 했으며(『이용도 서간집』, 185쪽. 1932년 12월 24일 김진영에게 보낸 서신), 새 술에 취하듯이 덤비는 사랑의 사도가 되게 해달라고 기도했다(『이용도 연구반세기』, 43쪽).

97) 『이용도 일기』, 187쪽. 1933년 3월 10일자 내용.

98) 『이용도 일기』, 34쪽. 1927년 6월 1일자 내용.

99) 『이용도 일기』, 64쪽. 1929년 12월 18일자 내용.

100) 『이용도 일기』, 106쪽. 1931년 1월 14일자 내용.

101) 『이용도 일기』, 177쪽. 1932년 7월 12일자 내용.

102) 『이용도전』, 126쪽.

103) 『이용도 서간집』, 149쪽. 『신앙생활』 1932년 7월호에 게재된 내용.

극 사건이 일어나자 1932년 11월 28일 장로교 평양노회는 임시노회를 소집하고 한준명을 중심으로 산정현교회 이조근 집사 집에서 벌어졌던 이 사건을 다루었고 이들이 소속된 함남, 함중 양 노회와 감리회 경성지방회에 통고 문의하기로 가결했다.[104] 이미 황해노회(1931년 8월)와 평양노회(1932년 10월)에 의해 금족령이 내려져 있던 이용도는 한준명이 원산으로 떠나간 후 무차별 사랑의 정신에 입각하여 1932년 11월 도리어 한준명을 변호하는 발언을 했다. 그는 한준명에게 신앙태도에 다소 다른 점이 있다 하더라도, 비록 도적이나 음부나 살인강도라고 할지라도 그 손을 잡고 눈물을 흘리다가 죽기를 원한다고 했다.[105] 이용도는 이후에도 계속 이들과 교제를 나누었고 소속교단인 감리교 측의 사문위원회(1932년 12월), 장로교 안주노회로부터의 단죄결의(1933년 2월), 감리교 측의 목사직 휴직 처분(1933년 3월), 장로회총회로부터의 이단 가결(1933년 9월) 등의 절박한 과정을 거치며 급격하게 몰락의 길을 걷게 되었다.

그의 포용적 사랑은 이단자라 할지라도 내몰리고 쫓기는 자라면 거두어 함께 우는 것을 사명으로 여겼을 정도로 신비스런 면모를 강하게 드러냈으며, 내몰리는 자들의 고통스런 모습을 고난당하시던 그리스도의 모습으로 전이(轉移)해가는 감정에 몰입되었다. 이용도가 포용적 사랑을 보편보다는 내몰리던 개인 혹은 소수에 적용하고자 했던 심상은 고난당하시던 그리스도 상을 반영하려는 태도와 깊은 관련이 있다.

나는 신앙태도에 다소 간 다른 점이 있다는 H(한준명 – 필자 주)는 고사하고 도적이나 음부나 살인강도라고 하더라도 그 손을 잡고 눈물을 흘

---

104) 「평양임시노회 촬요」, 『기독신보』 1932년 12월 7일, 제1면.
105) 『이용도전』, 158쪽.

리다가 죽기를 원하고 힘쓰는 자입니다. (중략) 나의 원하는 바는 세상이 버린 사람, 세상에서 쫓겨나거나 몰리워나는 사람을 받아 그를 거두어 손을 잡고 울며 살려고 합니다. 내쫓는 것은 당신들의 자유요 임무일런지 모르거니와 나는 쫓기우는 자를 거두어 그들과 함께 우는 것이 나의 사명이라고 믿습니다![106]

나는 대중을 위하여 있는 자가 아니로다. 다만 일 개인을 위하여 살려고 하노라 대중은 나의 대상이 아니로다. 개인만이 나의 진실한 대상이로다. (중략) 저, 예수는 한 사람을 위하여 있는 자요 대중을 위하여 있는 자가 아님을 알았노라. 대중을 대하였을 때에도 그 한 사람 한 사람을 살피며 그 정신을 긍휼히 여기시도다.[107]

미치광이라도 주의 것이요. 장사군, 농사군이라도 주의 것이요 목사요 이단자라는 별명을 들어도 너는 주의 것일 것이요 무교회주의자 위험분자라는 홍패(紅牌)를 찼어도 너는 주의 것일지니라. 무슨 이름이든지 다 – 좋다. 「주의 것」이라는 등록표만 붙어 있으면! (중략) 이단자! 백성을 미혹하는 자! 라는 명패를 차고 제사장 아문에서 쫓겨나가던 이가! 오 – 그이가 우리의 왕이시오 대장이시다.[108]

이용도 자신은 당시 기성교회에서 정죄 당하던 사람들의 신앙에 동의할 수 없거나 심지어 그 사연과 내막을 잘 모른다 할지라도 선악을 초

---

106) 『이용도전』, 158-159쪽.
107) 『이용도 일기』, 130쪽. 1931년 3월 24일자 일기.
108) 『이용도 서간집』, 155쪽. 1932년 9월 22일. 이종현에게 보낸 서신.

월하여 그들이 당하는 고통만으로도 연민의 정을 느꼈고, 이들의 고생과 그리스도의 고난을 한 지평 안에서 접목시켜 아우르고자 했다. 이는 그의 신비주의의 성향에 각인된 만유 포용적 사랑이 강력하게 뒷받침되어 있었기 때문에 이용도 자신의 입장으로서는 정당하고도 자연스러운 태도였다. 강신극 사건의 후유증이 점차 심화되자 이용도는 1932년 12월 17일 김인서에게 서신을 보내 못내 섭섭한 감정을 토로했다. 아래의 인용문에는 "주께서 그리하시지 못하셨음이니요!"라고 표현할 정도로 포용적 사랑을 강렬하게 표출했다. 그는 이 서신에서 한준명의 이름을 거론하며 그는 축출과 멸시를 당하는 사람이요 자신은 그에 대해 간절한 열의를 품는다고 했다.

> 나는 누구를 악신접(惡神接)하였다 하여 또는 내 경험과 다르다 하여 혹은 죄인으로써의 버림을 받았다 하여 그를 책벌하고 쫓아낼 권리를 나는 가지지 못하였습니다. 형(兄)! 주께서 그리하시지 못하였음이니요! 나는 김성실파도 아닌 동시에 린서파나 태용파도 아니요 마찬가지로 남주파나 준명파도 아니올시다. 태용(泰鎔)(김인서는 泰瑢이라 표기함－필자 주)! 세상에서 버림을 당할 때에 나의 마음이 그를 향하여 간절하였고 성실 버림을 당할 때에 나의 마음 역시 그러하였고 － 내가 그들의 주의를 찬동해서가 아니요 － 그들의 내용을 잘 알지 못하고도 － 남주, 준명(南柱, 俊明)이가 축출과 멸시를 당하여 나는 또 그들에게 대한 나의 간절한 열의도가 올라가는구려! (중략) 성실(誠實－『신앙생활』에는 成實로 기록되어 있음－필자 주) 씨, 태용(泰鎔) 씨 국주(國柱) 씨 교신(敎臣) 씨 물론

그들을 내가 잘 알지 못해도!¹⁰⁹⁾

　물론 위의 인용문에 소개된 내용들은 이용도의 예수 사랑이 이웃 사랑의 차원으로 고고하게 승화된 것임을 의심할 여지가 없다. 그러나 모든 것을 포용하려는 신비주의적 성향에 입각한 그의 사랑은 역사와 전통을 지닌 개혁교회의 권징과 법,¹¹⁰⁾ 정의까지도 초월하여 그토록 자신이 동경하던 제4시대(사랑시대)로 높게 비약하고 말았다. 그토록 선악정사(善惡正邪)를 잘 따지고¹¹¹⁾ 사리에 명백하며¹¹²⁾ 교회의 부패상을 적나라하게 질책하던 그였지만 교회라는 '보편'보다는 한준명이라는 한 '개인'에 주목하는 신비주의 성향 때문에 사랑의 정신을 그릇 적용하고 만 것이다. 그의 눈에는 정의냐 불의냐의 문제를 초월하여 큰 교회는 무자비하게 내치는 자의 위치로, 개인 한준명은 내침을 당하는 약한 자의 위치로 각인되어 있었다. 민경배는 이용도의 이러한 태도에 대해 "사랑의 본의의 왜곡"이요 "프로테스탄트의 예언자적 신앙의 전도"라 비판했으며,¹¹³⁾ 박봉배 역시 "윤리성을 초월한 만물을 포용하는 신비주의적 사랑"¹¹⁴⁾이라는 비판적인 입장을 취했고, 이상윤은 그가 "사랑의 함정"에 빠졌다고 보았

---

109) 『이용도 서간집』, 177-178쪽. 1932년 12월 17일 김인서에게 보낸 서신.

110) 칼뱅은 교회의 권한으로서 ① 교리에 관한 권한 ② 입법권 ③ 재판권을 들었다. John Calvin, *Institutes of the Christian Religion 2*, Translated by Ford L. Battles(Philadelphia: The Westminster Press, 1960), IV. 8-12.

111) 이용도가 한준명을 변호하기 1개월 전쯤 『신앙생활』에 그의 글이 게재되었는데, 아이러니하게도 "眞理는 善惡正邪를 가리지 아니치 못하나니 (중략) 左右에 날선 劍과 갓치 運動하야 이를 審判함으로 그 本務를 다하는 것"이라 주장했다. 이용도, 「진리와 심판」, 『신앙생활』(1932년 10월), 10쪽.

112) 이환신, 「용도 형님과 나」, 『이용도 연구 40년』, 62쪽.

113) 민경배, 「한국종교의 신비주의적 요소」, 163쪽.

114) 박봉배, 「이용도의 사랑의 신비주의와 그 윤리성」, 127쪽.

다.[115] 이용도가 실천한 포용적 사랑은 라즈니쉬(B. S. Rajneesh)가 주장한 것처럼 사랑은 심오한 통찰력과 놀라운 직관의 세계를 보여주며 거기엔 어떠한 교리나 독단론(獨斷論)도 펼칠 수 없다는 지론과도 같은 맥락을 보여준다.[116]

이상으로 신비주의 성향에 입각한 이용도의 사랑관은 모든 것을 포용하려는 이타적이며 초월적인 사랑이라는 점, 소수가 당하는 고통을 그리스도의 고난당하시는 고상(苦象)에 반영하여 적용함으로써 보편보다는 개인에 편중하는 경향이 짙다는 점, 그리고 정의 여부를 떠나 전통적 윤리관, 법, 권징 및 치리까지도 초월하는 성향으로 정리할 수 있다. 그가 교단 분립에 대해서는 그토록 깊이 갈등을 느끼면서도 교단에서 이탈하여 새 교회를 설립하려는 명분을 당차게 내세울 수 있었던 것도 이처럼 그의 내면에 선악 간의 모든 것을 포용하고 용납하려는 신비주의적인 사랑이 깊이 자리 잡고 있었기 때문이다.

---

115) 이상윤, 「이용도 목사, 그 인간과 역정(II)」, 159쪽.

116) Bhagwan Shree Rajneesh, 『신비주의자의 노래』 류시화 역(서울: 청하, 1983), 17-18쪽.

3
예수교회 설립 취지와 이용도 신앙과의 접목

변종호는 『새 생명의 길』은 흑괴(黑怪) 백남주가 처음 쓴 글이고 처음 이단의 관(冠)을 쓴 악서(惡書)라고 했다. 그리고 『천주일련(千珠一聯)』이라는 책을 인용하여 예수교회 설립이 전적으로 이용도가 아닌 백남주와 관련되어 있다고 보았다. 또한 설립 신탁도 백남주가 받았으며 예수교회 간판도, 신학산 간판도 그가 써서 붙인 것이라 하여 그를 예수교회 설립 실세로 지목했다.[117] 김인서는 백남주를 가리켜 『새 생명의 길』을 선포한 자요, 새 교회의 창안을 맡았던 자요, 교리와 헌법을 초안한 자이며, 기관지 『예수』를 창간했고, 원산신학산 교장직에 시무하는 등 실질적으로 예수교회를 좌우한 실권자라고 보았다.

그 神託을 頒布한 者, 새 生命의 길 宣布者, 敎會分立 宣言者, 새敎
會 創案者도, 白 牧師(백남주-필자 주) 敎理와 憲法 作者, 예수誌(기관지 -

---

117) 변종호는 백남주를 '흑괴'라고 칭했다. 『이용도 연구 40년』, 165-166쪽. 『새 생명의 길』은
4 · 6판 60면 분량으로 발행되었다.

필자 주) 創刊者, 神學山 校長, 第一聖者 光O의 父, 聖誕을 一月三日노 定한 者도 白 先生이 아닌가. 이 일을 하나님 압과 내(김인서 – 필자 주) 압헤서 否認하겟는가.[118]

따라서 이용도는 백남주에게 이용당한 처지였을 뿐 실제 예수교회 설립 및 교리와 헌법 등 각종 문안 작성의 실세가 아니라는 것이다. 그러나 예수교회 측 임인철은 변종호와 김인서의 주장에 맞서 단호하게 반대하는 입장을 취했다. 그는 이용도는 예수교회 설립을 선포했고 엄연한 선도감이었으며, 창립선언과 신전 작성 등 모든 사안에 동참했다는 점을 강조했다.[119]

변종호와 김인서가 주장한 것처럼 새 교회의 창안과 교리 및 헌법 초안 등을 맡았던 사람이 백남주였다는 점에 주목한다 할지라도 「예수교회 창립선언」, 「예수교회신전(信典)」, 「예수교회헌장」, 「예수교회의 특색」 등 전반에 이용도의 고유한 사상이 함축되어 있다는 사실을 결코 부인할 수는 없다. 즉 「예수교회창립선언」, 「예수교회신전」, 「예수교회헌장」 등에는 이용도의 협의, 수정, 제안, 절충, 보완 과정 등 철저한 동역작업을 통한 개입이 있었다고 보아야 한다. 다만 예수교회 설립은 1933년 6월 3일에 공식 발표되었던 만큼 「예수교회창립선언」은 이용도의 생전에 작성된 것으로 간주할 수 있지만, 「예수교회신전」은 『예수』 제2호(소실됨, 1934년 2월인 듯)에 실렸다는 점,[120] 그리고 「예수교회헌장」은 그다음 호인

---

118) 김인서, 「책가교회」, 31쪽.

119) 임인철, 「예수교회 사략(1)」, 46쪽.

120) 「예수교회신전」이 실린 『예수』 제2호는 소실되었으며 『예수』, 제7권 제1호, 6면에 게재되었다. 「예수교회신전」은 『기독신보』 1937년 3월 17일자 제7면에도 「예수교회의 주의주장(主義主張)」이라는 제목으로 소개되었다.

1934년 3월 제3호에 게재[121]되었기 때문에 이용도의 사후에 작성된 문헌이라는 점을 문제로 제기할 수도 있겠다. 그렇지만 「예수교회창립선언」역시 반년 후인 1934년 1월 창간호에 실렸다는 점을 감안한다면 「예수교회신전」이나 「예수교회헌장」도 「예수교회창립선언」과 비슷한 시기에 작성되어 기관지가 발행되자 「예수교회창립선언」에 연이어 한 달 간격으로 게재되었을 가능성도 배제할 수 없다. 따라서 굳이 발표 시점을 문제 삼을 필요는 없다. 각별히 주목할 점은 『예수』창간호에 게재된 「예수교회창립선언」마무리 단계에 "예수敎會信典…略…"이라는 대목이 있는데 필자는 「예수교회창립선언」에 「예수교회신전」, 「예수교회헌장」도 포함되어 있었으나 기관지 창간호에 실어야 할 글의 분량이 과다하여 생략하고 2호와 3호에 분산시켜 연재했을 것으로 본다. 그렇다면 「예수교회신전」과 「예수교회헌장」역시 1933년 6월 「예수교회창립선언」과 동시에 발표되었을 가능성이 매우 높다.

이 절에서는 「예수교회창립선언」과 「예수교회신전」, 「예수교회헌장」그리고 「예수교회의 특색」등에 이용도의 사상이 내재되어 있다는 점을 밝힘으로써 이 문서들을 이용도를 배제한 채 백남주의 저작으로 간주하려는 견해에 대해 이의를 제기할 것이다. 이용도는 예수교회의 역사와 관련하여 앞서 고찰한 것처럼 동참한 시기도 다소 늦었고 초대 선도감으로 부임하여 세상을 떠나기까지 불과 4개월 정도밖에는 생존하지 못했다. 건강 또한 폐병 3기의 악화일로의 상황이었다는 점을 고려하면 예수교회에 미친 영향력이 자칫 평가절하될 수도 있을 것이다. 그러나 이 절에서의 연구는 초기 예수교회 설립사에서 그의 사상적 영향력, 그리고

---

121) 「예수교회헌장」, 『예수』제3호(1934년 3월), 31–32쪽.

역할과 위상이 얼마나 지대했는지를 밝힐 것이다.

1) 「예수교회창립선언」과 이용도 신앙과의 접목

1933년 6월 3일자 이용도, 백남주, 이종현 등 3인 발기인 명의(名義)로 작성된 「예수교회창립선언」이 기관지 『예수』 창간호(1934년 1월호)에 개재되어 있는데, 그 전문을 소개하면 다음과 같다. 설립 발기인 중 가장 대표성이 있는 이용도의 이름이 맨 앞에 기록되어 있다.

예수교회創立宣言

發起人

萬有가 革新되리라는 것이 人生의 共通한 理想이다. 그래서 宇宙가 새로워지고 社會가 새로워지고 個性이 새로워지기를 어제도 오늘도 내일도 間斷없이 바라고 기다린다.

예수로서 萬有의 革新되리라는 것은 예수人의 理想이다. 그래서 예수로서 하늘도 예수로서 땅도 예수로서 人間도 예수로서 새로워지기를 바라는 것이다.

예수로서 先次로 敎會가 새로워지는 일을 누구라 懇切히 바라지 않을고? 그러나 異常하다.

敎會는 그 內容이 새로워지지 않고 도로여 새롭기를 바라는 分子를 嫌忌하야 或은 驅迫하며 或은 破門하니 마츰내 分離를 免치 못하야 結局은 面目다른 新敎會의 成立을 避치 못하게 되엿나니 예수敎會設立

의 意義는 여기에 잇는 것이다.

예수敎會의 出現은 決코 새 宗派 새 制度의 建設을 目標로 한 것이 아니고 旣成敎會의 內容革新을 企圖함이 終始一貫의 ○○이다. 羅馬 舊敎라거나 更正新敎라거나 가릴 것 업고 宗門의 東西나 派別의 南北을 論할것 없이 교회의 내용만 예수로써 淨化되면 고만이다.

예수敎會의 紀元은 예수의 紀元과 동일하다. 그래서 이것이 가장 새 일이면서도 가장 옛 일이다. 決코 今日의 創始가 아님도 事實이다. 그러나 아모런 副詞도 添付하지 않고 純粹히 예수敎會란 稱號로서 出世함은 果然 오늘이 처음이다. 예수敎會는 外面에 아모런 裝飾이 없은 것만큼 其 內容이 極히 單純하다. 예수敎人의 生命이 예수요 生活이 예수다. 過去도 現在도 未來도 「예수」다.

예수敎會의 目的은 敎會에 加入하야 敎會員이 되라는 데 잇지 않고 예수를 얻어서 「예수人」이 되라는 데 잇다.

(예수敎會信典…略…)

聖意에 奉服하야 예수敎會를 設立하노라.

一九三三年 六月 三日 平壤府 大察里 一二一에서

예수교회 設立 發起人 代表 李容道 白南柱 李宗鉉[122]

위의 「예수교회창립선언」에는 만유 혁신의 세계관, 설립 의의, 설립 목표, 그 기원, 설립 목적 등이 순차적으로 기록되어 있다. 그런데 전개된 내용이 이용도의 사상과 매우 흡사하며 평소 이용도 자신이 상용적으로 구사했던 구절들과도 일치하는 표현들이 기술되어 있는 점으로 미

---

122) 이용도, 백남주, 이종현, 「예수교회창립선언」, 『예수』 창간호(1934년 1월), 27쪽; 『기독신보』 1937년 3월 10일, 제7면.

루어볼 때 이용도가 이 선언문 작성에 전혀 개입하지 않았다고 주장하는 것은 무리이다. 그 근거들을 정리하면 다음과 같다.

첫째, 선언 서두의 "萬有가 革新되리라는 것"이라고 기술된 문장은 언뜻 교부 이레니우스(Irenaeus)가 주창했던 총괄갱신(總括更新, άνακεΘαλαὶωσις)[123] 교리를 연상하게 할 정도이다. 그러나 이레니우스가 지향했던 것과는 달리 「예수교회창립선언」에는 영적 차원, 즉 구속 혹은 내세의 의미는 나타나지 않고 현상적인 차원에 주목하여 혁신의 취지가 강조되어 있다. 이 선언문에는 피안의 세계에 대한 소망의 차원보다는 유독 지상에서의 현세적 고난의 차원이 강조되어 있다. 이용도의 구원관은 앞서 제6장 제3절, '구원관과 신비주의와의 접목'에서 고찰했듯이 예수님의 사역을 조명함에 있어 자신의 신비주의 성향에 입각하여 고난의 그리스도관에 초점을 맞추었다. 그 결과 그리스도의 대속사역에 대해서는 상대적으로 빈약하게 조명함으로써 보수성이 강한 학자들로부터 대속사상이 전무하다는 오해를 받을 정도이다. 또한 고난의 그리스도관에 나타난 신비주의의 특징은 전술한 것처럼 내세에 대한 소망의 차원보다는 지상에서 당하는 현세적 고난이 강조되어 있다. 비록 「예수교회창립선언」의 서두에는 총괄갱신 교리와 매우 흡사한 표현이 기술되어 있기는 하지만 구속의 의미 혹은 내세의 차원을 함축하는 것은 아니며 '만유', '우주', '사회', '개성', '인간' 등 현실세계를 조망하여 현상적인 개혁에 초점이 맞추어져 있다. 이재정은 이를 '교회의 내적인 개혁'을 의미하는 것으로 분석했는데,[124] 이 점에서 필자의 견해와도 일치한다. 반면 임인철

---

123) Irenaeus, "Against Heresies", *Early Christian Fathers*, Translated and Edited by Cyril C. Richardson(Philadelphia: The Westminster Press), pp. 389~391("Against Heresies", V. 19~21).

124) 이재정, 「21세기를 향한 한국교회의 과제 – 이용도 목사의 신학의 새로운 조명」, 144쪽.

은 「예수교회창립선언」의 서두에 대해 우주의 혁신을 종교적으로 풀어야 할 말이라며 '우주 – 하늘', '사회 – 땅', '개성 – 인간'을 대비해서 쓴 것은 두 세계, 즉 자연세계와 영적 세계를 함축하는 것이라고 해석했다. 즉 '만유'가 자연세계와 영적 세계 양자를 모두 포괄한다고 본 것이다. 그는 영적 세계와 관련해서는 자의적으로 요한계시록 21장 1절과 2절에 결부시켜 새 하늘, 새 땅, 새 예루살렘으로, 요한계시록 21장 4절에 연관 지어 슬픔과 울부짖음과 고통이 없어진 천상의 세계와 연계하여 묘사해냄으로써 내세까지도 관련된다고 보았다.[125] 그러나 필자는 문장 가운데 나열된 '우주', '사회', '개성', '하늘', '땅', '인간'은 오히려 '만유', 즉 우주 삼라만상을 총체적으로 표현하는 기법인 것으로 간주해야 하고 좀 더 상세하게 현상계의 다양한 정황을 들어 설명한 차원이라고 본다. 만일 임인철처럼 '하늘'이나 '우주'를 영적 세계, 즉 내세로까지 확장하여 해석하게 되면 하나님이 계시는 천국까지도 개혁되고 혁신하지 않으면 안 된다는 자가당착의 모순에 빠지게 된다.

둘째, 「예수교회창립선언」에 시종일관 구사된 '예수'라는 칭호는 교회 명칭을 포함하여 무려 20여 회에 걸쳐 기록되어 있을 정도로 예수주의 사상으로 일관되어 있다. 앞서 제6장 제4절, '기독관과 신비주의와의 접목'에서 살펴보았듯이 이용도에게 삼위일체 신관이 부재했던 것은 아니지만 그가 삼위일체론적 신관보다는 항상 예수지상주의, 예수중심주의, 예수유일주의, 한님주의에 입각했던 점을 염두에 둔다면 「예수교회창립선언」에 일관되게 나타난 예수주의 사고는 이용도의 사상과 맥락을 같이한다.

---

125) 임인철, 「예수교회 창립선언문 이해」, 36-37쪽.

셋째, '분리'와 '신교회 설립'의 명분을 기성교회의 '혐기(嫌忌)와 구박'으로 들고 있는 점은 원산계 쪽보다 오히려 이용도에 관련된 서북지역의 황해노회, 평양노회, 안주노회 등의 제재조치, 감리교단 사문위원회와 목사직 휴직 조치 등 일련의 흐름과 더 밀접한 관계가 있다고 보는 것이 자연스럽다. 사실 이용도가 심경에 변화를 일으켜 새로운 교단을 설립해야 한다고 마음을 다졌던 것은 무엇보다 자신으로 인해 서북지역 각 교회로부터 권징을 받은 수백 명의 추종 성도들 때문이었다. 이들 성도들이 이용도 자신의 문제로 인해 책벌·출교당해 방황하는 처지여서 결코 수수방관할 수만은 없었던 것이다. 이들이 포교계 서류 탄원서에 연명했고 이 사실이 이용도에게 전해졌을 때 마침내 그는 새 교단 설립에 동참하겠다고 선언했다. 그의 측근 변종호 역시 이 일이 이용도가 심경에 큰 변화를 일으킨 동인이 되었다는 점에 공감한다.[126]

넷째, 교리와 신조, 교파 및 종파를 초월하려는 성향을 보인 점은 평소 이용도의 소신과도 일치한다. 이 점은 제6장 제2절, '역사관과 신비주의와의 접목'에서 논한 바 있다. 이러한 성향은 그가 예수주의의 신앙에 입각하여 거침없이 '말라빠진 신조',[127] '사각(死殼)된 교리'와 '고목된 신조'[128]를 외쳤던 점이나 불경, 무교회지, 사회주의지까지도 교육용 교재로 활용할 수 있었던 결단,[129] 그리고 가톨릭과 개신교 사이에서 방황하던 자매에게 신교든 구교든 예수만 잘 따라갈 수 있는 길을 가도록

---

126) 『이용도전』, 196쪽.

127) 『이용도 일기』, 134쪽. 1931년 5월 7일자 내용.

128) 『이용도 서간집』, 104쪽. 1932년 2월 2일 평양 형제들에게 보낸 서신.

129) 『이용도 서간집』, 80쪽. 1931년 10월 중 김인서에게 보낸 서신.

권면했던 사실[130] 등에서도 확연하게 드러난다. 물론「예수교회창립선언」에서는 예수교회 설립이 새로운 제도나 새로운 종파 건설에 있지 않다는 점을 애써 변호하고는 있다. 그러나 개혁주의 전통과 역사를 무시한 채 "예수교회의 기원은 예수의 기원과 동일하다"며 이천 년의 시간대를 초월하여 새로운 기원을 갖는다고 선포했다. 임인철은 예수교회의 기원이 예수와 동일하다는 선언에 대해 이천 년의 시간과 공간을 뛰어넘어 예수와 직접 연결했다는 뜻이고, 당시의 입류나 대언 또한 같은 의미를 갖는다고 해석하면서 예수교회 설립은 주님의 명령이었기 때문에 명분이 정당했다는 입장을 취했다.[131] 예수교회는 원초적으로 한국에서 자생한 교회라는 점을 역설한 기독교장로회 측 안병무와 예수교회 측 이영근의 발언[132]은 임인철의 견해와 더불어 예수교회가 프로테스탄트와의 불연속성을 전제하여 설립되었다고 간주한다는 점에서 의미상으로 상통한다.

예수교회 측 김희방의 소신에 의하면 1990년 들어 예수교회에서는 제도적 교회, 교리와 전통을 초월하는 차원에서 한 걸음 더 나아가 불교, 유교, 천도교 등 타종교와의 대화 모색까지도 주장할 정도로 진보성을 표방하기에 이르렀다.[133]

다섯째,「예수교회창립선언」의 문맥에는 평소 이용도가 구사하던 전형적인 혹은 유사한 문구들이 나타나는데 그 대표적인 예로는 '新教

---

130) 김지영,「이 목사님의 생각 몇 가지」,『이용도전』, 227쪽.

131) 임인철,「예수교회 창립선언문 이해」, 39쪽.

132) 안병무,「우원(友園)의 신학적 조명」,『우원(友園)』제1집, 33쪽; 이영근,「예수교회 선교방법론」, 15쪽.

133) 김희방,「교회의 본질과 예수교회」, 6쪽, 12쪽.

會', [134] '예수교인의 생명이 예수', [135] '생활이 예수', [136] '聖意에 奉服' [137] 등을 들 수 있다.

2) 「예수교회신전」과 이용도 신앙과의 접목

　　김형기는 『새 생명의 길』에서의 가르침은 당시 예수교회 내에서도 이단사상으로 단정했을 정도로 저항세력이 있었기 때문에 교회 안에서 위축될 수밖에 없었고, 그 결과 『새 생명의 길』에 기술된 내용들과는 거리가 먼 기독교 일반이 신앙하는 교리적인 내용이 「예수교회신전」으로 기술되었다고 주장한다. [138] 필자의 소신으로는 「예수교회신전」이 본래적으로 이용도의 신앙관이 개입되어 작성된 것이라고 본다.

　　교리와 신조를 초월하여 기독교 역사 이천 년의 시간대를 뛰어넘어 예수 그리스도와의 직접적인 대면을 추구하는 것이 예수교회의 근본정신이었기 때문에 이들의 「예수교회신전」은 극히 단순하고도 원시적인 형태로 작성되었고 단지 세 개 항목만으로 구성되어 있다.

---

134) 『이용도 서간집』, 209쪽. "신교회". 1933년 봄 K. H. H.에게 보낸 서신. 임인철은 K. H. H.를 김희학으로 본다.

135) 『이용도 서간집』, 24쪽. "주님은 나의 생명". 1930년 봄 박정수에게 보낸 서신.

136) 『이용도 서간집』, 119쪽. "생활의 중심초점은 예수". 1932년 4월 19일 평양 형제들에게 보낸 서신.

137) 『이용도 서간집』, 209쪽. "주님의 성의대로만 하옵소서". 1933년 봄 K. H. H.에게 보낸 서신.

138) 김형기, 「예수교회론(II)」, 『예수』 복간 제9호(1991년 겨울), 47쪽.

一. 아버지로 게서서 永遠히 헤아리시는 하느님을 내가 알고 아들로
　　 나타나서 永遠히 사랑하시는 예수를 내가 믿고 生命으로 움직여
　　 서 永遠히 살어주시는 聖靈을 내가 받노라.

二. 나는 예수의 나심을 알고 나는 예수의 죽으심을 믿고 나는 예수
　　 의 살으심을 힘입고 나는 예수의 오심을 바라노라.

三. 예수의 誡命을 나는 직히기로 힘쓰며 예수의 弟子가 나는 됨을
　　 告白하며 예수의 나라를 일우고저 애쓰며, 예수의 다스리심에
　　 나는 살기를 바라노라. 아멘 – 아멘 – [139]

　필자는 이용도의 사상을 단지 세 개 항목만으로 단순하게 구성된
「예수교회신전」의 문맥에 견주어 비교 분석하기에는 다소 무리가 있다는
점을 인정한다. 왜냐하면 신조에는 이념과 주의(主義)가 담겨 있다는 점에
서 그만큼 신중하게 분석해야 하고 그 분석에 근거하여 이용도의 신학과
접목되는 점이 무엇인지 탐색하는 작업을 시도해야 하기 때문이다. 비록
「예수교회신전」이 단순하게 작성되기는 했으나 이용도의 사상과 일치되
는 점을 다음 네 가지로 정리할 수 있다.

　첫째, 「예수교회신전」에는 그 분량에 비해 '예수' 칭호가 무려 아홉
차례나 기록되었을 정도로 이용도가 갈구하던 예수주의의 색채가 짙다.
비록 성부와 성령의 위치를 설명한 내용이 첫 항에 나타나 있기는 하지
만 성부, 성자, 성령 삼위를 균형 있게 묘사하지는 않았으며 예수님의 나
심과 죽으심, 부활, 재림, 그의 계명, 그의 나라와 통치 등 예수주의로 일
관되어 있다.

---

139) 「예수교회신전」, 『예수』 제7권 제1호, 6쪽; 「예수교회의 주의주장」, 『기독신보』 1937년 3월
　　 17일, 제7면.

둘째, 계속해서 이 장 제4절, '원산계 교리와 이용도 신앙과의 비교'에서 살펴보겠지만 만일 「예수교회신전」이 이용도의 개입 없이 백남주 단독으로 작성된 것이었다면 백남주는 『새 생명의 길』을 집필한 당사자였던 만큼 스웨덴보르기아니즘 사상에 입각해 있던 그가 결코 예수의 나심과 죽으심, 부활, 재림을 논할 수는 없다. 백남주의 책 『새 생명의 길』에서는 이러한 신앙고백을 일체 부인한다.

셋째, 「예수교회신전」은 조선감리교회의 교리적 선언과 매우 유사한 면이 있다. 이는 이용도와 이호빈이 본래 감리교회 소속이었기 때문에 이들의 견해가 충분히 반영되었으리라 생각된다.[140] 참고로 백남주는 장로교 평양신학교 제25회(1930년 3월 12일 졸업) 졸업생이었지만[141] 스웨덴보르기아니즘의 신비주의에 심취해 있었으며 장로교에서 목사안수를 받지 못했다.

넷째, 「예수교회신전」을 『기독신보』에 소개했던 한 기자(一記者)는 「예수교회신전」 소개에 이어 네 개 항목의 취지를 예수교회 측의 슬로건이라고 부연해주었다. 이 슬로건들 역시 이용도가 그랬듯이 기성교회의 역사, 전통, 제도를 초월하여 오로지 예수주의에 초점이 맞춰져 있다.

(一) 교파(敎派)를 초월(超越)하고 예수 정신으로 도라가자.

(二) 기성교리(旣成敎理)와 신조(信條)를 초월하고 성서(聖書) 정신으로 도라가자.

---

140) 「基督敎朝鮮監理會敎理」와 「예수교회신전」은 상당히 유사점이 있지만 「예수교회신전」에서는 대속자이신 그리스도(監理會敎理 제2항), 죄용서(제4항), 성경의 충분성(제5항), 교회(제6항), 복음선전 등의 내용은 다루어지지 않았다. 「基督敎朝鮮監理會敎理」, 基督敎朝鮮監理會 第一回總會會錄(主後 1930年 12月 2日), 1면을 볼 것.

141) 김요나, 『총신 90년사』(서울: 도서출판 양문, 1991), 908쪽('역대 동창회 명단').

(三) 의식제도(儀式制度)보다도 성심긔도(誠心祈禱)를 생명으로 삼자.

(四) 인위적 배경(人爲的背景)에 의뢰하지 말고 절대신(絶對神)의 품속
으로 도라가자.[142]

이 네 가지 항목은 당시 예수교회 측 인사가 제공한 내용을 『기독신
보』 기자가 작성하여 게재한 것으로 보인다. 이 슬로건은 이용도의 신비
주의 성향에 입각한 역사관과 상통한다.

3) 「예수교회헌장」과 이용도 신앙과의 접목

「예수교회헌장」은 모두 9장 33조로 편성되었는데 제1장에는 앞서
논했던 「예수교회신전」(1~3조)을 포함하여 제2장 교인(4~7조), 제3장 임
직(8~12조), 제4장 포교(13~14조), 제5장 의회(15~17조), 제6장 제정(18~21조),
제7장 예전(22~28조), 제8장 징계(29~30조), 제9장 보칙(31~33조)을 갖추었
다. 『예수』 창간호에 의하면 「예수교회헌장」과 세칙(細則) 기초위원에는
이용도, 이호빈, 백남주 3인이 선출되었다고 기록되어 있다.[143]

第一章   信典(동일한 내용이라 필자가 생략함)

第二章   敎人

---

142) 「예수교회 창설의 유래 및 현상(由來及現狀) (2)」, 『기독신보』 1937년 3월 17일, 제7면.
143) 『예수』 창간호(1934년 1월), 29쪽.

第四條　예수教會의 教人은 예수의 教訓을 信奉하며 예수教會의 規範을 遵行하는 者로 함.

第伍條　예수教會의 教人은 예수의 生活로써 生活基準을 삼는 者로 함.

第六條　예수教會의 教人은 布教事業費 及 財産管理費를 負擔할 義務를 有함.

第七條　예수教會의 教人은 選擧權 建議權 及 決議權을 有함.

第三章　任職

第八條　예수教會의 適宜한 任職을 置함.

第九條　예수教會의 任職은 總히 無給으로 함.

第十條　예수教會의 任職은 總히 教人選擧에 依하야 中央宣道院에서 任免함.

第十一條 예수教會任職의 任期는 年限, 臨時의 二種으로 함.

第十二條 예수教會任職의 缺員이 될 時는 補缺選擧하고 其任期는 前任者의 殘餘任期로 함.

第四章　布教

第十三條 예수教會는 海內海外를 勿論하고 布教함.

第十四條 예수教會의 布教事務는 總히 中央宣道院에서 總攬함.

第伍章　議會

第十伍條 예수教會의 議會는 堂利會, 地方會, 公議會의 三種으로 함.

第十六條　예수敎會의 議會는 定期 及 臨時의 二種으로 함.

第十七條　예수敎會의 議會는 總히 議員半數以上의 出席을 要
　　　　하고 議事는 出席議員 三分의 二 以上의 多數決을
　　　　要함.

第六章　　財政

第十八條　예수敎會의 所屬財政은 總히 敎人의 共布로 함.

第十九條　예수敎會의 財産의 取得管理 又는 處分은 敎人의
　　　　決議에 依함.

第二十條　예수敎會의 歲入出豫算의 成立은 每年度初에 該當
　　　　議會의 決議에 依함.

第二十一條　예수敎會의 歲入出決算은 每年度末에 該當議會에
　　　　報告함.

第七章　　禮典

第二十二條　예수敎會의 禮典은 獻禮, 洗禮, 聖餐, 婚禮, 葬禮의
　　　　伍種으로 함.

第二十三條　獻禮는 生後 三個月 以內의 嬰兒로써 主께 드리려
　　　　하는 時 施行함.

第二十四條　洗禮는 新生의 經驗을 公證하고 入敎를 願하는 時
　　　　施行함.

第二十伍條　聖餐은 入敎人으로서 主의 苦難을 紀念코저 하는
　　　　時 擧行함.

第二十六條　婚禮는 敎人 中 主의 뜻대로 夫婦를 일우고저 願하

는 時 擧行함.

第二十七條　葬禮는 敎人 中 別世할 時 擧行함.

第二十八條　예수敎會의 禮典은 總히 中央宣道院에서 指定한 任
　　　　　　職이 此를 擧行함.

第八章　　勸戒

第二十九條　예수敎會의 敎人으로 예수의 敎訓에 悖逆하며 敎會
　　　　　　의 規範에 違反하야 敎人體面을 損失하는 境遇에
　　　　　　勸戒함.

第三十條　　예수敎會의 勸戒規定은 聖經과 敎規를 基準하여 制
　　　　　　定함.

第九章　　補則(三十條~三十三條)[144]

「예수교회헌장」에는 개신교의 보편적인 헌장에 비해 두드러지게 강
조했거나 특색 있게 제정된 내용들이 있는데, 이 역시 이용도의 사상과
접목될 수 있을 만한 내용들이 많다.

첫째, 제1조부터 제5조까지 기술된 「예수교회신전」 및 교인장에
는 예수교회라는 교단 명칭에서 드러난 것처럼 '예수'라는 칭호가 무려
14회에 걸쳐 기록되어 있으며 권계장에 있는 제29조에도 성경교훈이라
는 일반적인 표현 대신에 '예수의 교훈'이라고 기록했다. 이 정신은 앞서
「예수교회창립선언」에서 보여주었듯이 오직 예수주의를 명분으로 내세

---

144) 「예수교회헌장」, 『예수』 제3호(1934년 3월), 31-32쪽.

위 기존의 교리와 신조, 교파 및 종파를 초월하려는 신비주의 성향과도 상통한다.

둘째, 직임장의 제9조에 나타난 교역자들에 대한 무급(無給)은 매우 독특한 조항이다. 이러한 무사례(無謝禮) 전통의 근거는 평소 이용도가 '월급장이', '강도업자(講道業者)', '연설객'[145]의 태도를 질타하고 철저하게 '직(職, vocation)'의 사고, 금욕주의 정신, 그리고 희생적이며 이타적인 삶을 강조했던 태도와 밀접한 관련이 있다.

셋째, 예전에서의 차이점인데 예전장 제22조에서 규정하는 예전은 개신교에서의 두 가지 성례, 즉 세례와 성찬[146]만을 고수하지 않고 구약에서의 나실인 색채가 짙은 헌례(獻禮)와 가톨릭에서 집행하고 있는 혼례〔結婚聖事〕 및 장례〔終傅聖事〕까지도 추가하여 채용했다. 이용도가 남긴 문헌에는 이러한 사안이 언급되어 있지 않지만 개신교의 전통적인 예전과 관례에 얽매이지 않으려는 자유로운 태도를 보여준다는 점에서 아마도 이용도가 협상하여 조율한 조항일 가능성이 있다.

넷째, 이용도에게서 특징적으로 나타났던 '성탄의 신(新) 경험'[147]이 예전장 제24조의 세례예전에 적용되어 '신생(新生)'을 공증(公證)하는 절차를 첨부했다.

따라서 「예수교회헌장」 역시 이용도에게서 두드러지게 부각되었던 예수주의, 금욕주의(청빈), 전통을 초월하려는 사고, 성탄의 새로운 경험 등의 색채가 반영되어 있다.

---

145) 『이용도 일기』, 107쪽. 1931년 1월 17일자 내용.

146) cf. John Calvin, *Institutes of the Christian Religion2*, IV. 15(baptism), 17(eucharist).

147) 『이용도 서간집』, 36쪽. 1930년 12월 24일 김광우에게 보낸 서신.

4) 「예수교회의 특색」과 이용도 신앙과의 접목

「예수교회의 특색」은 한 기자(一記者)에 의해 1937년 3월 17일자 『기독신보』에 게재되었다. 그 특색은 교역자 무봉급(無俸給), 연보궤, 직임과 직명, 권계, 주장 등 모두 다섯 가지로 정리되었다. 본 항에서는 먼저 전문을 소개한 후 이용도의 사상 및 삶과의 연관성을 고찰할 것이다.

이 기사가 이용도 사후 3년 반쯤 후에 게재되었다는 점에서 이용도와 무관하다고 문제를 제기할 수도 있겠으나 앞서 살펴본 「예수교회창립선언」 역시 이 기사가 발표되기 불과 한 주 전인 1937년 3월 10일에 게재되어 있다는 점, 그리고 「예수교회신전」은 같은 날짜인 3월 17일자에 게재되어 있다는 점에서 연도는 문제 삼을 만한 사안이 되지 않는다. 특히 이 기사는 이전과 달리 예수교회에 대해 비교적 온건한 태도를 취하던 『기독신보』에 대하여 김인서가 1937년 6월 『신앙생활』에 「기독신보사에 문(問)함」[148]이라는 글을 게재하고 도리어 예수교회를 홍보하는 기사가 되었다고 크게 유감을 표하는 계기가 되기도 했다.

> 一. 教役者 無俸給
>
> 教役者의 家族生活費(그 食口의 數爻를 보아서 굶지 않을 限에서) 支出하되 教役者에게 주지 않고 教役者의 婦人에게 傳해주며 그밖에는 兒童教育費를 支拂할뿐. 이로써 教役者는 俸給이라고 할 돈을 손에 쥐여보지 못하므로 俸給을 위해서 일하게 되는 惡幣가 없게 되고 單只 十字架를 覺惡하는 教役者만이 獻身케 되는 것을 우리는 엿볼 수 있

---

148) 김인서, 「기독신보사에 문(問)함」, 『신앙생활』(1937년 6월), 23쪽.

다. 그리고 俸給의 다소를 따라 이 敎會 저 敎會로 가는 폐해가 없다고 한다.

二. 捐補櫃

예수께서 捐補櫃곁에서 說敎하셨다는 聖經말슴을 보아서 그 當時에 捐補櫃를 使用하였던 것이 分明함으로 그들을 본 받아서 在來의 捐補주머니 制度를 廢止하고 捐補櫃에 남모르게 獻金하도록 한다고 한다. 그 理由는 捐補주머니를 들고 敎人들 앞에 내여 밀어 求乞하는 듯한 태도나 自己 앞에 연보주머니가 오니 마지못해서 體面을 유지하기 爲하야 捐補하는 악폐가 없도록 하기 위해서라고 하며 (중략) 無名氏로 捐補하도록 한다고 한다.

三. 任職과 職名

任職은 執事, 福音使, 牧使 三種으로 分類되여 있다. 執事는 國家로 말하면 代義士와 같으며 長老敎로 말하면 長老와 같으니 敎人들이 選定한 執事들에 그 敎會를 治理하며 他敎會의 傳道師를 그들은 福音의 使者라는 意味에서 福音使라고 稱하고 牧師를 牧使라고 부른다. 無論師를 使로 改稱하는 그들은 主 앞에서 스승이라는 稱號를 惶悚히 역여 謙卑한 態度에서 敎役者는 어디까지던지 主의 종에서 不過하다는 意味에서 師를 使로 改稱한 것이라 한다.

四. 勸戒

예수敎會는 責罰, 黜敎, 除名法이 없고 그 敎會憲章 第八章 第二十條, 第三十條를 보면 勸戒라는 것이있다. 예수는 罪人을 爲하야

오셨고 敎會는 罪人을 爲하야 要求되는 罪人의 受容所이기 때문에
黜敎, 責罰. 除名은 어디까지던지 예수의 精神에서 排馳되는 態度라
고 하여 그 敎人이 悔改하기까지 主의 말슴으로 勸戒하며 祈禱할 뿐
이라고 한다. (중략) 罪人을 爲하여 必要한 敎會에서 罪人을 黜敎한
다는 것을 그들은 排擊한다.

伍. 主張

그들은 祈禱, 經驗(聖靈으로 因한 體驗), 生活－이 세 가지를 무엇보
다 强調한다. 無論前述한 그들의 主義·主張(信典－필자 주)을 基調로
하여서다. 實을 그들의 祈禱室에 每日 祈禱者가 끊지지 안는 것이
이를 證明한다.[149]

위의 다섯 가지 항목은 취지나 내용만 보더라도 「예수교회헌장」과
밀접한 관련이 있다. 이러한 특색들은 이용도의 사상과 삶에 비추어볼
때 다음과 같은 맥락을 갖는다.

첫째, 문맥 전반에 '십자가', '연보궤', '주의 종', '예수의 정신', '주
의 말씀' 등을 기술함으로써 앞서 고찰한 문헌들과 마찬가지로 일관성
있게 예수주의에 입각해 있다.

둘째, 교역자 무봉급에 나타난 청빈사상이다. 사례비에 연연하지 않
고 물질적인 면에서도 철저하게 이타적 사랑을 실천하며 청빈한 삶으로
일관했던 이용도의 삶과 연관이 깊다. 이용도는 부흥집회에서 받은 사례
금은 일체 자신을 위해 사용하지 않았고 자기 집 대문에 들어서기도 전

---

149) 「예수교회 창설의 유래 및 현상(由來及現狀) (2)」, 『기독신보』 1937년 3월 17일, 제7면. 이 기
사 안에 별도로 「예수교회의 특색」이 소제목으로 게재되었다.

에 불우한 사람들을 구제하는 일에 다 소비했을 정도로 투철하게 이타의 정신을 실천했다.[150]

셋째, '복음사' 혹은 '목사'의 '사'를 '사(師)' 자가 아닌 심부름꾼으로 서의 '사(使)' 자로 개칭한 데서 보여주는 비(卑) 사상이다. 이는 가르치려 하는 자세를 취하기보다는 '선악이 개오사'라 하여 누구에게서든지 항상 겸손하게 배우려는 자세를 취했던 이용도의 비 사상을 반영한다.

넷째, '권계(勸戒)'에 나타난 책벌, 출교, 제명법의 철폐에는 만유를 포용하고 아우르려는 이용도의 신비주의적 사랑의 정신이 깃들어 있으 며 특별히 이용도가 교회정치적으로 당한 고초와 질곡의 삶을 염두에 두 었던 것으로 보인다.

다섯째, '주장(主張)'에 나타난 기도, 성령 체험, 생활의 모토는 한결 같이 체험 중심의 신앙을 강조함으로써 개인의 감정과 경험에 편중하는 주관적인 신비체험을 함축했다는 점에서 이용도의 신념과 밀접하게 연 계된다.

소결

비록 예수교회 설립과 창안, 교리 및 헌법의 초안이 변종호와 김인 서가 주장했던 것처럼 백남주에 의해 주도되었다 할지라도 「예수교회창 립선언」, 「예수교회신전」, 「예수교회헌장」, 「예수교회의 특색」 등에는 이

---

150) 『이용도전』, 109-110쪽.

용도가 직접 관여함으로써 이용도의 사상이 깊이 개입되었다는 점을 부인할 수 없다.

첫째, 「예수교회창립선언」에는 총괄갱신 교리와 흡사한 내용이 전개되어 있지만 영적 차원, 즉 구속 혹은 내세의 의미는 기술되지 않음으로써 평소 이용도가 그랬듯이 현세 지향적 태도가 깊이 반영되어 있다. 또한 예수주의로 일관하여 이용도의 예수지상주의, 예수중심주의, 예수유일주의에 입각해 있다는 점, '분리', '신교회 설립'의 이유를 기성교회의 '혐기(嫌忌)와 구박'에 두어 이용도의 수난과 자연스럽게 같은 맥락을 형성한다는 점, 교리와 신조, 교파 및 종파를 초월하려는 성향을 보여준다는 점, 그리고 문맥에 평소 이용도가 구사하던 관용적이며 친숙한 문구들이 구사된 점 등으로 미루어 이용도가 개입했다고 보아야 한다.

둘째, 「예수교회신전」 역시 「예수교회창립선언」과 마찬가지로 이용도의 특유한 사고가 반영되어 있다. 예수주의의 색채가 농후하다는 점, 백남주가 심취해 있던 스웨덴보르기아니즘의 신앙이 일체 반영되어 있지 않다는 점, 조선감리교회의 교리적 선언과 흡사하다는 점, 교파를 초월한 예수 정신으로의 복귀 표방, 기성교리와 신조의 초월, 의식이나 제도보다 기도를 중시한 점 등 평소 이용도가 보여준 신앙적 소신이 잘 반영되어 있다.

셋째, 「예수교회헌장」에는 개신교의 보편적인 헌장들과 비교해볼 때 두드러진 특징들이 발견되는데 이용도의 평소 소신과도 밀접하게 관련된다. 예수주의의 색채, 그리고 '월급쟁이', '강도업자', '연설객'을 질타했던 천직(天職) 정신과 금욕주의 정신이 내재되어 있으며 이용도에게서 특징적으로 나타났던 '성탄의 신 경험'이 기술되었다.

넷째, 「예수교회의 특색」 역시 예수주의에 입각해 있다는 점, 교역자의 무봉급 규정에 나타난 청빈 사상, 교역자의 호칭에 '사(師)' 자가 아닌 보내심을 받은 자로서의 '사(使)' 자를 적용한 비(卑) 사상, 권징보다는 만유를 포용하는 신비주의 사랑, 개인의 체험 신앙을 강조한 점 등이 이용도의 사상과 밀접하게 교섭된다.

4

원산계 교리와 이용도 신앙과의 비교

이 절에서는 백남주가 작성한 『새 생명의 길』에 나타난 '이단6조'의 교리적 특색을 중심으로 이용도의 신앙과 비교하여 고찰할 것이다. 또한 이용도와 같은 시대에 활동했던 예수교회의 주요 인사들을 비롯하여 현 예수교회를 대표하는 일부 인사들의 사상과도 비교할 것이다. 이 점과 관련하여 가장 큰 관심을 보인 학자로는 심광섭을 들 수 있다. 그는 백남 주 일파의 원산계 예수교회 인사들과 그들의 사상, 그리고 이용도와의 관계성을 조명할 필요성을 강조하고 예수교회 전통에서 바라보는 이용 도의 실상이 바르고 정당하게 드러나야 한다고 주장했다.[151]

예수교회 원산계의 교리로 비판받는 소위 '이단6조'는 본래 백남주 에 의해 집필되어 원산신학산에서 신학 교재로 활용되었던 『새 생명의 길』에 담긴 핵심적인 사상이었다. 김인서는 『신앙생활』 1934년 4월호에 게재한 「용도교회 내막조사 발표(2)」에서 이 책의 내용을 여섯 항목으로

---

151) 심광섭, 「논찬: 이상윤 목사의 글에 대한 논평」, 이용도신앙과사상연구회(편), 『이용도 목사 의 영성과 예수운동』(서울: 성서연구사, 1998), 176쪽.

대별하여 '이단6조'로 명명하고 조목조목 항목들을 분석하여 문제점을 정리했다. 『새 생명의 길』이 전해져오지는 않지만 당시 김인서가 확인하여 소개한 '이단6조'의 각 항은 다음과 같다.

一, 聖經權威 否認, 二, 三位一神 否認, 三, 예수의 再臨과 信者의 復活 否認, 四, 天界에 對한 異說, 伍, 예수의 假形說, 六, 原罪와 贖罪 功勞 否認[152]

이상 여섯 가지 항목은 내용상으로 스웨덴보르그의 사상이었으며 당시 원산계 예수교회의 신학사상을 대변하는 교리들이었다. 길선주는 스웨덴보르그의 사상을 강신술(降神術)이라며 당시 교회 안에서도 공공연하게 유행되고 있었음을 경계한 바 있다.[153] 박형룡은 이용도가 세상을 떠난 이듬해 「스웨덴볶과 신(新)예루살렘교회"라는 주제로 1934년 3월, 4월, 5월호 『신학지남』에 스웨덴보르그의 이단사상을 세 차례 연속 게재했다. 박형룡이 스웨덴보르그 사상과 관련하여 지적했던 주요 사안들을 살펴보면 천사의 직접 교훈,[154] 이신득의 부인,[155] 삼위일체론 부인,[156] 원

---

152) 김인서, 「용도교회 내막조사 발표(2)」, 『신앙생활』(1934년 4월), 25-29쪽. 김인서가 구사한 용어 '가형설'은 '가현설'과 같은 의미이다.

153) 길진경(편), 『길선주 목사 유고선집 제1집』(서울: 대한기독교서회, 1968), 51쪽.

154) 박형룡, 「스웨덴볶과 신(新)예루살렘교회(1)」, 『신학지남』(1934년 3월), 8쪽; 박형룡, 「스웨덴볶과 신예루살렘교회(2)」, 『신학지남』(1934년 4월), 9쪽.

155) 박형룡, 「스웨덴볶과 신(新)예루살렘교회(2)」, 10쪽.

156) 박형룡, 「스웨덴볶과 신(新)예루살렘교회(2)」, 11-12쪽.

죄 부인,[157] 십자가의 대속 부인,[158] 정경의 축소,[159] 부활 부인[160] 등이며 백남주의『새 생명의 길』에 담긴 사상과 매우 유사한 내용들이다. 이처럼 당시 장로교회 측에서는 스웨덴보르그의 사상이 기독교계에 전파되는 현상을 우려하며 예의 주시하고 있었다.

박용규는 백남주와 한준명이 유명화와 밀접한 관계를 가지고『새 생명의 길』이라는 책자를 내어 이를 성경보다 우위에 두었다고 했다. 또한 사도신경과 삼위일체 교리, 예수 그리스도를 통한 사죄의 교리를 폐기하고 신비적이며 신지적(神智的)인 경험을 통해 하나님과 하나가 되어야 한다고 주장했다며 이용도 역시 이 운동에 가담한 것으로 생각했다.[161] 그러나 이용도가 예수교회 설립 당시 백남주, 이종현과 더불어 발기인 자격으로 동참한 것은 사실이지만 서로 간에 신학적인 입장까지도 동일했던 것은 아니며『새 생명의 길』에 나타난 '이단6조' 사상과 이용도의 신앙은 전혀 부합되지 않는다.

예수교회가 설립된 이후 서북지역 장로교 성향의 평양계와 스웨덴보르기아니즘 성향의 원산계 사이에 일어난 신앙적 내분 역시 이 점과 관련하여 숙고해야 한다. 예수교회 내에서 불거진 평양계와 원산계 사이의 갈등은 이용도의 형 이용채와 평양계 학생들이 원산계 신학에 이의를 제기하는 과정에서 구체화되었으며 학생들 중에서는 원산계 스웨덴보르기아니즘 사상에 항의하여 학업을 포기하는 사태까지 벌어졌다. 그

---

157) 박형룡,「스웨덴볽과 신(新)예루살렘교회(2)」, 13쪽.

158) 박형룡,「스웨덴볽과 신(新)예루살렘교회(3)」,『신학지남』(1934년 5월), 28쪽.

159) 박형룡,「스웨덴볽과 신(新)예루살렘교회(3)」, 32쪽.

160) 박형룡,「스웨덴볽과 신(新)예루살렘교회(3)」, 32쪽.

161) 박용규,『한국교회사』(서울: 개혁주의신행협회, 2001), 188쪽.

리하여 원산을 배경으로 하는 함경도 학생 8~9명 정도만 남았고 이용채는 원산 예수교회 강단에서 원산계의 이단성을 파헤쳐 신랄하게 성토하기도 했다. 사태가 심각해져 분열양상의 조짐을 보이자 원산계에서는 정통신학 운운하여 평양계가 오해한 듯이 변명하며 협상을 시도했고, 이런 와중에서 처신이 가장 곤란했던 인물은 평양계와 원산계 양편을 아울러야 했던 제2대 선도감 이호빈이었다.[162]

백남주가 작성한『새 생명의 길』에 나타난 교리와 이용도의 신앙과는 어떤 차이점이 있는지 '이단6조'의 각 항에 맞추어 항목별로 비교해보자.

1) 성경관 비교

『새 생명의 길』에 의하면 "舊約은 생명을 들녀주고 新約은 生命을 보여주고『새 生命의 길』은 生命을 밧게 한다" 하여 사실상 성경을『새 생명의 길』의 권위에 종속시켰다.[163] 김인서가 1934년 4월『신앙생활』에 게재한「용도교회 내막조사 발표(2)」에 의하면 이 저서에서는 66권만이 성경이라는 고집을 버릴 것을 기술했으며, 저자 백남주는 비기(秘記)에서 바울서신과 사도신경 무용론(無用論)을 내새웠고, 한준명은 바울서신에 오류가 있다고 주장했다.[164]

---

162) 김인서,「용도교회 내막조사 발표(2)」,『신앙생활』(1934년 4월), 28-29쪽.

163) 김인서,「용도교회 내막조사 발표(2)」, 25-26쪽.

164) 김인서,「용도교회 내막조사 발표(2)」, 26쪽.

그러면 이용도는 성경의 권위를 어느 정도로 인정했는가? 이용도의 성경관은 백남주나 한준명이 취했던 입장과는 큰 차이가 있다. 앞서 제5장 제2절, '직접계시관에 나타난 합일사상'에서 살펴보았듯이 비록 이용도가 성경이 충족스럽지 못하다고 본 점이나 사도성을 폄하한 점, 비(卑) 사상에 입각하여 일반계시의 영역을 중시하고 직접계시론을 주장하는 등 파장을 일으킨 것은 사실이다. 그렇지만 그가 직접계시나 일반계시를 결코 66권 성경의 권위와 동등하게 여긴 것은 아니었다. 그가 직접계시와 일반계시를 모두 중시했던 것은 신비주의 성향의 비 사상과 아울러 오로지 만유, 즉 모든 것을 통해 배우고자 하는 학도로서의 열정 때문이었다. 그는 성경이 인간 심령생활의 사실이기에 진리라고 했고,[165] 성경과 기도가 신기한 광명을 준다고 했으며,[166] 성경을 큰 생명책이라고 고백했다.[167] 또한 성경을 보지 않고서는 편지를 쓰거나 책을 보지 않으리라[168]라고 다짐한 적도 있다. 따라서 이용도의 성경관은 근본적으로 성경의 가치를 훼손하고 오류론을 전개한 백남주나 한준명의 성경관과는 엄연히 차이가 있다. 정성구는 이용도가 성경에 덧붙여 『새 생명의 길』을 제창했고 신구약성경 이상으로 강조했다고 보았지만,[169] 이는 전혀 근거가 없는 주장이다.

이상으로 원산계의 『새 생명의 길』에 나타난 성경관과 이용도의 성경관을 비교하여 정리하면 다음과 같다.

---

165) 『이용도 일기』, 24쪽. 1927년 3월 2일자 내용.
166) 『이용도 서간집』, 34쪽. 1930년 11월 7일 김광우에게 보낸 서신.
167) 『이용도 일기』, 163쪽. 1932년 1월 23일자 내용.
168) 『이용도 일기』, 61쪽. 1929년 11월 10일자 내용.
169) 정성구, 『한국교회 설교사』, 208쪽.

[표 1] 성경관 비교

	『새 생명의 길』	이용도
성경론	① 『새 생명의 길』을 성경의 우위에 둠 ② 바울서신 무용론, 오류론 ③ 사도신경 무용론 ④ 직접계시론	① 사도성, 충족성에 문제 제기 ② 직접계시론 ③ 일반계시 중시 ④ 성경을 진리로 봄

2) 삼위일체관 비교

　김인서의 글 「용도교회 내막조사 발표(2)」에 의하면 『새 생명의 길』
에서 보여주는 신관은 정통 삼위일체론을 부인한 일위삼명설(一位三名說)
로서 소위 양태론(modalism)을 답습한 것이며 그 결과 성부수난설(聖父受難說,
patri-passionism)을 주장했다고 했다.[170]

　일위삼명설과 관련하여 1987년 『예수』에 게재된 한준명의 글 「반세
기를 돌아보며」에는 강력하게 자신의 신론을 변증하는 내용이 게재되어
있다. 한준명 자신은 예수교회를 설립한 직후 니케아종교회의 기록과 아
다나시우스(Athanasius)의 삼위일체론을 가르쳐 아리우스(Arius)의 이단론을
배격했다는 점을 강조했다. 또한 예수교회 설립이 선포되기 약 1년 전인
1932년 7월경에 기초했던 『새 생명의 길』 소책자 선포문 중에 「예수 그
리스도는 여호와시다」라는 글을 발표했던 점을 들어 이는 기독론의 극구
정점을 지향한 것이었다고 주장했다.[171] 그러나 필자가 검토한 바로는 한

---

170) 김인서, 「용도교회 내막조사 발표(2)」, 26쪽.
171) 한준명, 「반세기를 돌아보며」, 28-29쪽.

준명이 발표했다는 「예수 그리스도는 여호와시다」라는 글에서 삼위일체의 개념을 전혀 발견할 수 없었다. 그는 단지 예수 그리스도의 신성을 강조하는 데 편중했으며 특히 요한복음 10장 29절 해석에서는 "아버지의 손에서 빼앗을 자가 없다고 하섯으니 당신의 손(예수님의 손-필자 주)은 곧 아버지의 손이시란 말이다"[172]라고 하여 이용도 당시 문인이자 예수교회 교역자였던 박계주와 마찬가지로 양태론적 단일신론의 색채를 보여주었다.

박계주에 의하면 삼위일체라 함은 일(一) 인격으로서의 다른 세 방면의 현현에 불과하며 예수 이외에 다른 하나님은 없다고 했다. 또한 삼위일체를 거대한 태양에 비유하고 태양에서 발산되는 빛을 예수님에 비유할 수 있다고 해석함으로써 전형적인 양태론을 주장했다.[173] 이는 3세기의 이단자 사벨리우스(Sabellius)가 주창한 양태론 체계와 일치한다. 결국 한준명, 박계주 등은 백남주의 『새 생명의 길』에 제시된 양태론의 논리를 고스란히 답습하여 수용했다.

이용도의 신관은 어떠한가? 정성구는 김인서가 '이단6조'의 두 번째 항목에서 설명한 '삼위일신(三位一神) 부인'이라는 글에 주목하여 이를 이용도의 신관과 동일하다고 간주함으로써 이용도가 성부, 성자, 성령의 인격성을 부인한 것으로 단정하여 거침없이 '이단성'이라는 용어까지 구사했다.[174] 그러나 이는 오해이다. 필자가 파악한 바로는 실제로 김인서는 이용도의 신관에 대해 일체 비판한 적이 없다. 필자는 이용도의 신관

---

172) 한준명, 「여호와 하나님은 예수와 다른 이가 아니다」, 『예수』(1934년 4월), 23쪽.

173) 박계주, 「신의 진노와 형벌에 대한 정관(正觀)」, 『예수』(1935년 12월), 2-3쪽; 박계주, 「삼위일체론(三一神의 교의)」, 『예수』(1935년 10월), 12-13쪽.

174) 정성구, 『한국교회 설교사』, 208쪽.

과 관련하여 이미 제6장 제4절, '기독관과 신비주의와의 접목'에서 논증한 바 있다. 이용도의 신관의 기저에는 항상 한님주의와 예수주의로 대변되는 기독론이 지나치게 강조됨으로써 상대적으로 삼위일체론이 부재한 듯 보이는 오해를 야기했을 뿐 그는 성부, 성자, 성령의 각 위를 고백했다.

현재 예수교회의 신관은 첨예하게 양분된 양상을 보여준다. 임인철은 전통적인 삼위일체론을 주장하지만,[175] 안곡은 아래 인용문에 기술되었듯이 이에 맞서 양태론을 주장한다. 그는 하나님이 현현한 시대와 세상에 따라 단지 그 이름만이 달리 불렸을 뿐이라고 이해했다.

> 예수교회는 기성교단의 삼위일체 교리의 성부 · 성자 · 성신이라는 낱말을 그대로 사용하고 있으나 그 내용과 해석에 있어서는 다른 개념을 가지고 있다. 예수가 곧 父요 子이며 靈인 것이며 예수는 시대와 세상의 현현에 따라서 이름이 달리 불리워졌을 뿐이다. 그러므로 예수 그분이 성부요 하느님이요 창조주이며 신성이신 성부 그 분이 인성으로 세상에 오셨을 때 그 분을 가리켜 예수 즉 성자라 했고 예수 그 분이 승천하셔서 신령으로 인간에 오셔 역사하실 때 그 예수를 가리켜 성령/성신이라고 한다.[176]

이상으로 삼위일체관에 대한 원산계와 이용도, 예수교회 인사들의 견해를 비교하여 정리하면 다음과 같다.

---

175) 임인철, 「예수교회의 신전 및 교리에 대하여」, 『예수』 복간 제11호(1993년 봄 · 여름), 35쪽.
176) 안곡, 「예수교회 형성사 소고」, 31-32쪽.

[표 2] 삼위일체관 비교

삼위일체관	『새 생명의 길』	이용도	박계주	현 예수교회	
				임인철	안곡
	① 일위삼명설 ② 성부수난설	① 삼위일체론 ② 예수주의 치중	① 양태론 ② 예수 외에 다른 신 없음	① 양태론 배격 ② 성부수난설 배격	양태론

3) 예수의 재림과 신자의 부활론 비교

김인서의 글 「용도교회 내막조사 발표(2)」에 의하면 원산계는 입류를 재림이라 했고, 부활에 관해서는 신자가 사망하는 즉시 영체를 입는 것일 뿐 부활이 이미 지나갔다는 후메내오설(딤후 2:17-18)을 주장했다고 한다.[177]

이용도의 경우 미래의 시상(時相)보다는 단지 고난의 그리스도와 함께하는 '여기 그리고 지금(here and now)'에서의 시상 그 자체에 큰 의미를 부여하는 신비주의 성향을 지녔다. 그럼에도 불구하고 부활과 관련하여 그는 주의 재림, 즉 미래적 시상에 대해 분명하게 이해하고 있었다. 앞서 제6장 제3절, '구원관과 신비주의와의 접목'에서 살펴보았듯이 민경배와 정성구는 이용도에게 부활의 개념이 없다고 판단했지만 그의 1930년 1월 19일자 일기에 보면 미래에 성취될 부활과 관련하여 이례적으로 상

177) 김인서, 「용도교회 내막조사 발표(2)」, 26-27쪽. "그들의 말은 악성 종양이 퍼져나감과 같은데 그 중에 후매내오와 빌래도가 있느니라 (중략) 부활이 이미 지나갔다 함으로 어떤 사람들의 믿음을 무너뜨리느니라."

세하게 기술한 내용이 있다. 그는 현재의 구원은 심령적이며 육신은 사망을 면치 못하는, 즉 영혼만이 구원에 이르는 불완전한 구원이라고 묘사했다. 그러나 미래의 구원은 육신이 시간과 공간의 제한을 받지 않는 부활체로 변화되어 완전한 구원이 실현될 것이라고 믿었다.

> 구원에 두 가지가 있으니, ① 현재의 구원 - 곧 심령적이라. 육신은
> 사망을 면치 못할 불완전한 구원 즉 부분적 구원. ② 미래의 구원 - 곧
> 부활한 후에 시간이나 공간의 제한을 받지 않는, 영체를 이루는 날의
> 구원이니 완전한 구원이요 전체적 구원. 우리의 처음 믿을 때보다 우리
> 의 구원이 가까우니라. 이러한 일이 시작되거든 너희의 구속이 가까운
> 줄 알라(눅 1장 28).[178]

다만 미래의 구원에서 부활체를 '영체'라고 표현함으로써 미숙하게 용어를 구사했지만 필자의 소견으로는 부활을 부인한 원산계의 영체의 개념과는 달리 신령한 육체, 즉 변화된 '신령한 부활체'를 영체로 기술한 것으로 사료된다. 왜냐하면 그가 표현한 현재의 구원은 육체의 부활이 실현되지 못하는 부분적인 구원(즉, 救靈)에 그치는 반면 미래의 구원은 육체까지도 부활하여 구원에 이르게 되는 완전한 구원이라고 이해했기 때문이다. 또한 "시간이나 공간의 제한을 받지 않는"이라는 전제는 분명히 부활체가 지닌 고유한 특성을 가리킨다. 당시 이용도의 신학 수준으로 보거나 그가 협성신학교 신학과가 아닌 영문과 출신이었다는 점을 고려할 때 신학용어를 구사하는 데는 다분히 한계가 있었고 능수능란하지 못

---

178) 『이용도 일기』, 82쪽. 1930년 1월 19일자 내용.

했다는 점도 십분 감안해야 한다. 이용도는 육체의 현재적 모습과 부활한 이후의 모습이 질적으로 다르다는 사실을 구분하여 이해하고 있었다는 점에서 그에게 부활의 개념이 없다고 보는 것은 오해이다.

이상으로 재림 및 부활과 관련하여 원산계와 이용도의 견해를 비교하여 정리하면 다음과 같다.

[표 3] 재림 및 부활론 비교

	『새 생명의 길』	이용도
재림 · 부활론	① 입류(入流)가 재림임 ② 부활: 사망 즉시 영체를 입음	① 현재적 구원: 육신은 사망 ② 미래적 구원: 부활 후 시공의 제한을 받지 않음 　(신령한 부활체) ③ 미래적 시상: 그리스도의 재림

4) 천계(天界)에 대한 이해 문제

김인서는 원산계 신비주의자들이 스웨덴보르그의 저서 『천계와 지옥(Heaven and Hell)』 또는 선다 싱이 남긴 『영계의 묵시』를 요한계시록의 권위와 동일시하여 이색적인 천상세계를 주장한다고 했다. 원산계 신비주의자들은 지상세계에서와 마찬가지로 천계에서의 결혼생활을 말했으며, 사후세계 처소로서 유명화는, 이용도의 동생 이용구는 이천중등(二天中等)에, 종교개혁자 칼뱅은 일천하등(一天下等)에 가 있다는 망언을 전했다고

했다.[179]

천계에 관련된 내용은 이용도가 자신의 글에서 직접 언급한 바 없기 때문에 비교 분석할 수는 없다.

5) 가형설(가현설) 비교

김인서는 입류녀 유명화의 "나(예수님-필자 주)는 마리아의 피 한 방울도 아니 바덧다"는 신탁에 대해 도케티즘(Docetism)의 전형적인 가형설로 해석했다.[180] 이러한 신탁 내용은 일찍이 원산에서 스웨덴보르기아니즘에 심취하여 『새 생명의 길』을 깊이 탐독했던 전택부에 의해서도 익히 증거 되는 사실이다.[181] 그런데 이 신탁 내용에 대한 임인철의 해석은 판이하다. 그는 가형설의 허구를 일축하면서도 유명화의 신탁 내용에 대해 "영화하신 예수(신성과 인성이 하나가 되신)를 가리킨 것이 틀림없다"[182]고 자의적으로 해석하여 신성과 인성을 구분지음으로써 가형설과는 무관하다고 보았다.

이용도는 1929년 12월 3일자 일기에서 예수 그리스도의 양성을 기술했고, 1931년 4월 19일자 일기에서는 요한복음 10장 30절을 인용하여 성부와 성자와의 관계를 '일체(一體)'라는 신학용어로 기술했다.

---

179) 김인서, 「용도교회 내막조사 발표(2)」, 27쪽.
180) 김인서, 「용도교회 내막조사 발표(2)」, 27쪽.
181) 전택부, 『한국교회 발전사』, 228쪽, 245쪽.
182) 임인철, 「예수교회의 신전 및 교리에 대하여」, 41쪽.

예수는 신비적이요, 또 구체적이다. 하나님의 아들이요, 또 사람의 아들이다. 신비적으로, 하나님에게 얻은 힘을 구체적으로 하나님에게 나타냈다. 신비의 사람은 하나님을 본다.[183]

예수는 신인(神人 – 필자 주) – 외육내신(外肉內神 – 필자 주)인 예수 – 영 나와 아버지는 일체니라(요10장 30).[184]

위의 인용문에서 이용도가 기술한 '예수는 신인(神人)'이라는 표현은 신성과 인성, 즉 양성을 뜻한다. '외육내신(外肉內神)'이라는 문구가 다소 모호한 표현이기는 하지만 당시 신학수준에 비추어 '인간의 육체를 입으신 신'의 의미를 함축한 것으로 본다면 신성과 인성의 양성을 분명하게 고백했다고 볼 수 있다.

이상으로 가형설에 대한 원산계와 이용도 그리고 임인철의 견해를 비교하여 정리하면 다음과 같다.

[표 4] 가형설(가현설) 비교

가형설	『새 생명의 길』	이용도	임인철
	가형설(가현설, Docetism)	① 외육내신이신 예수 ② 십자가의 고난	① 가형설 배격 ② 신탁 옹호

---

183) 『이용도 일기』, 61쪽. 1929년 12월 3일자 내용.
184) 『이용도 일기』, 132쪽. 1931년 4월 19일자 내용.

6) 원죄 및 속죄공로관 비교

원산계는 스웨덴보르그의 사상에 입각하여 예수 그리스도의 피 공로, 속죄, 죄의 이탈, 성신의 정화, 원죄 등을 일체 부인했다.[185] 이러한 사상은 현 예수교회 내의 김형기, 안곡 등의 신학과도 상당 부분 공유되는 면이 있다.

김형기는 신비체험과 하늘세계의 주님과의 직접교통을 주장하면서 기성교회가 주장하는 인간론과 관련하여 원죄론과 예정론은 인간에게서 희망이나 가능성을 빼앗고 하나님을 폭군으로, 인간을 폭군 아래 있는 노예 상으로 만들어낸다며 원죄와 예정을 부인했다.[186] 안곡 역시 원죄, 예정론, 이신득의, 십자가의 공로 전가 등을 부인하는 입장을 천명했다. 그는 '말씀에 순종하는 삶', '선한 삶', 자유의지론에 바탕을 두어 '구원은 자기책임'이라는 논지를 통해 인간 편의 자유의지와 행위에 의한 구원을 주장했다. 그는 예수교회 측이 이러한 교리 문제로 인해 이단이라는 규정에 처해짐으로써 오히려 긍지를 갖게 된다고 역으로 자부심을 표명할 정도이다.[187] 반면 임인철의 경우 행위와 믿음을 맞세워 칭의교리를 지나치게 주장하면 선행을 가볍게 여기는 모순을 초래한다고 비판함으로써 우선 믿음의 본질이 어디에 있는지 규정하려는 자세를 취했다.[188]

이용도가 남긴 문헌에는 원죄 문제와 관련하여 그가 신학적으로 명확하게 기술한 문장은 없다. 다만 "볼지어다 내가 날 때에 죄악이 있었고

---

185) 김인서, 「용도교회 내막조사 발표(2)」, 27-28쪽.
186) 김형기, 「예수교회론(II)」, 49쪽.
187) 안곡, 「예수교회 형성사 소고」, 32; 안곡, 「종교다원주의에 관한 소고」, 33쪽, 37-38쪽.
188) 임인철, 「예수교회 창립선언문 이해」, 43쪽.

내 어머니가 나를 잉태할 때에 벌써 내게 죄가 있었나이다"(시 51:5)라는 다윗의 시편 구절을 인용하여 기록해놓은 대목이 있기는 하지만[189] 이용도가 이 구절을 어떻게 이해하고 해석했는지 그의 관점을 정확하게 파악해낼 수는 없다. 이용도는 제6장 제3절, '구원관과 신비주의와의 접목'에서 고찰했던 것처럼 만족설, 유일회적 대속, 칭의사상 등 구원과 관련된 신앙을 정상적으로 고백했다.

이상으로 원죄 및 속죄공로관과 관련하여 원산계, 이용도, 현 예수교회의 김형기, 안곡, 임인철 등의 입장을 비교하여 정리하면 다음과 같다.

[표 5] 원죄 및 속죄공로관 비교

원죄 · 속죄공로관	『새 생명의 길』	이용도	현 예수교회		
			김형기	안곡	임인철
	① 원죄 부인 ② 피 공로 · 대속 부인	① 만족설 ② 유일회적 대속 ③ 칭의사상	① 원죄 부인 ② 예정론 부인	① 원죄 부인 ② 십자가 공로 전가 부인 ③ 예정론 부인 ④ 이신득의 부인 ⑤ 이행득구 (以行得救)	믿음의 본질 중시

189) 『이용도 일기』, 23쪽. 1927년 2월 28일자 내용.

소결

『새 생명의 길』을 통해 예수교회 원산계에 확산되었던 '이단6조'의 교리적 특색과 이용도의 신앙은 근본적으로 큰 차이가 있다. 그 차이점들을 정리하면 다음과 같다.

첫째, 성경관의 경우 원산계는 성경무용론 또는 오류론을 주장했지만 이용도는 성경의 사도성과 충족성에 문제를 제기하면서도 성경을 진리로 인정했다.

둘째, 원산계의 신관은 삼위일체를 부인한 일위삼명설, 양태론, 성부수난설 등으로 대변되지만 이용도의 신관은 삼위일체론에 입각해 있다. 다만 예수주의로 부각된 기독론이 지나치게 강조되는 바람에 삼위일체론 부재라는 오해가 야기되었을 뿐이다.

셋째, 원산계는 입류를 재림으로 보았으며 부활에 대해서는 이를 부정하는 후메내오설을 수용했지만 이용도는 부활과 관련하여 현재의 구원과 미래의 구원을 구분했고 영화로운 부활체로 나타나게 될 미래적 구원과 더불어 재림이라는 미래적 시상까지도 바르게 파악했다.

넷째, 원산계는 도케티즘의 가현설을 따랐지만 이용도는 그리스도의 신인 양성을 고백했고, 특별히 고난의 그리스도관을 핵심적인 신앙으로 표방했을 정도로 인성을 강조했으며, 성부와 성자와의 관계에 대해서는 '일체'라고 이해했다.

다섯째, 원산계는 그리스도의 피 공로, 속죄, 원죄, 성화를 부인했지만 이용도는 만족설, 유일회적 대속, 칭의사상 등에서 감리교의 가르침에 준하여 정상적으로 신앙을 고백했다.

이렇듯, 이용도의 신비주의는 원산계의 유명화, 백남주, 한준명 등의 사상과 엄연한 차이점이 있다. 이 점은 이용도를 당시 그 주변의 다른 신비주의자들, 특히 원산계 신비주의자들과는 구별하여 평가해야 한다는 시사점을 준다. 제5장, '이용도의 신비주의: 합일사상'과 제6장, '신비주의와 접목된 이용도의 신앙관'에서 고찰했듯이 이용도에게는 종종 단시간 자아몰각과 아울러 합일상태를 표출하는 문제점이 있었다. 그러나 합일의 경지를 벗어나 곧이어 본연의 모습으로 회복될 때면 감리교 신앙에 비추어볼 때 정상적으로 신앙을 고백했다. 반면 유명화, 백남주, 한준명 등은 스웨덴보르기아니즘에 입각하여 입류 강신극 성향을 지닌 신비주의자들이었을 뿐만 아니라 이 절에서 고찰했던 것처럼 성경의 권위 문제, 삼위일체 신관, 재림과 부활의 문제, 천계에 대한 입장, 가현설(假現說) 문제, 원죄와 속죄 공로관 등 모든 면에서 기독교의 정통교리를 전면으로 부정하는 심각한 이단성을 보여주었다. 더군다나 백남주는 예수교회에서 분립해나간 후 여성 신도들과 스캔들까지 일삼아 평지풍파(平地風波)를 일으켰던 인물이었다.[190] 황국주는 광적인 신비주의에 입각하여 "머리도 예수의 머리, 피도 예수의 피, 마음도 예수의 마음 …… 전부 예수화하였다"고 선포하여 자신의 부친 황 모 장로로부터 '주님'이라고 숭앙을 받았을 정도로 자신을 신성시한 참람한 자였다.[191] 그는 스스로 자신을 교주화했고 예수 그리스도로 자처했다. 그리하여 당당하게 신과 자신 사이를 철폐하는 일원적 신비주의에 몰두했고 신성모독죄를 범했다.

　　비록 1933년 9월 장로교 제22회 총회에서 이용도, 백남주, 한준명,

---

190) 백남주는 1935년경 예수교회에서 분립하여 다른 총회를 개최했다. 그는 좀 더 나은 신앙생활을 하게 한다는 명분을 내세워 총회에 참석했던 49명 전원에게 목사 안수를 했다. 그는 신앙을 테스트한다는 이유로 부부가 아닌 일남일녀로 숙소를 배정하여 상당수가 자녀를 출산하는 혼음 비극을 초래했다. 『이용도 연구 40년』, 164-165쪽.

191) 민경배, 『한국기독교회사』, 445쪽.

이호빈, 황국주 등이 일괄적으로 이단으로 정죄되기는 했지만 이용도를 원산계의 유명화, 백남주, 한준명 그리고 자신을 그리스도로 자처한 황국주 등과 같은 부류의 신비주의자로 간주해서는 안 된다.

8장

결론

지금까지 문제 제기에서 제시한 일곱 항목의 논점을 중심으로 이용도의 신비주의와 예수교회 설립사를 고찰했다. 이용도 당대의 시대적 배경과 이용도의 신비주의와의 관련성, 그의 신비주의 형성과 관련된 사적 체험들과 영향을 끼친 인물들, 신비주의 합일사상, 신비주의와 접목된 신앙관, 예수교회 설립과 그의 신앙과의 접목, 예수교회의 설립과 관련하여 그가 끼친 사상적 영향, 그의 신앙과 원산계 신앙과의 비교 등 일곱 가지 논점을 정리하면 다음과 같다.

첫째, 이용도 당대의 시대적 배경과 이용도의 신비주의는 어떤 관련성을 갖는가?

이용도가 활동한 시기였던 1920년대 말부터 1930년대 초엽의 시대적 정황은 그의 신비주의 형성과 밀접한 관련이 있다. 우선 이용도의 신앙은 일제의 식민정책 및 천황제와 연관성이 있다. 약소민족의 설움, 탄압이 가열되던 시대, 질식할 정세, 곤궁의 세대, 억눌린 자의 비참한 시대로 대변될 만한 당시의 시대적 정황은 신비주의와 묵시문학이 발흥할수 있는 천연의 온상과도 같았다. 이용도의 민족을 향한 지극한 사랑은 그가 독립운동에 가담하여 네 차례에 걸쳐 3년 어간의 옥고를 치른 데서 명료하게 입증된다. 그러나 협성신학교에 진학하여 신학에 입문한 이후부터는 그의 민족애가 신비주의 성향을 띤 신앙 양태로 새롭게 전환됨으로써 열정적 부흥운동이라는 완전히 판이한 양상으로 전개되었다. 또한 그의 신비주의는 당시 사회주의 침투와도 매우 깊은 상관성이 있다. 사회주의자들은 사회주의 운동만이 일본의 군국주의를 무너뜨리고 조선을 구할 수 있다는 이상을 품었으나 이용도의 신앙은 이들의 사상과 완전히 반작용 선상에서 구형되었다. 그의 정적 · 내적 · 영적인 것을 추구하는 신비주의 성향은 사회주의의 유물론에 저항하는 사상적·신앙적 투쟁의 양태로 한층 고양되고 강화되었다. 그리고 그의 눈앞에 전개된 당대의 후패한 교회상도 그의 신비주의 성향을 가속화하는 주요 요인으로 작용했다. 물질주의의 만연, 의식적·미신적·분립적·이기적 교회상, 영적 윤택의 부재, 도덕적 무력감과 종교의 부패, 외식주의, 교권주의로 치달은 교회 상은 성속이원론과 금욕주의 사상으로 점철된 그의 신비주의 성향과 첨예하게 상치(相馳)되는 양상을 띠었다. 부언하여 한국인의 종교적 심성과의 관련성도 생각해볼 수 있다. 이용도는 서양적 기독교를 동적이며 외관과 맘몬에 치우쳐 실패한 종교라고 규정하고 정적·심미적·내적인 동양적 양태로서의 토착화된 기독교를 추구하고자 했다.

둘째, 이용도의 신비주의 형성과 관련하여 이용도는 사적으로 어떤 체험을 했으며, 그에게 영향을 끼친 인물들은 누구였고, 그 핵심적인 사상은 무엇이었는가?

이용도의 독특한 사적 체험들은 그의 신비주의 성향이 견고하게 정형화되어가는 밑거름이 되었다. 그는 불우한 가정환경과 병약한 체질, 가난, 부친의 핍박 등 눈물의 체험이 많았으며 청년기에 들어서는 압박받는 민족을 사랑하여 독립운동에 가담했다가 옥고를 치렀다. 이렇듯 고통과 눈물로 점철된 생애는 그의 섬세한 감수성을 강화시켜주는 동인이 되었다. 신학에 입문한 후에는 강동 집회에서의 신유 체험, 성탄절의 성극 체험, 통천교회와 양양에서의 마귀 격퇴 체험 등을 통해 헌신, 고난의 그리스도 상, 직접계시, 회개상 등을 심상에 투사하여 각인해갈 수 있었다. 한편 그에게 영향을 끼친 인물들의 사상 혹은 영성은 이용도의 신앙과 더불어 그의 내면에 신비로운 가르침으로 침투되고 내적 체계로 다듬어졌다. 모친 양마리아의 눈물과 기도, 어거스틴의 참회, 프란시스의 고행, 탈물질주의, 절대자에게 추종하는 정신, 토마스의 덕(德)·의(義)·묵상(黙想)·십자가의 치욕, 시메온의 욕·수치·사랑·헌신 및 그리스도를 향한 갈망, 니콜라스의 평화와 겸비, 스웨덴보르그의 자기애와 세속애를 버린 사랑의 정신, 톨스토이의 헌신과 금욕, 타고르의 헌신과 신과의 융화, 선다 싱의 희생·명상·기도, 김교신의 애국심, 페스탈로치의 사랑은 이용도의 내면에 신비주의 성향을 촉진시키는 인프라가 되었다.

셋째, 이용도의 신비주의 합일사상은 어떻게 나타나는가?

이용도가 정죄 되거나 비판을 받던 배경에는 항상 '신비주의'라는 낙인이 뒤따랐으며, 그의 신비주의 사상은 합일사상이 핵심이었다. 우선 그의 합일사상은 고난의 그리스도관에서 절정을 보여준다. 특히 그리스도의 고난은 자신의 인생 역정이 가장 드라마틱하게 반영되는 주제로 투영되었다. 이용도는 지병의 악화, 장로교 측의 금족령, 평양임시노회의 정죄, 『기독신보』의 이세벨 무리 단죄, 추종자들 책벌과 출교 조치, 목사직 휴직 조치 등 단기간에 일련의 뼈아픈 불상사들을 거치며 극도로 감정에 몰입되는 상황에 처할 때마다 그리스도의 고난과 자신의 고난을 동일시하는 합일사상의 경지에 젖어들었다. 합일사상에 비추어 고찰한 이용도의 계시관은 불립문자적 특성, 성경의 충족성을 부인한 점, 성경의 사도성에 문제를 제기한 점, 지나치게 일반계시에 비중을 둔 점 등에서 문제가 있지만 직접계시 혹은 일반계시의 권위를 성문화된 성경의 권위와 동일시한 것은 아니었다. 그의 생명의 역환사상은 신비주의에서 보여주는 전형적인 합일사상 도식과 일치되어 나타난다. 무(無)·공(空) 사상과 역환의 관계성 속에서 새로운 생명으로서의 합일의 경지에 이르는 일정한 흐름의 도식을 보여준다. 성적 메타포에 나타나는 합일사상은 고도의 인격적 일치에서는 직접계시의 하달 양상으로, 본체적 합일 차원에서는 메시지의 본체화 양태로 나타나며, 나아가 신비주의에서 표방하는 성속이원론의 특징들을 동반한다. 그의 기도는 절대자와의 사귐, 하나님의 지시 수용, 절대자의 얼굴을 대면하기 위한 일방성에 최선의 가치와 의미를 둔다는 점에서 직접계시론과 직결된다.

넷째, 이용도의 신비주의와 접목된 신앙관은 어떤 양태로 나타나는가?

이용도는 장로교 황해노회로부터 무교회주의자라는 비판을 받아 금족령이 내려졌을 정도로 한국교회에 대해 강렬하게 부정적인 입장을 표출했다. 그는 직업적인 부흥사, 제도, 물량주의, 형식주의를 강도 높게 성토했는데 이러한 사고는 그의 윤리관이 신비주의 사상에 기초하여 고난의 그리스도와의 대면을 통한 성속이원론과 금욕주의에 입각해 있었기 때문이다. 이용도의 역사관은 자신의 신앙 목표와 초점이었던 절대자 예수 그리스도를 지향하는 과정에서 교리와 신학 그리고 전통까지도 쉽사리 뛰어넘는 초월적 경향성을 보여주었다. 그의 구원관은 대체적으로 장로교의 보수성 있는 학자들에 의해 속죄론이 없다는 비판을 받는다. 그러나 그가 피, 죽음, 십자가, 고난 등의 의미를 대속의 차원보다는 신비주의 성향의 고난의 그리스도 상에 심층 적용하면서 상대적으로 대속의 의미가 가려졌던 것뿐이지 그리스도의 속죄사역을 바르게 간파하여 고백했다. 실제 그의 구원관에는 만족설, 유일회적 대속, 속죄관 및 이신득의 사상 등 모든 면에서 문제가 발견되지는 않는다. 또한 그의 신관에는 성부, 성자, 성령의 삼위일체론이 정립되어 있다. 다만 그의 신비주의 성향에서 비롯된 예수주의로 인해 기독론이 지나치게 부각되면서 상대적으로 삼위일체론이 희석되었다는 점에서 깊이 성찰해야 할 필요가 있다.

다섯째, 예수교회 설립사와 이용도의 신비주의는 어떤 점에서 접목되는가?

이용도가 왜 예수교회 설립을 결단하게 되었는지 내적 동인으로서 먼저 고려해야 할 점은 성경의 사도성과 충족성을 인정하지 않고 직접계시론을 수용했던 태도이다. 이용도는 유명화의 신탁을 주의 명령으로 확신하여 경배하는 우(愚)를 범했다. 이용도가 유명화의 신탁을 신적 권위를 지닌 것으로 인정하여 수용했던 것은 그의 직접계시관과 밀접한 관련이 있다. 또한 이용도가 예수교회를 설립하고자 했던 결단은 신비주의 성향에서 승화된 내면의 비(秘) 사상과도 연계된다. 그의 비 사상은 '선악(善惡)이 개오사(皆吾師)'라 하여 누구에게든지 배우고자 하는 학도로서의 열정과 직결되어 있었으며 이러한 사고는 예수교회를 설립하라는 신탁을 하나님의 음성으로 확신함으로써 교단 분립 결단에 쉽게 접목될 수 있었다. 한편 이용도의 예수교회 설립을 위한 결단과 관련된 중요한 내적 동인으로서 모든 것을 용납하고 포용하려는 신비주의적 사랑이 있다. 그는 사랑의 사도 요한을 자신의 모델로 삼아 모든 것을 수용하는 초월적 신비주의 사랑을 천명했으며, 생애 마지막에는 기성교단에서 권징을 당해 내몰리는 신자들을 이유 불문하고 두둔하면서 교단 분립을 정당화했다.

여섯째, 예수교회의 설립과 관련하여 이용도가 끼친 사상적 영향은 무엇인가?

이용도가 1933년 5월경 예수교회 설립에 동참하여 설립을 선포하기까지 사역한 기간은 기껏해야 한 달이 채 되지 못한다. 그리고 예수교회가 설립된 이후 이용도가 불과 4개월 정도밖에 생존하지 못했다는 점에서 예수교회에서의 그의 위치는 자칫 미미하게 평가받을 수도 있다. 그러나 이용도의 사상이 예수교회의 초기 역사에 미친 영향은 지대했다. 예수교회 설립과 관련된 주요 문헌들로 손꼽을 수 있는「예수교회창립선언」,「예수교회신전」,「예수교회헌장」,「예수교회의 특색」 등에는 이용도의 신앙과 사상이 깊이 뿌리내려져 있다.「예수교회창립선언」에는 평소 부패한 현실을 혁신하고자 했던 이용도의 신념이 투철하게 반영되어 있고 문장 전반에 일관되게 흐르는 예수주의 사상, 이용도의 수난과 관련된 표현들, 교리와 신조와 전통을 초월하려는 탈역사관, 이용도가 늘 구사하던 유사한 표현들이 기술되어 있는 점 등으로 미루어 분명히 이용도가 깊이 개입했다고 보아야 한다.「예수교회신전」에도「예수교회창립선언」과 마찬가지로 예수주의가 두드러지며 조선감리교회의 교리적 선언과의 유사성, 스웨덴보르기아니즘이 개입되지 않은 점, 교파를 초월한 예수 정신, 기존 교리와 신조의 초월, 의식이나 제도보다 기도를 중시한 점 등 이용도의 신앙과 역사관이 심층적으로 스며 있다.「예수교회헌장」에도 이용도의 평소 사고와 밀접하게 관련된 예수주의의 색채, 천직(天職)의 정신, 금욕주의 사상이 함축되어 있다.「예수교회의 특색」 역시 일관된 예수주의와 청빈 사상, 비의 정신, 모든 것을 포용하려는 신비주의적 사랑을 비롯하여 개인의 체험 신앙을 강조한 표현들이 기술되어 있어 이용도의 신앙과 밀접하게 부합되어 나타난다. 따라서 예수교회 설립사와 관련하여 초기 예수교회를 대변할 만한 주요 문헌들에는 이용도의 신앙과 삶의 역정이 깊이 있게 반영되어 있다.

일곱째, 이용도의 신앙과 원산계의 신앙은 어떻게 대조되는가?

원산계의 보편적인 신앙양태라 할 수 있는 '이단6조'의 교리적 특색과 이용도의 신앙과는 본질적으로 부합되지 않는다. 성경관의 경우 원산계는 무용론을 주장했지만 이용도는 충족성과 사도성에 이의를 제기했을 뿐 성경이 생명을 주는 책이며 진리라고 고백했다. 신관에서도 원산계는 양태론과 성부수난설에 빠져 있었지만, 이용도의 신관은 성부와 성자와의 관계에서 일체라는 신학용어를 구사하는 등 거시적인 틀에서 성부, 성자, 성령의 삼위일체관이 용해되어 나타난다. 원산계가 부활을 부정하고 입류를 재림으로 간주한 반면 이용도는 신령한 부활체의 성격과 재림의 미래적 시상을 바르게 이해했다. 기독론에서 원산계는 그리스도의 피 공로, 속죄, 원죄 등을 부인하고 가현설을 따랐지만 이용도는 만족설, 유일회적 대속, 칭의사상 등 구원관과 관련하여 정당하게 신앙을 고백했고 예수 그리스도의 신인 양성을 주장했다.

제언

당시의 교회적 상황은 겨우 선교 반세기를 맞은 유아기 단계였으며 추호라도 신앙을 오도하는 현상들을 용납해서는 안 될 중차대한 시기였다는 점을 감안해볼 때 1933년 9월 제22회 장로회총회에서 내린 이용도 이단 정죄가 피치 못할 사안이었다는 점에 대해서는 필자도 십분 공감한다. 왜냐하면 그 시대의 시비를 가리는 신앙적 잣대는 역사적 해석(historical interpretation)이라는 관점을 고려하여 오늘날과는 분명히 달랐다는 점도 충분히 염두에 두어야 하기 때문이다. 더군다나 이용도는 감리교 목사였음에도 장로교 보수신학의 중심 판도였던 서북지역에 미친 영향력이 지대했고, 분립된 예수교회의 신자 대다수가 서북지역 장로교인들이었기에 장로교로서는 그가 감리교에 소속한 목사라고 해서 결코 좌시할 수만은 없는 처지였다. 그의 발목을 잡은 가장 큰 문제는 신앙적인 면에서는 합일사상을 대변하는 직접계시관이었고, 행적에서는 한준명이 산정현교회 이조근 집사 집에서 자행한 평양 강신극 사건, 그리고 원산 스웨덴보르기아니즘과의 합류였다. 필자는 당시 이용도를 파국으로 몰아간 난제가 크게 이 세 가지 사안에 집중되어 있었다고 본다. 이용도는 1931년 8월 장로교 황해노회로부터 집회를 불허하는 금족령을 기점으로 1932년 4월 평양노회 기도제한법, 10월 평양노회 금족령 및 평양 강신극 사건, 12월 『기독신보』의 이세벨 무리 기사 게재, 12월 감리교 경성교역자회 사문위원회 소집, 1933년 2월 안주노회 단죄, 3월 감리교 중부연회의 이용도 목사 휴직령 등에 직결되면서 충분하게 자신의 행적을 성찰할 수 있는 기회가 있었다. 그러나 그는 신비주의 성향으로 인해 끝내 위기상황을 극복하지 못했고 1933년 9월 장로회총회로부터 이단정죄를 받았다. 필자는 이용도의 이러한 고통스러운 역정에 대해 안타까운 심정을 금할 수 없다.

이제 이 책을 마무리하면서 향후 이용도를 재평가하는 작업과 관련하여 몇 가지 심사숙고해야 할 점들을 제언하고자 한다.

첫째, 그를 몰락으로 치닫게 한 평양 강신극 사건과 관련하여 숙고할 점으로서 비록 이용도가 원산계 인사들에게 한준명을 소개한 점, 그리고 이후에도 계속해서 그를 감싸주었던 점은 지혜롭지 못한 처신이었지만 이용도 자신이 강신극에 직접 동참하지 않았고 사건을 수습하기 위해 평양기도단을 해체하도록 지시를 내리는 등 노력했던 일면을 고려했으면 한다.

둘째, 이용도는 유명화와의 관계에서 그녀를 주(主) 혹은 하나님으로 인정했던 것이 아니라 다만 그녀를 통해 나오는 말씀만은 주(主)시라 하여 유명화가 말씀의 본체가 아니라는 점을 이용도 스스로 해명했다는 점도 참작해야 한다.

셋째, 이용도의 신비주의는 황국주의 일원적 신비주의, 유명화의 강신극 행태, 원산계의 스웨덴보르기아니즘과는 차원이 달랐다는 점들을 배려하여 그에 대한 평가를 재고해야 한다.

넷째, 이용도를 무교회주의자로 단죄해서는 안 된다는 점이다. 당시 황해노회는 그가 단지 『성서조선』을 선전했다는 이유로 혐의(嫌疑)하여 무교회주의자로 정죄했고, 『기독신보』는 그의 자유분방한 교회 비판을 사유로 평양임시노회의 결의에 동승하여 무교회주의자라고 낙인찍었다. 그렇지만 이 책에서 고찰한 것처럼 그의 본심에는 교회 안에 있는 성도의 일원이었고 진정으로 교회를 사랑한 목회자였다.

다섯째, 현 시대는 신학이 세분화되었고 확장·발전된 만큼 장로교 측에서도 1차 자료에 근거하여 그의 신앙과 사상을 신중하게 다시 분석해보고, 감리교 신학을 십분 감안하여 재조명해야 할 필요가 있다. 이용도는 신비주의자로서 자신의 길을 걸었고 장로교 측에서 지적했던 문제점들은 어차피 그가 신비주의를 버리지 않는 한 일소하기가 불가능한 것들이었다. 따라서 이용도는 자신의 입장에서, 장로교 측은 장로교 측의 입장에서 피차 가교점 없이 줄곧 평행선만을 달렸으며 그 결과 새로운 교단 설립과 이단정죄라는 불행한 결과가 초래되었다.

끝으로, 이용도의 사상과 행적을 숙고하여 비기독교적 신비주의와 관련된 부정적인 현상들에 대해서는 반면교사로 삼아 경계해야 한다. 그러나 그의 이타적 사랑과 고도의 절제된 삶의 행적, 고고함과 그리스도를 향한 신앙의 절개, 개혁정신, 심오한 영성은 귀한 영적 자산이며 믿음의 후진들에게 전수해야 한다. 교부 어거스틴이 고백했듯이 과거는 회상으로서 가치가 있고, 과거를 성찰하여 부지런히 현재를 개척해야 할 것이며, 이러한 역사의식을 가지고 순례자적 삶을 살아간다면 반드시 바람직한 미래가 도래할 것이다. 이용도 목사는 1933년에 세상을 떠났으나 그가 남긴 발자취는 지금 그리고 이 자리에 서 있는 그리스도인에게 여전히 의미심장한 교훈을 던져준다.

부록

부록 1: 이용도의 생애[年表]

부록 2: 예수교회 연혁

부록 1:
이용도의 생애[年表][1)]

1901년	4월	6일	황해도 금천군 서천면 시변리에서 출생. (부친: 이덕흥, 모친: 양마리아의 셋째아들)
1909년			토산 한영지서원 졸업.
1910년	1월	25일	세례 받음.
1913년			시변리 보통학교 입학.
1914년			시변리 보통학교 졸업.
1915년			개성한영서원(송도고등보통학교 전신) 입학.
1916년	1월	15일	천사의 날개가 마귀를 몰아내고 자신을 보호해주는 환상 체험.
1919년	3월		3·1독립운동에 가담하여 2개월간 옥고.
	6월	4일	송봉애와 결혼.
1920년	2월		기원절 사건에 연루되어 6개월간 옥고.

---

1) 다양한 자료에서 발췌하여 정리했으며 자료 간 연대 차이가 있을 수도 있다. 자료 간 상이점
   이 있는 경우 필자의 연구내용과 결과를 반영하여 정리했다. *주요 자료 출처:『이용도전』,
   『이용도 일기』, 139-140쪽(이용도의 이력서); 기독교대백과사전 편찬위원회, 『기독교대백과
   사전(제16권)』(서울: 기독교문사, 1984), 1370-1371쪽; 편집위원회(편), 『이용도의 생애·
   신학·영성』, 393-395쪽;『예수』창간호(1934년 1월), 29쪽;『이용도 사모 50년』, 94-103쪽;
   기독교대한감리회 제23회 총회 회의록(1998년 10월); 기독교대한감리회 11개 연회 공동발행
   연회회의록(1999년 3월). 수세(受洗)[1910년], 통천구역장(1927년), 전도사직첩(1927년),
   연회허입(1928년) 등에 관한 자료는 남감리교 선교 30주년 기념보에 있으며, 이상윤, 「이용
   도, 그 인간과 역정(I)」 163쪽 등.

	10월	20일	아들 영철 출생.
1921년	9월		시변리 영신학교 교원.
	12월		불온문서 사건으로 체포되어 6개월간 옥고.
1922년			송도고등보통학교 3학년에 재입학.
	가을		태평양회 사건에 연루되어 2년 징역형 선고.
1923년	8월		방면.
1923년			송도고등보통학교에 제3차 입학.
1924년			한영서원 졸업(옥고로 9년 만에 졸업).
	봄		협성신학교 영문과 입학.
1925년	겨울		삼이형제(三李兄弟) 합숙. 폐병 제3기. 강동에서 부흥회 인도 중 신유 체험.
1927년	3월	17일	딸 영숙 사망.
	9월	13일	통천구역장으로 파송 받음.
	10월	13일	전도사 직첩.
	12월		성탄극(「십자가를 지는 이들」)에서 주연.
1928년	1월	28일	협성신학교 제14회 졸업. 영문과 졸업 석차: 정경옥, 유자훈, 이용도 순.
		29일	(졸업 다음 날) 강원도 통천읍 교회로 파송 받아 부임.
	9월		연회 허입.
	12월	24일	기도 중 악마를 격퇴하는 체험.
		25일	성탄절의 큰 역사(배교자들의 통회자복).
		29일	온정리교회 집회.
1929년	1월	4일	양양에서의 마귀 격퇴 체험.
	10~11월		「聖者예기」 게재(『기독신보』).
	12월	30일	덕적도 부흥집회. 김광우와 만남.
1930년	2월	26일	3월 9일까지 평양중앙감리교회 부흥집회.
	3월경		평양기도단 결성됨(김예진, 김용진, 김익선, 김영선 김지영, 이조근, 김인서 등)
	9월	28일	연합연회에서 목사 안수.

	10월	16일	전국주일학교연합회 간사로 발령 받음.
1931년	1월	9일	16일까지 경북 영동 집회. 걸인 소년 최억성을 만남.
	2월	3일	6일까지 청년회 기독교 강좌 인도.
		15일	18일까지 기도단 요청으로 평양 방문.
		16일	28일경까지 재령 집회.
	3월	5일	13일까지 거창 집회.
	6월		감리교 경성 지역 순회목사로 파송 받음.
	8월		황해노회 금족령(禁足令) 조치. 사유 ① 교회 훼방 ② 여신도들과의 서신거래 ③ 소등기도(消燈祈禱) ④ 교역자 공격 ⑤『성서조선』선전 ⑥ 무교회주의자
	10월	2일	아현성결교회에서 부흥회 인도 중 축출됨.
1932년	4월	7일	평양노회 기도제한법 통과(채필근, 남궁혁의 제안). 내용 ① 타 교회 강사 청할 때 규정된 수속을 취할 것 ② 조용히 기도하고 떠들지 말 것 ③ 무인가 단체 해산
	5월	25일	평양노회장 남궁혁의 「훈시(訓示)」 게재(『기독신보』).
	10월	7일	평양노회에서 금족령 조치(52:39로 가결). 사유 ① 거짓말쟁이 ② 대접 받기를 좋아함 ③ 파괴주의자 ④ 질서혼란 ⑤ 이용도를 강사로 세우면 본 교회목사가 푸대접 받게 됨
	10월 말경부터 11월		한준명의 평양 강신극 및 이용도의 한준명 변호.
	11월	28일	평양임시노회 소집.
	12월	7일	「평양임시노회 촬요」 기사 게재(『기독신보』).
		14일	「「이세벨」 무리를 삼가라」 기사 게재(『기독신보』). 중·하순. 감리교 경성교역자회 사문위원회 소집. * 1932년 12월 19일에 감리교경성교역자회 사문위원회에 출두하여 사직원을 제출함.
1933년	2월 초순		회중교회 부흥회.
		20~25일	해주남본정교회 집회(공식 마지막 집회, 폭행당함).
	2월		안주노회에서 이용도 단죄 결의.
	2월 말부터		서울 현저동 자택에서 와병 상태.

3월	15일		감리교 중부연회에서 목사직 휴직 처분.
3월	15일		최석주와 대담한 내용인 「새 생명의 발상지?」 기사 게재 (『기독신보』).
4월	10일경		원산행.
	14일		원산에서 부활절 예배.
5월	초(?)		K. H. H.에게 서신. (「新教會 관리자로 들림의 아픔이여!)
5월	15일경		원산발 평양행.
	중순		와병(6월 하순까지).
6월	3일		평양에서 예수교회 창립 선언.
	6일		예수교회 창립공의회에서 초대 선도감으로 부임.
	하순		대보산에서 병 요양(7월 하순까지).
7월	26일		평양에서 원산으로 출발.
8월	1일		원산에서 와병.
	중순		포교관리자 및 설치 당국에 신고.
9월			백남주에게 목사 안수(9일). 장로회 제22회 총회에서 한준명, 이호빈, 백남주, 이용도, 황국주 등을 이단으로 정죄.
10월	2일		오후 5시쯤 별세(만 32세).
	4일		오후 3시 영결식(원산신학산 뒷산에 안장).
1995년	8월	15일	독립유공자로 대통령 표창 추서.
1996년			이용도신앙과사상연구회 결성.
1998년	10월	30일	감리교 총회(23회)에서 복권 결의.
1999년	3월	9~10일	감리교 서울연회(19회)에서 복권 조치.

부록 2:
예수교회 연혁[2]

1927년			유명화의 출현(예수 친림 주장).
1930년	3월경		평양기도단 출현(김예진, 김용진, 김익선, 김영선 김지영, 이조근, 김인서 등).
1930년경			유명화, 백남주, 한준명, 박승걸 등의 교류.
1931년	8월		황해노회 이용도 금족령 조치.
	10월	2일	아현성결교회에서 부흥회 집회 중 이용도 축출.
1932년	4월	7일	평양노회에서 기도제한법 통과.
	5월	25일	평양노회장 남궁혁의 「훈시(訓示)」 게재(『기독신보』).
	7월경		백남주, 『새 생명의 길』 기초.
	9월		이용도가 유명화 앞에서 "主여!"라고 화답.
		22일	김인서에게 "주여!" 화답에 관해 해명하는 서신을 보냄.
		가을	백남주, 『새 생명의 길』 발행.

---

2) 이 책 '부록 1: 이용도의 생애[年表]'에서 참고한 자료들을 포함하여 「예수교회 약사, 연혁, 교세 현황」, 『예수』 창간호의 통신란, 「예수교회 형성사 소고」, 「예수교회 사략(I)」, 『우원(友園)』 제1집 등을 참고했으며 2009년 예수교회 교세는 인터넷 한국민족문화대백과에서 인용했다. http://terms.naver.com/entry.nhn?docId=2458236&cid=46647&categoryId=46647(2015 년 11월 28일 21시에 접속함). 자료 간 연대에 상이한 점이 있는 경우 필자의 연구내용과 결과를 반영하여 정리했다.

10월	7일	평양노회 이용도 금족령 조치.
10월 말		평양 산정현교회 이조근 집사 집에서 한준명, 이유신의 강신극(3일간).
11월		이용도의 한준명 변호. (강신극 이전에 이용도는 한준명 전도사에게 소개장을 주었으며, 김지영에게 평양기도단 해체를 지시함)
	28일	평양임시노회에서 이용도, 한준명, 백남주, 황국주 등을 각 관련 기관에 문의하기로 함.
12월	7일	「평양임시노회 촬요」 게재(『기독신보』).
	14일	「「이세벨」 무리를 삼가라」 게재(『기독신보』).
	중·하순	감리교 경성교역자회에서 이용도 사문위원회. (목사 휴직은 1933년 3월 15일 중부연회)
1933년 1월	2일	원산 너릿골 백남주 집에서 철야기도(30명 정도). "교회의 이름은 예수교회라 하여라"라는 음성을 들음(이정선의 증언)
	3일	예수교회 설립. 이용도를 예수교회 책임자로 내정(이용도 부재 중).
2월 초		평양 회중교회와 원산계가 회중교회에서 연합부흥회.
	13~16일	이용도의 안주교회 부흥회.
	20~25일	이용도의 해주남본정교회 부흥회(공식 마지막 집회).
	25일	해주남본정교회 청년들로부터 이용도가 구타당함. 안주노회에서 이용도 단죄. (이용도를 부흥회에 초청한 교인들과 이용도 지지자들을 책벌 및 출교 조치함).
3월	15일	감리교 중부연회에서 이용도 목사 휴직 처분. 최석주가 「새 생명의 발상지?」를 15일, 22일 2회에 걸쳐 연재(『기독신보』).
	21일	예수교회 평양예배당 개천식.
	26일	이용도가 간도의 이호빈에게 예수교회 내용을 담은 서신을 보냄. ("예수교회라는 간판을 걸고 …… 목욕하고 있는 모양이올시다")
4월	30일	안주예배당 개천식.
5월 초(?)		이용도, K. H. H.에게 서신. ("新敎會 관리자로 들림의 아픔이여!")

6월	3일	예수교회 창립 선언(평양부 대찰리 121번지). 발기인: 이용도, 백남주, 이종현
	6일	예수교회 창립공의회에서 초대 선도감으로 이용도 부임.
	6일	동촌예배당 개천식.
	6~9일	예수교회 창립공의회 개최. -평양부 신양리 십자루상. 각 지역 대표 39인. 포교관리자: 선도감 이용도 헌장 및 세칙위원: 이용도, 이호빈, 백남주 포교허가서를 제출하기로 결의.
8월	1일	평안 지방회 조직(안주 예배당). 회장: 이종현, 총무: 김희학 서기: 한의정 · 한승운, 전도부: 주선행 · 김용진 · 김영선, 교육부: 김희섭 · 박유감 · 김지영 경리부: 이조근 · 김인순
	중순	포교관리자 및 설치 당국에 신고.
	17일	해주예배당 개천식.
9월	3일	용흥기도소 개천식.
	9일	원산예배당 개천식.
	9일	백남주에게 목사 안수(집례: 이용도). 원산신학산 설립(원산 광석동). 수도감: 백남주, 교수: 백남주, 한준명, 박승걸 수도생: 남자 5인, 여자 6인 장로회 제22회 총회에서 이용도, 백남주, 한준명 등을 이단으로 정죄.
	10일	송천예배당 개천식.
	?	상칠예배당 개천식.
	?	벧아니예배당 개천식.
10월	2일	이용도가 이호빈에게 유언(후사를 부탁함). 오후 5시경 이용도 별세(폐 질환).
	5일	예수교회 임시공의회 개최(원산신학산 강당). 이용도 후임 선도감 · 포교관리자로 이호빈 선출. 총무국: 이종현 · 박계주, 전도국: 김지영 · 진하용 교육국: 한의정 · 한승운, 경리국: 이조근 · 유붕렬 예수교회의 기관지『예수』를 발행하기로 결의.

	10일		장좌예배당 개천식.
	?		안학궁기도소 개천식.
	중순		포교관리자 및 설치 당국에 신고-반각됨.
11월	1일		예수교회 설립 선포(평양부 하수구리 90번지). 예수교회 중앙선도원 개원 및 사무 개시.
	19일		안주예배당 내에 성경학원 설립. 한 달간 성경학원 개최(강사: 백남주).
12월	22일		조선총독부에 포교관리자 증명원 제출.
	?		명촌기도소 개천식.
1934년	1월		기관지 『예수』 창간호 발행.
	?		로동기도소 개천식.
	3월	21일	김택보 목사 임직례 거행(중앙선도원).
	9월	6일	생포리예배당 개천식.
		9일	동부지방회 조직(원산예배당). 의장: 이용준, 서기: 박승걸 전도부: 유문환·김충열, 교육부: 홍태현·이율리아 경리부: 신치정·김창순
	가을		백남주와 조사(助事) 김정일 스캔들. 백남주 사임.
	?	?	영흥기도소, 평천예배당 개천식.
1935년	2월	27일	제3회 예수교회 공의회 개최(벧아니예배당). 중앙선도원 임원 개선. 선도감: 이호빈 총무국: 이종현, 김희섭, 박계주 전도국: 김교순, 김지영, 김효현 교육국: 전영택, 한의정, 한준명 경리국: 유붕렬, 이조근, 김희학
	3월	8일	조선총독부로부터 포교관리자 증명을 획득함. (대표: 이호빈)
		18일	안주예배당, 평양예배당 부흥집회. (강사: 박재봉)
	봄		백남주 철산에 성주교회(聖主敎會) 설립(새主: 김성도).

	?		이호빈 성주교회에 출석.
	?		예수교회와 성주교회 병합(이후 분리됨).
	?		숙천에서 성주교회 총회. 모인 자 49명 전원에게 목사 안수. 스캔들. 이호빈과 백남주의 단교.
1945년	8월	15일	해방(해방 전 교세: 19개 처 1,921명).
1946년	11월		현 강남대학교 전신인 중앙신학원 설립(이호빈). 초교파적으로 교역자 양성. 중앙신학교 졸업생들과 서울 연합교회가 1970년대 예수교회 도약의 중추적 역할을 담당함.
1947년			서울연합교회 설립(담임: 이호빈).
1948년	4월		학교법인 우암재단 설립(이호빈).
	8월		4년제 대학 중앙신학교 설립(이호빈).
	해방 후		6 · 25 발발하기 전 한준명, 이조근, 이유신 등이 흑석동에 한강예배당 설립. (이 외에도 해방 전에 있던 흑석동 명수대교회 등이 있었음)
	서울수복 후		이조근의 장남 이정선은 조선신학교에 입학했고 이후 예수교회 목사가 되었으며 1971년 도미.
1960년대			이호빈, 한준명을 중심으로 중앙신학교 졸업생들과 중앙신학교 교회인 서울연합교회가 주축이 되어 예수교회 부흥에 주력함.
1974년	4월	4일	예수교회공의회를 서울연합교회에서 개최했으며 교단 운영 체제를 갖춤.
1978년	3월		이호빈 강남사회복지학교 명예학장 취임.
1984년	4월		이호빈 예수교회공의회 의장.
1986년			이호빈 예수교회공의회 고문. 이호빈 예수교회 연합교회 원로 목사.
1989년	8월	20일	이호빈 별세.
2000년			교세: 교회 전국 10여 처소.
2009년			교세: 서울, 인천, 광주, 미국 등지 교인 200여 명. *예수교회공의회 산하에 집행부서로 교육국, 재정국, 선교국, 사회국, 여성국, 기획국 등을 둠.

참고문헌

1) 1차 문헌

(1) 저서

변종호(편). 『이용도 목사 서간집』. 서울: 심우원, 1953.

_____. 『이용도 목사 서간집(全)』. 서울: 성광문화사, 1984.

_____. 『이용도 목사 서간집』. 서울: 장안문화사, 1993.

_____. 『이용도 목사 일기』. 서울: 장안문화사, 1993.

(2) 정기간행물 및 신문에 게재된 글

이용도. 「사랑과 섬김」. 『신앙생활』(1932년 11월).

_____. 「성자(聖者)예기(1)」. 『기독신보(基督申報)』. 1929년 10월 16일.

_____. 「성자(聖者)예기(2)」. 『기독신보』. 1929년 10월 23일.

_____. 「성자예기(3)」. 『기독신보』. 1929년 10월 30일.

_____. 「성자예기(4)」. 『기독신보』. 1929년 11월 13일.

_____. 「성자예기(5)」. 『기독신보』. 1929년 11월 20일.

_____. 「진리와 심판」. 『신앙생활』(1932년 10월).

_____. 「신앙의 편지」. 『신앙생활』(1932년 3월).

_____. 「형제여(2)」. 『예수』(1934년 3월).

이용도, 백남주, 이종현. 「예수교회창립선언」. 『예수』 창간호(1934년 1월).

2) 2차 문헌

(1) 저서 및 학위논문

김기대. 『일제하 개신교 종파운동 연구』. 한국정신문화연구원 박사학위논문, 1996.

김인수. 『한국기독교회의 역사』. 서울: 장로회신학대학교출판부, 1998.

민경배. 『교회와 민족』. 서울: 대한기독교출판사, 1981.

──────. 『한국 기독교 사회운동사』. 서울: 대한기독교출판사, 1988.

──────. 『한국 기독교회사』. 서울: 대한기독교출판사, 2000.

──────. 『한국민족교회 형성사론』. 서울: 연세대학교출판부, 1974.

──────. 『한국의 기독교』. 서울: 세종대왕기념사업회, 1975.

박영관. 『이단종파 비판(II)』. 서울: 예수교문서선교회, 1984.

변종호(편). 『용도신학(龍道信學)』. 서울: 장안문화사, 1993.

──────. 『이용도 목사 관계문헌집』. 서울: 장안문화사, 1993.

──────. 『이용도 목사 사모(思慕) 50년』. 서울: 장안문화사, 1993.

──────. 『이용도 목사 사진첩 및 숭모문집』. 서울: 장안문화사, 1993.

──────. 『이용도 목사 설교집(一)』. 서울: 신생관, 1974.

──────. 『이용도 목사 연구반세기』. 서울: 장안문화사, 1993.

──────. 『이용도 목사 연구 40년』. 서울: 장안문화사, 1993.

──────. 『이용도 목사 저술집』. 서울: 장안문화사, 1993.

──────. 『이용도 목사전(傳)』. 서울: 장안문화사, 1993.

──────. 『한국기독교사(개요)』. 서울: 심우원, 1959.

송길섭. 『한국 신학사상사』. 서울: 대한기독교출판사, 1992.

유금주. 『이용도 신비주의의 형성과정과 그 구조』. 서울: 연세대학교 대학원 박사학위논문,
       2000.

유동식. 『한국신학의 광맥』. 서울: 전망사, 1986.

이영헌. 『한국기독교사』. 서울: 컨콜디아사, 1991.

이용도신앙과사상연구회(편). 『이용도 목사의 영성과 예수운동』. 서울: 성서연구사, 1998.

전택부. 『한국교회 발전사』. 서울: 대한기독교출판사, 1992.

정성구. 『한국교회 설교사』. 서울: 총신대학출판부, 1986.

정재헌. 『주의 것들의 노래: 이용도 목사 이단론 비판』. 서울: 행복미디어, 2016.

편집위원회(편). 『이용도의 생애 · 신학 · 영성』. 서울: 한들출판사, 2001.

한국문화신학회(편). 『이용도 김재준 함석헌 탄신 백주년 특집논문집』. 서울: 한들출판사, 2001.

한숭홍. 『한국신학사상의 흐름(하)』. 서울: 장로회신학대학교출판부, 1996.

(2) 소논문

감리교신학대학교 신학대학원(편). 「제19회 학술강연회–이용도와 한국기독교」. 감리교신학대학교 신학대학원, 2001년 10월 25일.

김상일. 「한국문화와 이용도의 영성」. 한국문화신학회(편). 『이용도 김재준 함석헌 탄신 백주년 특집논문집』. 서울: 한들출판사, 2001.

김영일. 「새 교회 운동」. 『예수』 속간 제5호(1987년 가을).

김형기. 「시무언 신학의 사상적 연관들」. 편집위원회(편). 『이용도의 생애 · 신학 · 영성』. 서울: 한들출판사, 2001.

_____. 「예수교회론(II)」. 『예수』 복간 제9호(1991년 겨울).

_____. 「예수교회 뿌리찾기–왜?」. 『예수』(1989년 겨울).

김희방. 「교회의 본질과 예수교회」. 『예수』 복간 제11호(1993년 봄 · 여름).

_____. 「한국교회의 현실과 우리의 선교방향」. 『예수』 복간 제10호(1992년 겨울).

민경배. 「이용도의 신비주의(내면화의 신앙과 그 여운)」. 변종호(편). 『이용도 목사 관계문헌집』. 서울: 장안문화사, 1993.

_____. 「이용도의 신비주의 연구(한 교회사적 고찰)」. 변종호(편). 『이용도 목사 관계문헌집』. 서울: 장안문화사, 1993.

_____. 「이용도의 신비주의에 대한 형태론적 연구」. 변종호(편). 『이용도 목사 관계문헌집』. 서울: 장안문화사, 1993.

_____. 「이용도와 최태용」. 변종호(편). 『이용도 목사 관계문헌집』. 서울: 장안문화사, 1993.

_____. 「한국의 신비주의사」. 목회자료연구회(편). 『신비주의』. 서울: 세종문화사, 1972.

박봉배. 「이용도의 신비주의와 그 윤리성」. 변종호(편). 『이용도 목사 관계문헌집』. 서울: 장안문화사, 1993.

박용규. 「이용도, 그는 과연 이단이었나」. 「빛과 소금」 (1996년 10월).

박종수. 「역자의 변」. 이용도신앙과사상연구회(편). 『이용도 목사의 영성과 예수운동』. 서울:
　　　성서연구사, 1998.

_____. 「이용도 목사의 성서이해」. 편집위원회(편). 『이용도의 생애·신학·영성』. 서울:
　　　한들출판사, 2001.

_____. 「논찬: 이재정 박사의 이용도 이해에 대한 논평」. 『이용도 목사의 영성과 예수운동』.
　　　서울: 성서연구사, 1998.

변선환. 「이용도와 마이스터 에크하르트」. 변종호(편). 『이용도 목사 관계문헌집』. 서울:
　　　장안문화사, 1993.

송길섭. 「한국교회의 개혁자 이용도」. 변종호(편). 『이용도 목사 관계문헌집』. 서울: 장안문화사,
　　　1993.

신규호. 「시인 이용도론」. 『현대시학』 (1988년 4월).

심광섭. 「논찬: 이상윤 목사의 글에 대한 논평」. 이용도신앙과사상연구회(편). 『이용도 목사의
　　　영성과 예수운동』. 서울: 성서연구사, 1998.

심일섭. 「한국기독교 신학사상 형성을 위한 사적 선구자들(I)」. 『기독교사상』 (1986년 8월).

안 곡. 「예수교회 형성사 소고」. 『예수』 복간 제9호(1991년 겨울).

_____. 「종교다원주의에 관한 소고」. 『예수』 복간 제10호(1992년 겨울).

안수강. 「이용도 관련 문헌지(文獻誌) 및 연구동향 고찰」. 『신학과 복음』 제4집(2018년).

_____. 「이용도(李龍道)의 민족사랑 고찰」. 『백석저널』 제4호(2003년 가을).

_____. 「이용도의 신비주의 고찰: 합일사상(合一思想)을 중심으로」. 『역사신학논총』
　　　제16집(2008년).

_____. 「이용도(李龍道)의 신비주의와 접목된 신앙 고찰」. 한국개혁신학회편집위원회(편).
　　　『한국개혁신학의 진로』(한국개혁신학회, 2016년 5월).

_____. 「이용도의 합일사상(合一思想) 고찰-생명의 역환, 성적 메타포, 기도관을 중심으로-」.
　　　『역사신학논총』 제18집(2009년).

_____. 「1930년대 초 '예수교회' 설립사 소고」. 『역사신학논총』 제29집(2016년).

연규홍. 「이용도 사상과 한국교회 개혁」. 편집위원회(편). 『이용도의 생애·신학·영성』. 서울:
　　　한들출판사, 2001.

오규훈. 「이용도 목사의 신비주의」. 편집위원회(편). 『이용도의 생애·신학·영성』. 서울:
　　　한들출판사, 2001.

왕대일. 「동양적 영성과 유대적 영성: 성서신학적 토론-시무언(是無言) 이용도 목사의 생애와
　　　사상을 중심으로」. 「제19회 학술강연회-이용도와 한국기독교」. 감리교신학대학교
　　　대학원, 2001년 10월 25일.

유동식. 「대화모임: 이용도 목사와 그 주변 인물들」. 『한국기독교역사연구소 소식』 제51호.

_____.「신앙의 예술가 이용도」. 편집위원회(편).『이용도의 생애 · 신학 · 영성』. 서울: 한들출판사, 2001.

_____.「이용도 목사와 그의 주변」.『기독교사상』(1967년 7월).

윤성범.「이용도와 십자가 신비주의」. 변종호(편).『이용도 목사 관계문헌집』. 서울: 장안문화사, 1993.

이상윤.「이용도 목사, 그 인간과 역정(I)」.『기독교사상』(1984년 6월).

_____.「이용도 목사, 그 인간과 역정(II)」.『기독교사상』(1984년 7월).

이세형.「시무언 이용도 목사의 예수론」. 이용도신앙과사상연구회(편).『이용도 목사의 영성과 예수운동』. 서울: 성서연구사, 1998.

이영근.「예수교회 선교방법론」.『예수』복간 제11호(1993년 봄 · 여름).

_____.「예수 영인본 간행에 부쳐」.『예수1』. 서울: 예수교회공의회, 1993.

이재정.「21세기를 향한 한국교회의 과제-이용도 목사의 신학의 새로운 조명」. 이용도신앙과사상연구회(편).『이용도 목사의 영성과 예수운동』. 서울: 성서연구사, 1998.

이정배.「동양적 영성과 조선적 기독교의 모색-이용도와 김교신, 신학적 지평의 차이와 융합」.「제19회 학술강연회-이용도와 한국기독교」. 감리교신학대학교 대학원, 2001년 10월 25일.

이호빈.「그 성역과 순교」. 변종호(편).『이용도 목사 연구 40년』. 서울: 장안문화사, 1993.

이호운.「내가 본 이용도 목사님」. 변종호(편).『이용도 목사 연구 40년』. 서울: 장안문화사, 1993.

_____.「내가 잊을 수 없는 사람들」.『기독교사상』제9권 제8호.

이환신.「용도 형님과 나」. 변종호(편).『이용도 목사 연구 40년』. 서울: 장안문화사, 1993.

임인철.「예수교회 사략(I)」.『예수』복간 제10호(1992년 겨울).

_____.「예수교회의 신전(信典) 및 교리에 대하여」.『예수』복간 제11호(1993년 봄 · 여름).

_____.「예수교회 창립선언문 이해」.『예수』복간 제9호(1991년 겨울).

정지련.「성령론적 관점에서 본 이용도의 신앙운동」. 이용도신앙과사상연구회(편).『이용도 목사의 영성과 예수운동』. 서울: 성서연구사, 1998.

정희수.「누혈의 신학과 한국적 영성」. 편집위원회(편).『이용도의 생애 · 신학 · 영성』. 서울: 한들출판사, 2001.

_____.「시무언 이용도의 교회론」. 한국문화신학회(편).『이용도 김재준 함석헌 탄신 백주년 특집논문집』. 서울: 한들출판사, 2001.

차성환.「이용도의 사회 · 역사관」. 한국문화신학회(편).『이용도 김재준 함석헌 탄신 백주년 특집논문집』. 서울: 한들출판사, 2001.

차옥숭. 「이용도 목사의 종교적 영성」. 편집위원회(편). 『이용도의 생애 · 신학 · 영성』. 서울: 한들출판사, 2001.

최남규. 「오직 성령내주로 살고 간 성령인(성령 내주론적 입장에서의 고찰)」. 변종호(편). 『이용도 목사 연구 40년』. 서울: 장안문화사, 1993.

_____. 「합리적 이용도가 초합리적 용도 목사가 된 내재적 원인」. 변종호(편). 『이용도 목사 연구 40년』. 서울: 장안문화사, 1993.

최대광. 「세계신학적 흐름에서 본 이용도의 영성과 신학」. 편집위원회(편). 『이용도의 생애 · 신학 · 영성』. 서울: 한들출판사, 2001.

최인식. 「시무언 이용도 목사의 예수론–논평과 제안」. 이용도신앙과사상연구회(편). 『이용도 목사의 영성과 예수운동』. 서울: 성서연구사, 1998.

_____. 「이용도의 포스트 프로테스탄티즘」. 이용도신앙과사상연구회(편). 『이용도 목사의 영성과 예수 운동』. 서울: 성서연구사, 1998.

한준명. 「반세기를 돌아보며」. 『예수』(1987년 가을).

_____. 「반세기를 회고하면서」. 『예수』(1984년 여름).

_____. 「여호와 하나님은 예수와 다른 이가 아니다」. 『예수』(1934년 4월).

_____. 「예수의 정체(正體)가 들어나면!」. 『예수』(1934년 5월).

Peters Victor Wellington. 「이용도 목사를 기억하며」. 이용도신앙과사상연구회(편). 『이용도 목사의 영성과 예수운동』. 서울: 성서연구사, 1998.

(3) 정기간행물 및 전집에 게재된 글

김광우. 「나의 참회, 나의 감격」. 변종호(편). 『이용도 목사전』. 서울: 장안문화사, 1993.

김성실. 「금강산 은자 김성실씨의 편지(第一信)」. 『신앙생활』(1934년 4월).

_____. 「금강산 은자 김성실씨의 편지(第二信)」. 『신앙생활』(1934년 5월.

김인서. 「고 이용도씨를 곡(哭)함」. 『신앙생활』(1933년 11 · 12월 병합호).

_____. 「교파남조(敎派濫造)를 계(戒)함」. 『신앙생활』(1937년 12월호).

_____. 「기독신보사에 문(問)함」. 『신앙생활』(1937년 6월호).

_____. 「용도교회 내막조사 발표(1)」. 『신앙생활』(1934년 3월).

_____. 「용도교회 내막조사 발표(2)」. 『신앙생활』(1934년 4월).

_____. 「용도교회 내막조사 발표(3)」. 『신앙생활』(1934년 5월).

_____. 「원산과 평양교회의 이단문제」. 『신앙생활』(1933년 1월).

_____. 「이용도 목사 방문기」. 『신앙생활』(1932년 5월).

_____. 「이용도 목사와 나」. 『신앙생활』(1933년 11 · 12월 병합호).

_____. 「조선교회의 새 동향」. 『신앙생활』(1933년 3월).

_____. 「책가교회(責假敎會)」. 『신앙생활』(1935년 7월).

_____. 「평양교회 최근의 삼대(三大)집회」. 『신앙생활』(1932년 3월).

_____. 「혁명호(革命乎) 부흥호(復興乎)」. 『신앙생활』(1934년 4월).

김지영. 「이 목사님 생각 몇 가지」. 변종호(편). 『이용도 목사전』. 서울: 장안문화사, 1993.

박재봉. 「용도씨의 인상」. 변종호(편). 『이용도 목사전』. 서울: 장안문화사, 1993.

변종호. 「용도식-이용도식 전도활동」. 변종호(편). 『이용도 목사전』. 서울: 장안문화사, 1993.

『기독교대한감리회 제23회 총회 회의록』(1998년 10월).

『기독교대한감리회 11개 연회 공동발행 연회회의록』(1999년 3월).

『基督敎朝鮮監理會東部 · 中部 · 西部 · 第二回聯合年會會錄』(1932년 3월).

『基督敎朝鮮監理會中部年會第三回會錄』(1933년 3월).

『基督敎朝鮮監理會敎理』, 『基督敎朝鮮監理會第一回總會會錄』(1930년 12월 2일).

『南監理敎朝鮮每年會第十三回會錄』(1930년 9월).

「예수교회신전(信典)」. 『예수』 제7권 제1호.

「예수교회 약사, 연혁, 교세 현황」. 『예수』(1989년 겨울).

「예수교회헌장」. 『예수』 제3호(1934년 3월).

「이용도 목사의 기화(奇禍)」. 『신앙생활』(1933년 3월).

「죠선예수교장로회총회 뎨二十二회 회록」. 『대한예수교장로회 총회록』. 서울: 대한예수교장로회
    총회교육부, 1980.

「최태용씨의 인상」. 『신앙생활』(1935년 2월).

「99 각 연회 성황리에 개최」. 『기독교세계』(1999년 4월).

3) 신문

남궁혁. 「훈시(訓示)」. 『기독신보』. 1932년 5월 25일.

최석주. 「『새 생명』의 발상지?(1)」. 『기독신보』 1933년 3월 15일.

_____. 「『새 생명』의 발상지?(2)」. 『기독신보』 1933년 3월 22일.

「예수교회 창설의 유래 및 현상(由來及現狀)(1)」.『기독신보』1937년 3월 10일.

「예수教會 創設의 유래 및 현상(由來及現狀)(2)」.『기독신보』1937년 3월 17일.

「예수교회의 주의주장(主義主張)」.『기독신보』1937년 3월 17일.

「예수교회의 특색」.『기독신보』1937년 3월 17일.

「「이세벨」 무리를 삼가라」.『기독신보』1932년 12월 14일.

「평양임시노회 촬요(撮要)」.『기독신보』1932년 12월 7일.

4) 영서 및 번역서

(1) 영서

Beach, Waldo & Niebuhr, H. Richard. *Christian Ethics*. New York: The Ronald Press Company, 1955.

Calvin, John. *Institutes of the Christian Religion1*, Translated by Ford L. Battles. Philadelphia: The Westminster Press, 1960.

──────. *Institutes of the Christian Religion2*, Translated by Ford L. Battles. Philadelphia: The Westminster Press, 1960.

Guralnik, David B.(ed.). *Webster's New World Dictionary: Second College Edition*. Seoul: Koreaone Press, 1989.

Irenaeus. "Against Heresies". *Early Christian Fathers*. Translated and Edited by Richardson Cyril C. Philadelphia: The Westminster Press.

Kittel, Gerhard(ed.). *T. D. N. T.(IV)* Translated by G. W. Bromily. Grand Rapids, Michigan: Wm. B. Eerdmans, 1977.

Knox, R. A. *Enthusiasm*. New York: Oxford University Press, 1950.

Rew, Gum Ju. "Lee Yonder's Mysticism and Korean Churches in 1925-1935". *The 1st International Seminar on the Studies of History of Christianity in North East Asia Graduate Students and Junior Scholars*. Korea Academy of Church History, 2001.

Tillich, Paul. A History of Christian Thought. Edited by C. E. Braaton. London: S. C. M. Press, 1968.

(2) 번역서

Harrison, E. F.(편). 『Baker's 신학사전』. 신성종 역. 서울: 도서출판 엠마오, 1986.

Kempis, Thomas A. 『그리스도를 본받아』. 조항래 역. 서울: 예찬사, 1985.

Peters, Victor Wellington. 「시무언(是無言), 한국 기독교 신비주의자」. 박종수 역. 『이용도 목사의 영성과 예수운동』. 서울: 성서연구사, 1998.

_____. 「한국교회의 신비가, 시무언(是無言)」. 안성균 역. 『예수』(1989년 겨울).

Rajneesh, Bhagwan Shree. 『신비주의자의 노래』. 류시화 역. 서울: 청하, 1983.

Shearer, Roy E. 『한국교회 성장사』. 이승익 역. 서울: 대한기독교서회, 1966.

Tolstoi, Leo. 『톨스토이 참회록』. 심이석 역. 서울: 크리스챤 다이제스트사, 1992.

편집부(편). 『타고르 시선(詩選)』. 서울: 어문각, 1987.

5) 기타 문헌

(1) 저서

구라타 마사히코(藏田雅彦). 『일제의 한국기독교 탄압사』. 서울: 기독교문사, 1991.

기독교 대백과사전 편찬위원회. 『기독교 대백과사전(제10권)』. 서울: 기독교문사, 1983.

_____. 『기독교대백과사전(제16권)』. 서울: 기독교문사, 1984.

길진경(편). 『길선주 목사 유고선집 제1집』. 서울: 대한기독교서회, 1968.

김광우. 『나의 목회 반세기』. 서울: 바울서신사, 1984.

김남식. 『신사참배와 한국교회』. 서울: 새순출판사, 1990.

김요나. 『총신 90년사』. 서울: 도서출판 양문, 1991.

노종해. 『중세 기독교 신비신학사상 연구』. 서울: 도서출판 나단, 1991.

노평구(편). 『김교신전집 제1권』. 서울: 도서출판 경지사, 1975.

독립유공자공훈록편집위원회(편). 『독립유공자공훈록(제13권)』. 서울: 국가보훈처, 1996.

목회자료연구회(편). 『신비주의』. 서울: 세종문화사, 1972.

박용규. 『한국교회사』. 서울: 개혁주의 신행협회, 2001.

선우남(편). 『우원(友園) 제1집』. 서울: 우원기념사업회, 1993.

송우혜.『송창근 평전: 벽도 밀면 문이 된다』. 서울: 생각나눔, 2008.

안수강.『길선주 목사의 말세론 연구』. 서울: 예영커뮤니케이션, 2008.

———.「『단권성경주석(單券聖經註釋)』 연구-기적과 그리스도론을 중심으로-」.
　　　『한국교회사학회지』 제42집(2015년).

엄두섭.『신비주의자들과 그 사상』. 서울: 혜풍출판사, 1980.

유동식.『한국종교와 기독교』. 서울: 대한기독교서회, 1977.

이만열.『한국기독교사 특강』. 서울: 성경읽기사, 1987.

이운상.『상담심리학』. 서울: 성광문화사, 1987.

이재영(편).『제90회 총회(2005년) 회의결의 및 요람』. 서울: 대한예수교장로회총회사무국,
　　　2006.

이종기(편).『신비주의』. 서울: 세종문화사, 1972.

장원종, 김동현, 이한구.『직업과 윤리』. 서울: 한국정신문화연구원, 1985.

전병호.『최태용의 생애와 사상』. 서울: 성서교재간행사, 1983.

전택부.『인간 신흥우』. 서울: 대한기독교서회, 1971.

———.『토박이 신앙산맥』. 서울: 대한기독교출판사, 1977.

한석희.『일제의 종교침략사』. 김승태 역. 서울: 기독교문사, 1990.

(2) 설교 및 소논문

길선주.「죄를 자복하고 기도하라」.『신앙생활』(1932년 8 · 9월).

김양흡.「한국교회 신비주의에 대한 역사적 고찰」.『로고스(λογος)』 제33집. 서울: 총신대학
　　　신학대학원, 1987.

김인서.「원산과 평양교회의 이단문제」.『신앙생활』(1933년 1월)

김성환.「신비주의 해설」. 목회자료연구회(편).『신비주의』. 서울: 세종문화사, 1972.

김용옥.「Εν χριστῷ에 나타난 바울의 신비주의」.『신학과 세계』 제4호(1978년).

나채운.「우리 민족의 심층적 의식구조에 관한 한 고찰」.『그리스도교와 겨레문화』. 서울:
　　　기독교문사, 1991.

문상희.「기독교와 신비주의」. 목회자료연구회(편).『신비주의』. 서울: 세종문화사, 1972.

미국기독교연합회동양문제위원회(간).「三一운동비사」.『기독교사상』 민경배 역 (1966년 7월).

민경배.「영국 청교도혁명과 프란시스 라오스의 신비주의」.『현대와 신학』 제15집.

———.「한국교회와 민족주의 운동: 그 계보의 상관성」.『동방학지』 제27집(1981년).

_____. 「한국교회의 사회의식과 그 운동사(II)」. 『기독교사상』(1980년 10월).

_____. 「한국종교의 신비주의적 요소」. 『신학논단』 제7·8집(1990년).

박계주. 「삼위일체론(三一神의 교의)」. 『예수』(1935년 10월).

_____. 「신의 진노와 형벌에 대한 정관(正觀)」. 『예수』(1935년 12월).

박형룡. 「반신학적(反神學的) 경향」. 『신학지남(神學指南)』(1933년 3월).

_____. 「스웨덴볽과 신(新)예루살렘교회(1)」. 『신학지남』(1934년 3월).

_____. 「스웨덴볽과 신(新)예루살렘교회(2)」. 『신학지남』(1934년 4월).

_____. 「스웨덴볽과 신(新)예루살렘교회(3)」. 『신학지남』(1934년 5월).

안병무. 「우원(友園)의 신학적 조명」. 『우원(友園)』 제1집. 서울: 우원기념사업회, 1993.

안수강. 「신사참배 회개론의 유형별 연구」. 『한국개혁신학』. 제42집(2013년).

_____. 「1930년 전후 한국교회 신비주의 고찰–신비주의 발흥과 장로교의 대응을 중심으로」. 『한국기독교신학논총』 제107집(2018).

유동식. 「한국의 종교들」. 『종교현상과 기독교』. 서울: 연세대학교 출판부, 1984.

_____. 「한국인의 영성과 종교」. 『그리스도교와 겨레문화』. 서울: 기독교문사, 1991.

윤춘병. 「우원(友園) 이호빈 목사의 신앙과 사상」. 『우원(友園)』 제1집. 서울: 우원기념사업회, 1993.

이대위. 「민중화할 금일(今日)과 합작운동의 실현」. 『청년』 제4권 제4호(1924년).

이장형, 안수강. 「『그리스도모범』에 나타난 기독교 사회윤리」. 『한국기독교신학논총』 제96집(2015년).

최승만. 「종교와 생활」. 『청년』 제11권 제1호(1931년 1월).

최태용. 「아–하나님이여 조선을 구원하시옵소서". 『천래지성(天來之聲)』 창간호(1925년 6월).

한제호. 「기독교의 「신비」 개념」. 『신학지남』 제43권 제4집(1976년).

「에루살넴의 조선을 바라보면서」. 『개벽(開闢)』 제6권 제7호(1925년).

6) 인터넷 접속

http://terms.naver.com/entry.nhn?docId=2458236&cid=46647&categoryId=46647(한국민족문화대백과: 2018년 12월 19일 접속).

찾아보기

안수강(安水江)

숭실대학교 전기공학(B. E.)

총신대학교 목회학(신학대학원 82회 졸업)

명지대학교 기독교윤리(M. Ed.)

연세대학교 교회사(Th. M.)

명지대학교 상담심리(M. Ed.)

백석대학교 역사신학(Ph. D.)

목사안수(대한예수교장로회 합동/1990. 10. 15)

연천 대광중앙교회 담임목사(2004~2009)

백석대학교 외래강사(2003~2018)

백석신학교 외래강사(2006~2009)

백석대학교 신학대학원 외래강사(2010)

백석문화대학교 외래강사(2010~2018)

천안예장총회신학 외래강사(2012~현재)

안양대학교 대신신학대학원 외래강사(2016)

니버연구소 부소장(2018~현재)

〈저서〉

• 천안대BK21사업팀(편),『기독교와 한국사회』(서울: 기독교연합신문사, 2005, 공저)

•『길선주 목사의 말세론 연구』(서울: 예영커뮤니케이션, 2008)

• 한국교회사학회 · 한국복음주의역사신학회(편),『내게 천개의 목숨이 있다면』(서울: 한국교회사학회 · 한국복음주의역사신학회, 2013, 공저)

〈석사학위(M. Ed. & Th. M.) 논문〉

•「초대교회 파라도시스(παράδοσις)의 흐름 연구」(총신대학교, 1988)

•「초대교회 윤리적 전통에 관한 소고: Irenaeus를 중심으로 한 비교 연구」(명지대학교, 1991)

•「이용도의 신비주의와「예수교회」설립에 관한 연구」(연세대학교, 1994)

•「기독청소년과 비기독청소년 간의 자아정체감 비교 연구: 광명시 인문계 고등학교 남학생들을 대상으로」(명지대학교, 1997)

〈박사학위(Ph. D.) 논문〉

•「길선주의 말세론 연구」(백석대학교, 2006)

〈소논문〉

- 「서평논문: 한국교회 친일파 전통의 의의」, 『개혁신학과 교회』 10(2000).

- 「이용도의 민족사랑 고찰」, 『백석저널』 4(2003).

- 「길선주의 시간관에 나타난 말세론」, 『역사신학논총』 14(2007).

- 「이용도의 합일사상 연구(고난의 그리스도관과 직접계시관을 중심으로)」, 『역사신학논총』 16(2008).

- 「이용도의 합일사상 연구(생명의 역환, 성적메타포, 기도관을 중심으로)」, 『역사신학논총』 18(2009).

- 「루터의 95개조 논제와 칭의사상(稱義思想)」, 『역사신학논총』 20(2010).

- 「안병무의 민중신학(民衆神學) 고찰」 『역사신학논총』 22(2011).

- 「李樹廷의 「信仰告白書」와 「宣敎師派送呼訴文」 문헌 분석」, 『한국교회사학회지』 33(2012).

- 「황사영(黃嗣永)의 "백서"(帛書) 고찰」, 『역사신학논총』 24(2012).

- 「정약종(丁若鍾)의 "주교요지(主敎要旨)" 고찰」, 『역사신학논총』 26(2013).

- 「신사참배 회개론의 유형별 연구」, 『한국개혁신학』 42(2014).

- 「최양업(崔良業)의 『서한(書翰)』 소고」, 『역사신학논총』 27(2014).

- 「『그리스도륜리표준』에 나타난 인간본분과 실천 윤리」, 『신학과 실천』 41(2014). 2인 공동집필.

- 「길선주의 성화론 연구」, 『한국교회사학회지』 39(2014).

- 「『그리스도모범』에 나타난 기독교 사회윤리: 국가관과 노동관을 중심으로」, 『한국기독교신학논총』 96(2015). 2인 공동 집필.

- 「게자씨(1931-32)를 통해서 본 방지일의 선교소명」, 『장신논단』 47/2(2015). 2인 공동 집필.

- 「정하상(丁夏祥)의 "상재상서(上宰相書)" 고찰」, 『역사신학논총』 28(2015).

- 「單券聖經註釋 연구(기적과 메시아니즘을 중심으로)」, 『한국교회사학회지』 42(2015).

- 「알렌의 일기를 통해서 본 제중원(濟衆院) 의료선교사역: 의료사역의 '순항과 난항', '선교사적(宣敎史的) 의미'를 중심으로」, 『한국기독교신학논총』 100(2016).

- 「아펜젤러(Henry G. Appenzeller)의 '사적' 문헌을 통해서 본 교육선교」, 『한국교회사학회지』 43(2016).

- 「이용도(李龍道)의 신비주의와 접목된 신앙 고찰」, 한국개혁신학회편집위원회 편, 『한국개혁신학의 進路』(한국개혁신학회, 2016년 5월).

- 「1930년대 초 '예수교회' 설립사 소고」, 『역사신학논총』 29(2016).

- 「함석헌(咸錫憲)의 신앙전환(信仰轉換) 고찰」, 『한국기독교신학논총』 102(2016).

- 「변선환(邊鮮煥)의 '타종교와 신학' 소고」, 『신학과 복음』 2(2016).

- 「'예수교회'(Jesus Church) 신학 분석」, 『한국기독교신학논총』 103(2017).

- 「『長老敎會 婚喪禮式書』(1925)를 통해서 본 한국기독교의 장례문화와 교훈」, 『신학과 실천』 53(2017). 2인 공동집필.

- 「김교신(金敎臣)의 신학 분석: 조직신학적 접근」, 『한국기독교신학논총』 104(2017).

- 「한치진의 『基督敎人生觀』을 통해서 본 1930년대 한국교회상: 결점진단 및 방향제시를 중심으로」, 『한국교회사학회지』 46(2017).

- 「문선명(文鮮明)의 종교적 배경과 『原理講論』에 나타난 그의 사상 분석」, 『신학과 복음』 3(2017).

- 「해방 이전과 현 YMCA의 기독교 활동 비교」, 『역사신학논총』 30(2017).

- 「1930년 전후 한국교회 신비주의 고찰: 신비주의 발흥과 장로교의 대응을 중심으로」, 『한국기독교신학논총』 107(2018).

- 「이용도 관련 문헌지(文獻誌) 및 연구동향 고찰」, 『신학과 복음』 4(2018).

- 「안병무(安炳茂)의 민중론에 기초한 통일론 분석」, 『기독교사회윤리』 40(2018).

- 「『게자씨』(1934)에 나타난 성화(聖化) 담론 분석」, 『장신논단』 50/2(2018).

- 「최병헌(崔炳憲)의 종교관 분석 – 유동식과 송길섭의 논지 재고(再考) – 」, 『역사신학논총』 32(2018).

- 「『부활쥬일례비』(1905)를 통해서 본 예전전통과 교훈 고찰」, 『한국교회사학회지』 50(2018).

- 「근현대 종말론 동향 및 관점 분석: '시상'(時相)과 '국면'(局面)을 중심으로 – 바이스로부터 후크마까지」, 『생명과 말씀』 21(2018).

- 「『예수교회상례』(1907)에 나타난 교훈 분석」, 『한국기독교신학논총』 110(2018).

- 「이만열의 『韓國基督敎文化運動史』(1987) 분석 – "기독교와 출판문화"를 중심으로 – 」, 『신학과 복음』 5(2018).

- 「장로교단 합동/통합의 분열과 일치 운동 및 합동 측의 신학적 정체성 고찰 –합동 측 관점을 중심으로–」, 『역사신학논총』 33(2018).

- 「길선주의 신관과 인간관에 나타난 종말사상 분석: 그의 설교집과 『末世學』을 중심으로」, 『생명과 말씀』 22(2018).

- 「길선주의 교회관에 나타난 종말사상 분석」, 『신학과 복음』 6(2019).